中华百家姓

重返文化历史现场，发掘姓氏传奇身世，道尽千年「百姓」往事

深圳宏博昌荣传媒有限公司◎编著

海天出版社（中国·深圳）

图书在版编目（CIP）数据

中华百家姓 / 深圳宏博昌荣传媒有限公司编著. —
深圳 : 海天出版社, 2017. 8
ISBN 978-7-5507-1770-1

Ⅰ. ①中… Ⅱ. ①深… Ⅲ. ①姓氏—研究—中国
Ⅳ. ① K810.2

中国版本图书馆CIP数据核字（2016）第230098号

中华百家姓

ZHONGHUA BAIJIAXING

出 品 人　聂雄前
责任编辑　张绪华　涂玉香
责任技编　梁立新
封面设计　元明·设计
插　　图　陈光鑫

出版发行　海天出版社
地　　址　深圳市彩田南路海天综合大厦（518033）
网　　址　www.htph.com.cn
订购电话　0755-83460202（批发）0755-83460239（邮购）
排版设计　深圳市新知文轩数码技术有限公司
印　　刷　深圳市新联美术印刷有限公司
开　　本　787 mm×1092 mm　1/16
印　　张　17.5
字　　数　260千
版　　次　2017年8月第1版
印　　次　2017年8月第1次
定　　价　38.00元

目录

蒋姓，百家姓之一，据《元和姓纂》记载，蒋氏为姬姓，出自周王族，乃周公姬旦第三子伯龄之后，以国名为氏。

蒋氏是个古老、多民族、多源流姓氏，在当今姓氏排行榜（根据近年全国人口普查统计）名列第43位，属于大姓系列，人口约564万，占全国人口总数的0.47%左右。

蒋 字 解 读

蒋
(jiǎng)

形声字。艸（廿）表意，篆书之形像草，表示蒋是一种草本植物；将（jiāng）表声。声旁简化，本义是蒋白，现多用作姓。

▶

篆文　　　隶书　　　楷繁体　　　简体

蒋姓图腾

蒋姓是掌握建木天杆刻度的氏族。"蒋",由甾木、寸、爿合成。甾木设在中,筑坛台需要把土加高夯实,于是发明了版筑垒壁的筑墙技术,"爿"即版筑的"版"。坛与版筑合文为蒋。

溯 源 寻 根

【蒋姓来源】

源流一:

蒋氏姓源比较纯正,主要出自姬姓,其血统与来源与西周皇族有关。周公姬旦的第三个儿子叫伯龄,以国名命氏。据《左传》《新唐书·宰相世系表》《元和姓纂》等所载,西周初期,周公姬旦的第三个儿子叫伯龄,被封在蒋,建立蒋国,是周朝的一个小国。蒋国灭亡之后,姬伯龄的后裔子孙就以故国名为姓氏,称"蒋氏",世代相传至今,史称"蒋氏正宗"。

史籍《元和姓纂》记载:"周公第三子伯龄封蒋,子孙氏焉,国在汝南期思县。"期思县因期思公复遂而得名,治所即今河南信阳市淮滨县城东南13公里的期思镇,北邻死河,系春秋时期楚国灭蒋国后所置,属古汝南郡，魏、晋两朝时期改属弋阳郡。蒋氏族人大多尊奉姬伯龄为得姓（音de xìng，获得姓氏的意思。——编者注）始祖。

源流二：

源于其他少数民族，属于汉化改姓为氏。在今蒙古族、回族、拉祜族、保安族、布朗族、苗族、瑶族、傣族、土家族、壮族、羌族等少数民族中，均有蒋氏族人分布。其来源大多是在唐、宋、元、明、清时期中央政府推行的羁縻政策及改土归流运动中，流改为汉姓氏，世代相传至今。

源流三：

可能源于子姓，殷商之后。《左传·成公十六年》记载，宋国有蒋锄。因宋国为殷商之后的封地，所以这一支可能为子姓蒋氏。

源流四：

源于古越族，出自秦汉时期南越国俚族，属于帝王赐姓改姓为氏。

源流五：

源于满族，出自明朝时期建州女真蒋佳部，属于以部落名称汉化改姓为氏。据史籍《清朝通志·氏族略·满洲八旗姓》记载：

满族蒋佳氏，满语为Giyanggiya Hala，祖先原为汉族，东汉末期被辽东鲜卑乌桓部虏携，后逐渐融入鲜卑族，后逐渐演化为辽东女真，世居盖州（今辽宁盖州），后多冠汉姓为蒋氏。

【蒋姓始祖】

得姓始祖

周武王姬发灭掉荒淫无道的商纣王之后，建立周王朝，在位不久即撒手人寰，由周成王姬诵继位。因成王年幼，便由周公姬旦摄政，周公助成王平息了商纣王之子武庚和东方夷族的叛乱，确定宗法制，创立了典章制度，并不断分封同姓诸侯。其中将自己第三子伯龄封于蒋地（今河南省淮滨县期思镇，原为河南省固始东北蒋集，一说今河南

蒋伯龄

省光山县西），世称蒋伯。公元前617年，蒋国被楚国所灭，其后子孙便以国名为姓，称为"蒋氏"，并尊蒋伯龄为蒋姓的得姓始祖。

各支始祖

蒋辉：明时自句容蒋岗迁居镇江南门城内。丹徒蒋氏始祖。

蒋朝万、蒋宁亚：唐天复年间迁巴陵黄龙山，传十一世至宁亚，遂家东陵。

蒋绍铎：唐末五代由长沙徙居吉州遂兴南乡衡溪开基，为衡溪蒋氏始祖。

蒋铎、蒋泽：宋末元初自台州迁居东阳怀德乡高沙，再迁上泉。铎十三世孙泽，迁居永康孝义乡吕山塔，为本支始迁祖。大山塔蒋氏始祖。

蒋千一：南宋末自东阳横城迁居永康西源。永康蒋氏始祖。

蒋建：汉时自安阳迁居全州洮阳梅潭，子孙散居永州、桂州之间。梅潭蒋氏始祖。

蒋应科、蒋应第：明末自如皋迁居江阴大桥墩镇塘坊圩。香山蒋氏始祖。

蒋九成：南宋时自江阴迁居刘庄，子孙分居赤岸、长寿、湖塘、陈巷施村、黄土塘等处。刘庄蒋氏始祖。

蒋之义、蒋济时：北宋中叶自宜兴迁居江阴城。蒋济时在明中叶自邑城迁居蔡泾南闸。澄江南闸蒋氏始祖。

蒋荣九：五代时自潭州圳上迁安化常丰。

蒋堂、蒋晋：宋仁宗时名臣，自宜兴滆湖西迁居吴县杉渎桥西侍其巷，传至十三世孙晋，赘于辛村湾殷氏，子孙徙其姓十有余世。

蒋光、蒋仁杰：五代末自常州迁居鄞县采莲桥，蒋仁杰为蒋光十三世孙，自奉化清修岭迁居本邑武岭。武岭蒋氏始祖。

蒋应璧：明末自陕西泾阳县三曲沟入川卜居阆城。四川阆中蒋氏始祖。四川阆中始祖原居陕西泾阳县三曲沟（三曲沟地名不存在，三渠口存在，估计为家谱记录时的口误。——编者注），一世蒋士美，二世蒋亭辅，三世蒋世禄，四世蒋伦，五世蒋应璧，六世蒋大任，蒋大任生四子（七世）：蒋承泽、蒋承儒、蒋承涓、蒋承泓。蒋承泓乏嗣，故支系仅三。阆中谱派中，"嘉"字辈为第十三世。

【历史迁徙】

河南为蒋姓的最初发祥地，楚灭蒋后，蒋姓除部分留居河南外，大部分外迁。秦汉之际，有蒋姓西迁入陕西，东迁入山东，其中在山东广饶（广饶自秦设县，古称乐安）的蒋姓繁衍得最为旺盛。所以，蒋姓世代有以"乐安"为堂号的习俗。

蒋姓南迁较一般姓氏都早。东汉末年，有一支从河南迁往山东东莱郡，三国时曹魏的蒋济即其后裔。这一时期有蒋休（西汉名臣蒋翊之十世孙）自乐安迁义阳羡县（今江苏宜兴），其子孙有迁浙江奉化之三岭。

据考证，天下无二蒋，蒋姓中国人本出自一家。汉代以后的蒋姓，大都出自江苏的宜兴，其始祖为函亭侯蒋澄，后来中国的蒋姓人家，绝大部分都是从宜兴繁衍出来的。

唐初，陈元光入闽开漳，有蒋姓将佐随往，此时有浙江天台之蒋姓移居浙江奉化。

五代时，蒋翊的后人蒋显，出任四明监盐官，住在宁波城内的采莲桥，其后代文人蔚起，成为甬上望族。

宋以后，福建、广东蒋姓已盛。元时，蒋仕杰（宋神宗金紫光禄大夫蒋浚明之裔）始迁奉化武岭禽孝乡（即今溪口镇）。明清之际，有闽粤蒋姓移居海外。

在阆中，有一支非常辉煌的蒋姓家族。明末时，原籍陕西泾阳县三曲口的蒋应壁，入川定居在保宁府（今阆中）。加入清军后，因战功卓越被封为怀远将军，成为阆中蒋姓的始祖。蒋应壁的儿子、孙子、重孙、曾孙4代人中，一共出了2个进士、1个解元、3个举人；官职上，1个从二品、3个正三品、1个从三品、1个正五品。蒋应壁的儿子蒋大任，官封怀远将军。蒋大任的儿子蒋承儒，官至武仪大夫；另一个儿子蒋承涓，官至奉政大夫。蒋承儒的儿子蒋作楷，曾任江苏扶标中军参将，被授武仪大夫。蒋承涓的儿子蒋南波，曾任陕西大通卫守，被封为昭勇将军。蒋南波的二儿子蒋琏是雍正元年（1723年）的恩科进士，被钦点为御前侍卫。雍正十三年（1735年），蒋琏出任江西袁州卫都司掌印，领运守备事。乾隆二年（1737年），蒋琏出任直隶天津镇标中军游击将军。蒋琏的五儿子蒋文耀，官至酉阳营守备。康雍乾年间，是这支蒋姓的鼎盛时期，后来逐渐衰败。

如今，蒋姓已广布天下，尤以浙江、四川、江苏、湖南等省多此姓，上述四省蒋姓约占全国汉族蒋姓人口的60%。

【蒋姓分布】

自宋朝至今，蒋姓人口增长率呈"∧"形的态势。在全国的分布主要集中于四川、湖南、江苏、浙江四省；其次分布于广西、安徽、重庆、贵州四省份，四川居住了蒋姓总人口的17%，在各省份中居首位。全国形成以川渝湘、苏浙为中心的蒋姓聚集区。

蒋姓主要分布在长江以南，是比较常见的姓氏。在四川大部、渝黔、湘桂、广东北部、江西西部、云南大部、苏浙大部、安徽东部、上海，蒋姓一般占当地人口的比例在0.66%以上。

【积善里】

积善里位于南京老门东的三条营里。这是一片保存得较好的晚清时期的大宅院，是19世纪后半叶富甲金陵的蒋翰臣，人称"蒋百万"故居 —— 积善堂之所在。

积善里

蒋百万故居青砖黑瓦，绵延百米，层层叠叠。整个宅院从前面到后面，建筑一进高于一进，后为楼房，取"步步高升"之意，民间俗称"九十九间半"，具有非常高的人文价值，是珍贵的历史文化资源财富，是夫子庙十里秦淮风光带乃至南京历史文化名城的重要组成部分，现为省级文化遗产保护单位。

"积善里"，顾名思义，就是积德行善之地。

蒋翰臣虽为富翁，但为人善良，常常捐资修路铺桥，赈灾施舍，大做善事，甚至冒着生命危险资助太平军死难将士家属。南京门东原有一条自武定门至边营城墙根的排污水沟（俗名"官沟"），因年久淤塞。蒋氏出资疏浚，并购置石板盖在沟上，竣工后受到清廷褒扬。光绪三年（1877年），蒋翰臣收购包括李渔芥子园在内的现三条营18—32号土地兴建私宅，即将江宁正堂示照石碑嵌于东面第五进墙角，流传至今。示照石碑于光绪元年（1875年）五月立，文中载"……省城官沟久经淤塞奉县筹款挑挖通流各段子沟饬士民集议捐办大为行道惟恐日后无知之徒……有偷窃沟面石板等事，合行示禁……"由于蒋氏资助有功，封蒋宅为积善堂，蒋宅门前巷子叫积善里（即今三条营），以表彰蒋氏修桥铺路、施舍民粥和扶危济贫的善举。

示照石碑

蒋家乐善好施，致力于慈善事业的往事，在老南京人中，有口皆碑。

蒋家虽是巨富，但一直把施舍视为天职，无论是在乡梓还是他乡，蒋家常年疏财赈贫，散衣施药，赢得了极好的口碑。蒋氏在南京兴办了南郊义学，建筑了息心亭殡舍，重建了花牌楼清真寺，出资修缮了汉西门清真寺和净觉寺。蒋翰臣二儿媳马氏在清末江南数省发生旱涝灾害时，一次即捐银千两；之后，江苏与安徽有涝，她拿出自己的金饰救灾。蒋翰臣第五个儿子蒋长泰应清末两江总督端方的要求，铺设了南京第一条马路，并在两边植树；蒋长泰还出资兴办了中西医院与马林医院（鼓楼医院前身）造福医患；1913年的"二次革命"中，江苏讨袁失败，南京城被袁军攻破，蒋长泰租赁了英商大古、大通公司两艘轮船，满载衣食、药品驶往南京救灾。光绪二十四年（1898年），蒋翰臣另一个儿子蒋长洛，以家庭的财力在中正街（今白下路南端）办起了一所中学（后迁徙），这就是民国时南京非常有名的"钟英中学"（现更名为"南京市第三初级中学"）。

【蒋氏宗祠】

蒋氏宗祠位于浙江奉化溪口城建中心地段，是溪口街上蒋姓宗氏在春节、清明等节日祭祖、演戏、聚众及举办其他红白喜事的场所。

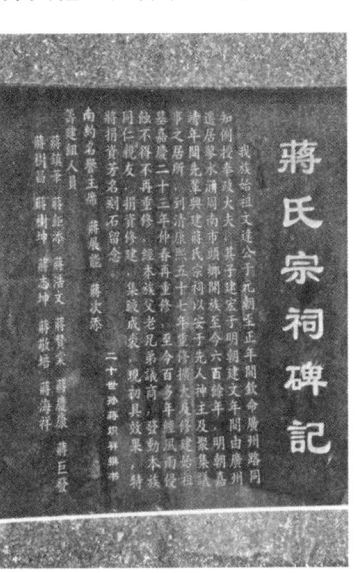

蒋氏宗祠大门　　　　　　　　　　蒋氏宗祠碑记

"蒋氏宗祠"建立年代久远。清康熙五十五年（1716年），曾进行一次大修缮。修缮式样、面积都没改变。

【江苏常州蒋氏宗祠】

宗祠堂屋坐东朝西，硬山式砖木结构，前后共4进。第一进门厅5间，进深6檩；第二进大厅5间，进深5檩（原为6檩）；第三进5间，进深5檩，为祖先牌位供奉处的享堂；第四进为二层楼3间，进深底层8檩，楼上朝东面缩进一檩。该楼南北封火墙仍保留，木雕挂落垂柱仍完好。该祠屋的第一进至第三进在一条中轴线上，而第四进楼房略偏于第三进的南面，从而楼前形成一个较大的方形天井。

旧时蒋氏宗祠，门前有一对石狮子，祠宇森严，木料粗硕，门墩石雕刻精美，柱础完整，门槛很高，祠内原来还挂有精美的宫灯。每逢清明、冬至祭祖，蒋氏族人聚会于祠堂内，行祭拜礼，热闹非凡。

【浦前蒋氏】

浦前蒋氏，堂号"追远"，有追溯思念远祖之意。文献记载其远祖可以追溯到周初。据《元和姓纂》载，蒋氏源自姬姓，其太始祖为周初周武王之弟辅助周成王的姬旦（称周公）。周公于周成王元年率军东征，消灭殷商残余势力，征歼鲁、奄、蒲姑等国。成王分封周公及其子，其中周公第三子伯龄被封于蒋（今河南淮滨县期思镇），伯龄子孙后裔以封国为姓。东汉时蒋横辅佐光武帝刘秀，征战有功，被封为大将军。后蒋横被诬误杀，蒋横众子避难于河南。后光武帝悟，蒋横第九子蒋澄被封于滆湖西之亭乡湖里（属宜兴）。至明成化年间（1465～1487年），蒋澄裔孙蒋箕携子务本及孙蒋绍始徙居常州城南德安门外墅村（旧名茶山镇即浦前镇又称丫叉浦）。浦前蒋氏与宜兴蒋氏、浙江奉化蒋氏均为蒋澄之后。

宗祠楹联

●四言

九侯世泽，三径家声
　　——佚名撰蒋姓宗祠通用联

全联典指汉代蒋翊隐居故里。庭中辟三径，闭门谢客，唯与高逸之士求仲、羊仲来往。

山亭世泽，玉渚名流
　　——佚名撰蒋姓宗祠通用联

上联典指西周代蒋伯龄受封之地蒋国，古有山亭。下联典指宋代文学家蒋煜等名流。

为社稷器，具文武才
　　——佚名撰蒋姓宗祠通用联

上联典出三国时期蒋琬随刘备入蜀，诸葛亮称其为"社稷器，非百里才"。亮卒后，蒋琬代为丞相。下联指三国时期蒋济有文武之才。

钟山留祀，竹径初宾
　　——佚名撰蒋姓宗祠通用联

上联典出东汉蒋子文，孙权为其立庙，封蒋侯。下联典出汉代蒋翊归乡里，于院中辟三径，足不出户，唯求仲、羊仲从之游。

铜符鼎峙，玉笋联班
　　——佚名撰蒋姓宗祠通用联

全联典指汉代蒋满，与其子蒋万同诏征见。宣帝曰："父子宣同日剖符。"即下诏以蒋满为淮南相，以蒋万为弘农守。

●五言

山亭绵世泽，荆渚颂名流
　　——佚名撰蒋姓宗祠通用联

上联典指蒋伯龄受封之地蒋国，古有山亭。下联典指宋代文学家蒋煜等名流。

四封花色丽，三径竹阴清
　　——佚名撰蒋姓宗祠通用联

上联典指唐代蒋沇。下联典指汉代蒋翊。

维新浑祖烈，有谷裕孙良

　　　——蒋祥墀撰蒋姓宗祠通用联

此联为蒋祥墀撰湖北省天门市蒋氏宗祠联。

三经绵世泽，五礼振家声

　　　——蒋孝林撰安徽省来安县蒋姓宗祠通用联

●六言

雅言诗书执礼，益友直谅多闻

　　　——蒋衡撰蒋姓宗祠通用联

此联为清代书法家蒋衡撰书联。蒋衡，江苏金坛人。

●七言

花色遍四封之丽，竹阴留三径之清

　　　——佚名撰蒋姓宗祠通用联

上联典指唐代蒋沇，兄弟四人均为才吏。下联典指汉代蒋翊。

赋秋河而得丽女，过清溪又访小姑

　　　——佚名撰蒋姓宗祠通用联

上联典指唐代蒋防。下联典指东汉蒋子文妹。

邦显碧岩三绝画，廷锡集成万卷书

　　　——佚名撰蒋姓宗祠通用联

上联典出明代画家蒋时行，字邦显，尝筑憩神楼于碧岩，三年不下，所绘《真武像》《上庵图像》《瀑布龙口圣像》合称"三绝"。下联典出清康熙文华殿大学士蒋廷锡，钦命核定"古今图书集成"万卷。

松竹犹存三径菊，公琰自非百里才

　　　——佚名撰蒋姓宗祠通用联

上联典指汉代蒋翊。下联典指三国蜀大司马蒋琬，字公琰，孔明称他有社稷之才，非百里才。

蜀中曾继如龙相，湘上今传伏虎名

　　　——佚名撰蒋姓宗祠通用联

此联为蒋琬祠联，祠祀蜀汉名臣蒋琬。

祖德绵长肇东汉，宗功久远靖西陲

——佚名撰蒋姓宗祠通用联

此联为安徽省砀山县蒋祠村蒋家祠堂联。

高洁天然飞石鹤，钟灵毓秀潜元龙

——佚名撰蒋姓宗祠通用联

全联典指东周春秋时蒋国国君蒋子涵。

九侯门第传千古，三径家声振万年

——安徽岳西蒋氏宗祠一联

●八言及以上

玉笋民班，丰姿可爱；琼花直谏，赤胆堪嘉

——佚名撰蒋姓宗祠通用联

上联典指唐代咸通进士蒋凝，风姿美，号水月观音。下联典指明代御史蒋瑶。

廷诏待颁，文经武纬；宗桃克肖，子孝孙贤

——佚名撰蒋姓宗祠通用联

此联为福建省华安县仙都镇蒋氏宗祠廷宗堂联。

廷材建乐安，万古诗书铭美；宗功耀大地，千秋俎豆增光

——佚名撰蒋姓宗祠通用联

此联为福建省华安县仙都镇蒋氏宗祠廷宗堂联。

绍禄游泰和以开严庄，名扬吴郡；仲南还湘乡而归曲靖，德盛楚邦

——佚名撰蒋姓宗祠通用联

此联为湖南省沙溪蒋氏宗祠联。

科甲肇遂兴之首，簪缨不二世族；阀阅自湖楚而上，钟鼎第一名家

——此联为宋末文天祥为吉州龙泉（今江西遂川）南乡衡溪蒋氏重修族谱所题。

蒋

郡望和堂号

郡望

　　"郡望"一词，是"郡"与"望"的合称。"郡"是行政区划，"望"是名门望族。"郡望"连用，即表示某一地域内的名门大族。地望，即姓氏古籍中常用的"郡望"，指魏晋南北朝至隋唐时期每郡显贵的家族，意思是世居某郡为当地所仰望，并以此而别于其他的同姓族人。古称郡中为众人所仰望的贵显家族，《钦定四库全书·重编琼台藁·卷十》收录的明代大学士丘濬公所作的《贵溪丘氏族谱序》说："自唐人著郡望，而以河南望，丘良以襄公父子之显融故也。"旧唐书说丘和、丘行恭父子二人死后均"谥曰襄"，故"襄公父子"就是指丘和、丘行恭父子。可见，唐朝时河南郡的名门望族有丘和家族。再如弘农杨氏、清河张氏、太原王氏、陇西李氏、吴兴姚氏等也是地望的代表性姓氏。

堂号

　　堂号即祠堂的名称或称号，主要用于区别姓氏、宗族或家族。来源主要有：地名（一般表示宗族的发源地）、典故（与本族祖先相关的故事或传说）、训词和祖先名等。堂号除在祠堂使用外，还会在宅院、族谱、礼簿、灯笼等处使用。

相关链接

【郡望】

东莱郡：东莱郡始建于西汉高祖时，治所在掖县（今山东省莱州市），东汉时移治黄县（今山东省龙口市东）。后改为国，唐朝时曾改为莱州。

乐安郡：乐安郡，中国古代郡、国名。东汉和帝时置。西汉初年属齐郡。汉武帝时分齐郡置千乘郡；东汉置千乘国，后改为乐安国，又除为乐安郡。东汉后期，辖境大致相当于今山东省滨州市东部、淄博市西北部、东营市南部及寿光市一带。郡治在临济县（县治在今高青县黑里寨镇刘镇村），隶属于青州刺史部。

【堂号】

乐安堂：蒋姓出自姬姓，是周王朝的后代。周公姬旦的第三个儿子伯龄，被封在蒋地（今河南信阳市淮滨县期思镇），建立了蒋国。春秋时蒋遭楚灭，伯龄的子孙即以国名为姓，称蒋氏。后来子孙中有人迁往乐安（今山东省东营市广饶县），并在那里发展为望族。

钟山堂：后汉时有秣陵尉蒋子文在山中剿匪时牺牲了。他生前说过"我的骨头轻，死后一定成神"。到了三国时代，吴国孙权在建康（今江苏省南京市）建了国都。传说有一天，孙权到钟山堂游览，果然看到了死去好久的秣陵尉蒋子文，骑着白马，拿着鹅毛扇子。孙权于是就在钟山上给他盖了庙，专门派人奉祀他。蒋氏因以"钟山"为号。

九侯堂：蒋翊为西汉名臣，以清廉正直出名，忠于汉室。因不满王莽专权，蒋翊告病返乡，终身不仕。蒋翊有一个孙子，名叫蒋横。蒋横跟随光武帝刘秀征讨赤眉，南征北战，因功勋卓著被封为"逡道侯"，官拜大将军。然而好景不长，朝中司隶羌路上报蒋横谋反，光武帝刘秀闻讯大怒，将蒋横诛杀。为了免遭灭族的厄运，除了老七蒋稔为父守灵，其余八个儿子全部逃往江南。蒋横蒙冤遭到诛杀后，朝野不平，一时间京城民谣四起："君用谗慝，忠烈是殛；鬼怨神怒，妖氛充塞。"光武帝刘秀听闻之后，下旨清查蒋横冤案，最终冤案大白天下，蒋横平反昭雪，羌路则被处斩。为了安抚人心，刘秀以王侯之礼迁葬蒋横，赐墓号为"显忠"，并将蒋横的九个儿子全部就地封侯。蒋氏因以"九侯"为号。

【孝思堂《蒋氏宗谱》】

孝思堂《蒋氏宗谱》初修、整修于北宋崇宁初年，而后历代又重修、续修。此孝思堂《北店蒋氏宗谱》修于民国十八年（1929年），黄应中撰序。此支蒋氏系北宋蒋之勉、蒋之仪、蒋之袷（九十世）等人之后。蒋之勉系蒋之奇堂兄，居蒋氏九十世之长；蒋之仪、蒋之袷系蒋之奇堂兄弟，其后人在两宋时亦显于一时，主要分布于宜兴西北部及丹阳、金坛、溧阳埭头、上黄（1950年前属宜兴）等地。蒋氏宗谱（孝思堂）共24卷、分30册，原本现散存在宜兴杨巷、官林、徐舍等地，原官林文化站站长蒋福培费思费力、八方奔走，终于收集齐全。宜兴市档案馆存有电子版本。各卷内容简介如下：

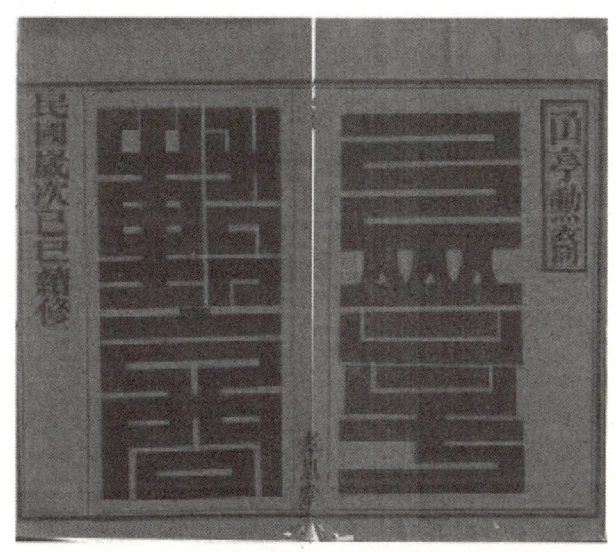

蒋氏宗谱（孝思堂）

卷一第一部分为谱序（作者有蒋之奇、苏东坡、赵鼎、赵抃、张九成、何梦熊、蒋琮等）、总目、附编次说明、颁谱字号、历次续修名氏。第二部分为谱序、祠堂等记、遗像、服制图。

卷二为分封考、诰敕、戊祭呈词、建愍公专祠记、遗训、凡例、迁支。

卷三为碑记、墓志铭（大部分与其他《蒋氏宗谱》类同，增加蒋之仪、蒋之翰、蒋之武墓志铭）。

卷四为诗集（作者有蒋堂、蒋之奇、蒋之美、蒋重珍、蒋璨、蒋如奇等蒋氏族人，另外还有唐玄宗、刘长卿、朱庆馀、耿沣等相关名人）、辨疑录、传行实志（蒋氏列祖传记）。

卷五为传序（即本支系历史人物传记）。

卷六、卷七、卷八为期思世系、公祖世系。

卷九至卷十六为柚山世系世表（蒋之勉后裔），有大房、二房、三房、四房、五房、兴福、蒋巷、老二三房、老四房、老五房、槐树巷、南阳、臧林、兰塘大房、兰塘六房、兰塘四房、兰塘西分、兰塘东分、兰塘二房、兰塘嘉音公、硕庄前渚、寿胜渡闵公分、南社朱家塘、柚山东分、蒲村、新宅、坟山、仓里、天芳圩各支派。卷十六中另有蒋家桥世系世表、观巷世系世表。

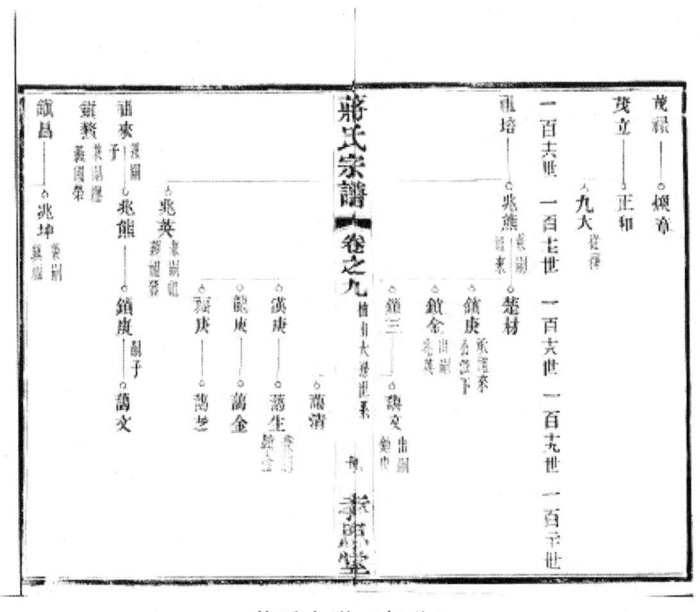

蒋氏宗谱（部分）

卷十七、卷十八为爵坫前巷世系世表，有大房、北庄、鹅圩、万珍圩、黄百禄圩各支派。

卷十九至卷二十一为湖口世系世表（蒋之勉后裔），有大房、三房、四房、五房、六房、七房、西徐村、干家塘各支派。

卷二十二为皇堡舍世系（蒋之仪后裔）世表，有木村、宜城、南山堡各支派。

卷二十三是爵坵后巷世系世表。

卷二十四前半部分为戈庄世系世表，有后村、平安村、蒋庄、中戈庄各支派；后半部分为姜庄世系世表。

【各地蒋氏家谱文献】

北京密云蒋氏家谱八卷，民国蒋士铜等序，民国四年（1915年）居易堂木刻活字印本八册。现被收藏在美国犹他州家谱学会。

河北博野蒋氏宗谱六卷，清代蒋芳原续修，清同治十三年（1874年）居易堂、亦政堂、慎枢堂木刻活字印本。现被收藏在河北省石家庄市图书馆。

江苏扬州邗东蒋氏族谱十二卷，民国蒋煜等重修，民国三年（1914年）三经堂木刻活字印本十二册。现被收藏在吉林大学图书馆。

江苏南通崇川蒋氏世谱四卷，首一卷，清代蒋宝琛辑，清光绪四年（1878年）木刻活字印本四册。现被收藏在江苏省南通市图书馆。

江苏镇江蒋氏重修族谱，清代蒋从宣等重修，清道光二十九年（1849年）木刻活字印本两册。现被收藏在日本（仅存两卷）、美国犹他州家谱学会。

江苏镇江京江蒋氏宗谱四卷，清代蒋名甲、蒋素修，清咸丰元年（1851年）木刻活字印本四册。现被收藏在中国国家图书馆、中国社会科学院历史研究所图书馆、河北大学图书馆。

江苏镇江蒋氏宗谱，编著者待考，民国三十五年（1946年）手写本，今仅存第三卷、第八卷、第十卷。现被收藏在江苏省镇江市博物馆。

乐安郡九侯堂《蒋氏支谱》于光绪二十七年（1901年）由辅仁公撰写；1993版《蒋氏家谱》和2012版《蒋氏宗谱》四册由蒋志昌收集，现被收藏在江苏省扬州市档案馆。

《蒋氏家训家规》是历代蒋姓家训家规中最有名的，是清朝大臣蒋伊的佳作。

蒋氏家训家规

家训十六条

1. 国课贵于早完。以下事上，古今通谊，况天子湛恩汪濊，涵煦渐摩，食税衣租，取民有制。凡在编氓皆戴天恩，惟正之供而不可输将恐后乎。愿我同族，早完国赋。

2. 昌后莫如修德。心术由此而端，品行由此而正，福田亦由此而厚。语云，积钱与子孙，子孙未必能守。集书与子孙，子孙未必能读。莫若积德于冥冥之中，以为子孙永远之计。愿我同族，其佩斯言。

3. 父母教子。均平之爱不可废，式榖之训尤必严。所以，燕山之教以义方，敬姜之论著劳逸。千古为昭矣！若情深舐犊，溺爱不明，此操戈之患所有来也！愿我同族，教子以正。

4. 人子事亲。小孝用力，中孝用劳，大孝不匮，孝之道可胜言哉。微扬名显亲所生无忝，即，负米食藿亦堪致敬，啜粟饮水亦足承欢。此孔子孝经一书，所宜家喻而户晓也。愿我同族，事亲以孝。

5. 夫妇为人伦之始。男正位乎外，女正位乎内。琴瑟静好道可顺亲，此釐降所以著观型之化，关雎所以咏好逑之义也！彼脱輨之占昧于咸恒之义者，岂能免家道之索乎？愿我同族，夫妻相敬如宾。

6. 兄弟有孔怀之谊。诗曰：凡今之人莫如兄弟。又曰：岂伊异人兄弟匪他。凡以明式相好而无相尤者，莫兄弟若也。倘角弓起既翕弛欢，是皆忘棠棣之情，必难免戕贼之害。此君子所以读行苇之诗而深戒牛羊之践履也。愿我同族，兄弟重义。

7. 家族有长幼之节，故礼运详十义以序人伦，王制明七教以兴民德。凡属同宗所宜亟讲也。若夫押侮五常、效尤六逆，岂有伦常乖舛，尚能敬宗睦族哉。愿我同族，长幼有序。

8. 朋友有他山之助。诗咏嘤鸣易严比，匪处友之道不可忽也。若善不能相劝，过不能相规。虽献缟赠紵，报李投桃，亦流俗结习耳，岂能如君子之合以义，洽以情相亲莫逆哉。愿我同族，慎于择友。

9. 妯娌以和睦为要。有兄弟，然后有妯娌。兄弟之不和，皆由妯娌之不睦也。诚使为妯娌者各能，孝以事舅姑，敬以相夫子，勤俭以持家务，同心以修中馈。怨诅泯而兄弟和，兄弟和而妯娌之道得矣。愿我同族，妯娌以和。

10. 婚姻有刚柔之义。天地合而后万物生。故婚礼者人道之始也。男子三十而娶，女子二十而嫁，古礼则然，今鲜能之？然使桃夭及时而摽梅致溉亦非，所以重婚姻之义、订百年之欢也。愿我同族，婚姻以时。

11. 读为士人之要。圣经贤传，原不负人，幸而策名仕，籍升斗养亲，其获益于诗书者不浅，即不幸一经者垂于后昆，较之空疏无具日羁于利锁名者，不诚霄之隔哉。愿我同族，苦读为先。

12. 耕为农夫之本。书之无益，诗之豳风。其为农计者，至深且远。我辈子弟，质既昏庸，力田为要。管子云：士之子恒为士，农之子恒为农。农亦本业矣。然使惰农自安其能，免草宅禽饗之虑乎。愿我同族，勤耕为重。

13. 淫为万恶之首。凡私通苟合，法律所不贷也。文昌帝君云，或妻女酬赏，或子孙受报。色荒自咎，有不遗臭万年乎？！吾人立身，名节为重，虽不能入圣贤之域，又何可流于禽兽之途。愿我同族，戒色为严。

14. 盗为小人之尤。凡鼠偷狗窃，王法所必加也。况寇相奸宄，元恶大憝乎。人虽至愚，保身为要。几见奸民暴客，能免桎枯桁杨乎。欧阳文忠公云，信义行于君子，而刑戮施于小人，职是故耳。愿我同族，禁盗为要。

15. 讼之为祸不浅矣。天与水违行而讼生焉，险与健相攻讼起焉。诚不可不禁也。况天子电照雷威。良有司，锄奸去暴，侯明挞记，文纲森严。凡属顽民，皆宜潜消其鬼域。倘自作不悛，破人财产，离人骨肉，虽免官刑，难逃冥报，自古至今，益有历历不爽者。愿我同族，息讼为要。

16. 赌之为害甚大矣，始焉而品行失，继焉而心术坏，终焉而家产倾。甚至赌囊空乏，谋利忘身，无非好赌之徒之心所逼而成也。诚使父戒其子，兄戒其弟，各勤其职，比户可封，凡属赌具，率皆扫除而尽之，岂尤有迷途难返者哉！？愿我同族，戒赌为严。

谱训九则：

从来子孙贤，称其率祖，子孙愚，鄙其辱先。故为父兄者当以孝悌忠信礼义廉耻启其善心，授耕读商贾技艺常业敛其佚志，使之毋蹈邪径，毋逞智勇，毋效残薄。斯纲常正而伦理明，风俗淳而礼义举，富贵者不致于骄侈，贫贱者不流于匪僻。乃立谱训以为后昆，是则是效，尚其勉之。

一曰敦孝

孝为百行之原，天之经地之义也。自天子以至士庶，皆当缘分竭诚，各尽其孝。彼不孝者失其天性，纵有才华，不取何也，大德已亏也。凡我族人当思父母生我之恩，时时为其力之能为，事事尽其心之当尽，其有立身行道、扬名显亲者，上也。次则生致其养、死致其哀、葬尽其礼、祭尽其诚，庶几不失为人子。已耳不然，则是反哺跪乳之不若也。

二曰训后

人生德业，端自弟子始。其生知安行者能有几人，大约资于造就者居多，故中人之性原介于可成可败之间。而父兄之心若不审其成败之术，又何怪乎缙绅有淫祠、田舍多骄子哉！凡为父兄者端蒙养之功，择师训教，外以收敛其放心，内以涵养其德性，优游浸渍，习于性俱，居必系亢宗之望，出则显华国之材。

三曰爱敬

兄爱其弟，弟敬其兄者，本天性之自然。或间于妻子，溺于利欲，惑于谗言，则同胞者，有时而吴越矣。昔人诤友有云："同气连枝各自荣，莫因些小便相争；一回相见一回老，能得几时为弟兄。"词虽近俚，意实恳挚。凡我族人毋间妻言，毋溺利欲，毋惑谗诬，则十世同居之郑氏，不独擅美于曩时；百犬同牢之家风，亦将再见于今日。

四曰急公

从来征税起于田亩，差徭出自民间。以下奉上份所宜，然计亩输将，役当应赋，况以时而使民，何害农工，按限而催科，原非暴取。设若中怀怠缓，不免悍吏哗骇，门多剥啄，身受鞭笞。即于岁晚务闲之日，尚奔驰于寒风冷雪之中，是可慨也。若及时而输，追呼不扰，甘食宁居，既无负于官长，亦不自累其身家。妻子熙熙，鸡犬闲闲，何其适也。谚云："若要宽，先完官。"凡我族人务宜急公慕义，勉为醇谨之良氏，毋为逋负之顽户。

五曰杜讼

之为害最大，或因纤芥之忿屈膝公庭，甚之箕豆同煎、身家不恤，奋一往之气，怀致胜之心。殊不知官司之喜怒不常，或情真受枉，理直遭诬，未可知也。即偶获取胜，亦且财殚力穷，噬脐无及。揆厥情由，皆不能忍故也。凡我族人深自猛省，以责人之心责己，则无争；以恕己之心恕人，则无怨。更守谦和敦让，以保身睦族，自无往不宜，更何至有鼠牙雀角之事哉。

六曰矜恤

天之生人不能皆全，人之遭际焉能尽美。鳏寡孤独为无告之穷黎，残疾跛癃乃天刑之遗孽，故圣王发政，必先加意焉。窃怪炎凉之辈，见夫崇高富贵者，不惮左右以逢迎，睹诸穷黎残疾者则鄙笑，不惟不蒙其怜悯，且指其先人失德，摘其素行多愆，以为果报。呜呼，何忍心至是！凡我族人目击颠连，虽不克倾囊以济，亦必量力相周。至于至戚分膏割脂，分所宜然，慎毋泛视。

七曰宽下

陶彭泽买仆以遗其子，作书嘱之曰：彼亦人之子也，以窘迫之故，而投于吾，吾即其父母矣，当厚过之。噫！何其情之笃而词之切也。窃怪世人以为仆隶下贱，驰役惟命，一有不遂，督责加之，威虽莫抗，残刻逞矣，是岂仁人君子所为乎！凡我族人之御下也，用其力宜爱其人，体其饥寒，恤其劳瘁，诚以感之，惠以结之。将见倾忱之戴，不暇尾大之虞何起。

八曰修谱系

韩魏公曰：二十年若不修谱，责以不孝。盖谱所以明宗派、别亲疏，所关实巨。设若视同故纸，甚或讪其修谱之为无益者，必致远祖无稽，将不免拜坟之耻，亲疏难辨，即睹五服为途人者矣。愿我族子孙务以修谱为亟，或十年一续，或廿年一修，积公需以为之，庶免不孝之讥云。

九曰谨祭祀

古之仁人孝子，粢盛不洁不为饗，祭服不备不为祀，诚有见于祖宗之祭祀，当谨也。否则，列神主、具币帛、陈俎豆、斋戒沐浴、百拜哭奠，皆虚交耳，何以报祖德而慰先灵！凡为子孙，弗忘根本，兴岁时伏腊之思，谨祔祀烝尝之典。主祭者如质神明，助祭者无滋玩亵。庶乎宗庙飨之，而祖先无怨矣。

家规十二条

序

州县有官，官必有法。宗族有长，长必有规。然则家规之不可越，亦尤国法之不可犯也。故欲正家道，莫如立家规。欲立家规，必先立家庙，是家庙者，家规所由出也。吾族既建有宗支两祠，而家规不可不设乎。然其道安在，是莫如择族中老成正直者，公立族长，设置家法。凡族中有傟规错矩不守法律者，不得任意鸣官，必先经族理处，其理屈词穷者，重则按法以惩之，轻则凭公以罚之。如有不听约束者，然后族长秉公鸣上，以究治之。如此，我族人庶知理法之难犯，而讼狱亦可渐息矣。爰立其规如左（该谱书是竖排版。——编者注），计十二条。

孝父母

朝廷以孝治天下，故其最重者，首在于孝。而其严惩者，即在不孝。夫孝之道不一，要在随分。自尽彼显亲扬名，尊亲弗辱，故为大孝。而乡野小民，求其顺亲无违、养亲无缺者，往往难之。

然则为人子者，诚能于父母之教令不敢违犯，于父母之供养不致缺乏，亦可为孝矣。苟平日不从父母之教，不顾父母之养，即属不孝，不孝者必惩。律有明文，岂特忤逆不顺，始为不孝之大哉。凡我族众有犯此者，即将纠集祠中无间少长，严加惩究。

敬兄长

夫孩提知爱，少长知敬，达之天下，莫不皆然是。则友其兄，随行后长，固不学而知、不虑而能者也。岂为人弟者，顾可不循此理乎。且由兄长而推之，则族兄亦兄也、伯叔亦长也，凡子弟见此尊长，不特肆筵设席之际，当必恭敬。即相遭于道路，亦必以礼让为先。庶不失诗礼旧家风规。每见今之子弟，或疾行先长，或出言不逊，甚而骨肉参商，豆觞犯齿，种种不法，大干律纪。嗣后吾族子弟，有犯此者，关集祠中，先究其犯上之由，然后判其曲直，以定其责罚之轻重。

敦友爱

孝弟固为弟子之事，而为父兄者，亦当慈爱子弟，使人乐有贤父兄。今有为伯叔兄长者，恃其分尊，平日既不能教子侄，一旦或畜私愤，或争田产，或图财利，动则以长凌幼，挟之以不得不从之势，岂不思父兄伯叔之分虽尊，其上不更有祖宗乎？诸如此类，亦必集之祠中，上临以祖宗之灵，下质以公平之理，如有不顺，虽尊必罚。

重农桑

自古以农桑为重。农桑者，衣食之源也。一夫不耕，或受之饥；一妇不蚕，或受之寒。眼见饥寒逼迫，为娼为盗者有之。是为无廉耻之事，皆由不事农桑之故。我族来川，贸易者少，惟男勤畊作，女苦纺绩，并无游手好闲之人，故将近二百余年，各处祖业皆未卖与外人，间有一二懒惰者，立见倾覆，不可不警戒于先也。自后族中子弟，质性平庸，读书无成者，即命力农或学艺术，习其勤劳以救贫乏，切不可游荡败家，致为下贱之事，贻玷家门。

崇节俭

天地生财，止有此数。天子必量入为出，不敢妄用，惧匮乏也。平人富有富计，贫有贫计，虽勿太悭吝，但不节必侈，不俭必奢，奢侈一开，嫁娶欲挣门面，衣服要求鲜华，饮食专务丰美，丧葬不循理法，尝先人因节俭而兴，子孙由奢侈而败者，十居八九。此圣谕谆谆致训，为天地留有用之财，为祖宗守不尽之业，为子孙遗无穷之福。而朱子家训亦云，一粥一饭当思来处不易，半丝半缕恒念物力维艰，诚保家要言也。愿我族人时时记之，勿务一时奢华，贻百年长恨，致后人衣食不济，悔之无及。

恤孤寡

族有孤寡零丁，固人所望而怜、闻而哀者也。人虽无良，未有忍欺其孤寡而有吞占之谋者无。如顾利忘义之徒，往往忍心害理，或逼嫁孀妇，或吞食孤儿。若不大正家规，何由安此慎独。自后，毋论顽劣豪强一绳以欺孤凌寡之法，庶几公道不泯。至为孤寡者，亦不可放纵自恣，或平地生波，或借端撒泼，不认尊长。族中有如此辈，不必避欺凌之嫌，会同族众处罚。斯亦全孤寡之忍心也。

杜侵占

人情所最难平者，贵贱贫富之间，恒有相欺相凌之事。世有以富恤贫，以贵下贱，而人称之者矣，未有欺其贫而不怨、凌其贱而不怒者。此即加之外人，尤为不堪，况同族一本之内乎。所当持盈戒满，慎毋恣睢放纵。倘若持其富贵，而有谋夺侵占之举，纠集各房长公呈首之于官，申锄强扶弱之义。

严武断

凡绅士秀才，例不许出入衙门包揽词讼、武断乡曲，益以即受。朝廷顶戴，即宜砥砺廉隅，不干外事，方不愧衣冠中人。语云，富贵不压乡党，岂稍得寸进，遂可以势凌人乎。每见乡野微有功名，挟其势要，作威作福，恐吓愚民，阳托息事宁人之旨，阴为射利图财之私，以彼寡廉鲜耻，不特法纲所不容，亦名教所不贷也。吾族素以忠厚传家，应不至有此等。如有之，毋纵毋徇。

正风化

诸恶莫甚于奸淫，奸淫之罪，律已明著。而独至事关伦理者，尤为人中禽兽，诚不容稍狥情面，使其败风乱俗，丑我家声。如或一有所犯，即亦首之公庭，明正典刑。

禁非为

犯法莫甚于为窃。人未必有生而愿为窃者，不过饥寒所迫耳。然一时之饥寒易忍，而三尺法纲难犯，况其有力可耕、有身可佣乎。今后如有犯此，纠集户族，及时擒获，初犯则惩以家法，不悛则鸣公究治。

惩凶暴

凡人恃强恃力，纵横行凶者，此恶道也。其在律法，杀人者死，伤人及盗抵罪。夫行凶必至伤人，迫伤人而重者刑、轻者罚。刑法切身，即悔之晚矣。然究其行凶之徒，大抵乘酒起衅，遂至于杀身忘家而不顾，何不于醉后清醒之，会自思自返，岂可恣情放纵以取祸乎。自今有犯酗酒之规者，必经投族长，重责罚银，以供祭需。其或以长凌幼，以少犯长，加倍责罚，方知惩创。

戒赌博

耕读二字，乃生民之本业。然亦有不能耕、不能读者，则当安分守己，别营生理，以为一身之计，奈何不务正业，而以赌博为事乎。况赌博一事，最为朝廷所严禁。考律所载，凡赌博财物者杖一百、徒三年；开张赌博坊者，枷号三个月、流徒。即此而观，可见赌博不但足以倾家破产，实亏体辱亲，有玷家声之事。凡我族众，有聚众赌博者，必集祠中，惩以家法，尤当究窝赌之家。如系族姓，一同重究，不容稍贷。倘若逞凶违抗，公同送官严治。

古代名人生平

西周

蒋伯龄，陕西岐山人，封蒋国（今河南淮滨），蒋氏鼻祖。

汉朝

蒋晋，仙居（今属浙江）人。西汉交州刺史。

蒋横，汉杜陵（今陕西西安）人，被拜为大将军，跟随光武帝刘秀讨伐赤眉军，因功勋卓著而被封为逡遒侯。

蒋翊，封为兖州（今属山东）刺史。

蒋颖，封"金华侯"，居婺州金华七新乡。任中散大夫，车骑大将军，青州刺史。

蒋郑，封"会稽侯"，居越州绍兴。

蒋川，封"临川侯"，居润州镇江丹徒，任酒泉太守。

蒋耀，封"镇湖侯"，居湖州安吉。

蒋渐，封"临苏侯"，居姑苏（今苏州）。

蒋巡，封"卜亭侯"，居杭州余杭。官员外郎，散骑长侍。

蒋稔，封"平河侯"，居九江平河县。官殿中将军，袭爵九江侯。

蒋默，封"云阳侯"，居义（宜）兴和桥南新柯山桥云阳村，任谏议大夫。

蒋澄，字少明，居义（宜）兴都山寒亭村。官封亭乡侯，封地在今宜兴山以东，杨巷、官林一带，不久任婺州刺史。

蒋济，楚国平阿（今安徽怀远）人，魏关内侯，升迁为太尉。

蒋孟，冀州刺史，蒋澄长子。

蒋直，南阳刺史，蒋澄次子。

蒋休，丹阳刺史，蒋澄三子。

蒋政，荆南刺史，蒋澄四子。

蒋元，兖州刺史，蒋澄五子。

蒋子文，广陵（今扬州）人，为秣陵尉，并将钟山改名蒋山。

蒋钦，九江寿春人。迁西部都尉，讨越中郎将，迁荡寇将军，召还都拜右护军，典领辞讼。

蒋琬，东汉末年零陵郡（今湖南省湘乡县）人，蜀汉进尚书令，迁大将军，录尚书事，后封为安阳亭侯，接替诸葛亮为丞相。

北魏

蒋少游，乐安博昌人。官至前将军、将作大匠，死后赠龙骧将军、青州刺史。

蒋恭，刘宋时曾任台州刺史。

蒋升，北周，楚国平阿人。官至东骑大将军、河东郡守。

蒋隽，北周，官至王府从事中郎、赵兴郡。

唐朝

蒋镇，常州义兴人。官至左拾遗、司封员外郎。

蒋洌，历任礼、吏、户部侍郎，官终尚书左臣。

蒋防，江苏义兴（即今宜兴）人，历官右拾遗，司封员外郎，谏议大夫，右补阙，加翰林学士，中书舍人。贬汀州刺史，连州刺史，大和二年任袁州刺史。

蒋义，任太常院修撰，贞元中任右拾遗、起居舍人，司勋员外郎，兼史馆修撰。迁右谏议大夫，封义兴县公。

蒋偕，蒋义第三子，以父荫历任右拾遗，补阙，主客郎中兼史馆修撰，累任太长少卿、州官等。

蒋伸，今宜兴芳庄镇五牧村人，曾任户部侍郎、兵部侍郎、中书侍郎兼兵部尚书。拜为同中书门下平章事（宰相）兼刑部尚书，任河中节度使、同中书门下平章事、太子少保、太子太傅，赠太尉。

蒋系，入直史馆，大和年升右拾遗，史馆修撰。历任工部、礼部、兵部郎中，同兼史职，懿宗时官兵部尚书，东都留守。

蒋将明，任河中使府、侍御史、左司郎中、国子司业、集贤殿学士。

蒋俨，封大将军、文学家，授朝散大夫，任幽州司马，高宗时任蒲州刺使、太子右卫副帅，以太子詹事致仕，封义兴县子，卒赠礼部尚书，世居宜兴。

蒋沉，莱州胶水人。官至右散骑常侍，追赠工部尚书。

蒋清，官至太子校书郎、巩县丞。

蒋涣，任鸿胪卿、右散骑常侍，官终礼部尚书。

蒋钦绪，唐莱州胶水县人，累任太常博士。任吏部员外郎和侍郎，历任汴州和魏州刺史。

宋朝

蒋浚明，浙江奉化人，北宋时为中书平章事，赠金紫光禄大夫。

蒋岘，浙江人，南宋宁宗进士，官至刑部尚书、殿中侍御史。

蒋琉，浙江人，官至朝议大夫。

蒋允济，南宋初年人，字德施，今桂林市兴安县高尚乡江东村人，其父蒋熙是个读书人，但一生穷困潦倒。生允升和允济二子，幼时家贫，亲自教读。允升、允济勤学苦读。于宋高宗绍兴二年（1132年）兄弟二人同时考取进士，成为一时美谈。乾道三年（1167年），蒋允济最后调升邕州知州兼邕管安抚使，死于任上，积官朝请大夫。

蒋重珍，无锡人，宋宁宗嘉定十六年（1223年）癸未科状元。集英殿修撰身份任安吉知州，代理刑部侍郎，为朝请大夫。

蒋芾，今宜兴杨巷镇人。蒋俨公十六世孙。被授予起居郎兼直学士院、中书舍人，端明殿学士、签书枢密院事兼代参知政事（副宰相）升为左正议大夫、右仆射、同中书门下平章事兼枢密使（宰相）。出知绍兴，并定居。

蒋默，字静之，系蒋俨公二十二世孙。任大理寺评事，游学义乌，创居苏溪。

蒋之奇，常州宜兴人，官至宰相。

蒋锴，宜兴人，官至侍从。

蒋猷，字仲远，润州金坛人。官至吏部、工部、刑部、兵部等四部尚书。

蒋灿，宜兴人，补将侍郎，调承务郎代户部侍郎，历任平江、临安、两州知府，赠正议大夫。

蒋兴祖，蒋之奇之孙。以荫任铙州司录，因功升官，知开封阳武县。

蒋静，任安仁县令，升职方员外郎，升国子司业，任中书舍人（拟诏官），显谟阁待制，寿州知府，江宁知府，调任睦州知府，任大司成，洪州知府，赠通议大夫。

蒋璨，宜兴（今属江苏）人，之奇从子。以荫补将仕郎，任婺州兰溪县主簿。历知抚州、通州。提举淮南东西路茶盐公事，历知扬州、临安府，迁两浙转运副使，由淮南转运副使知平江府。

蒋捷，字胜欲，号竹山，宋末元初阳羡（今江苏宜兴）人。南宋词人，与周密、王沂孙、张炎并称"宋末四大家"。人称"竹山先生""樱桃进士"。

明朝

蒋献，明洪武年间锦衣卫指挥。

蒋廷瓒，河南滑县人，任嘉兴通判，任工部右侍郎，首任贵州布政使。

蒋贵，靖城阡桥人，升到浙江昌国卫指挥同知、北平彭城卫部指挥企事，定西伯，定西侯。

蒋雄，追赠怀远将军。

蒋琬，授平羌将军衔镇守甘肃，神机营总兵，累官太保兼太子太傅，赠凉国公。

蒋骥，继承爵位典京营兵。

蒋傅，授平蛮将军衔，镇守两广，官至太子太保。

蒋中臣，明万历年间，户部侍郎。

蒋思文，青州蒋氏开祖，明永乐年间进士，历任通政使司通政使（正三品），授嘉议大夫（正三品）、左边青州府同知（正五品）。

蒋如苹，山东益都人，任容城县令，擢扬州同知。

蒋升，官至南京户部尚书。

蒋钦，常熟人，官至南京御史。

蒋昇，全州人，始授南海知县，官至留都南京户部尚书。

蒋冕，全州人，官至首辅内阁大学士。

蒋信，常德人。累官四川水利金事迁贵州提学副使。

蒋小保，永乐年间孝义名士。任武功中卫。

蒋琮，大兴（今北京市属县区）人，弘治年间任南京守备太监。

蒋瑶，归安（今湖州）人。历两京御史为荆州知府，调扬州知府。后调陕西任参政，历湖广、江西左右布政使，累迁工部尚书，加太子少保。赠太子太保，谥恭靖。

蒋英，嘉善人。历知松溪、漳浦、宜兴。

蒋守约，直隶宜兴人，为道士，永乐初举赞礼郎礼部尚书，太常寺卿。

蒋宗武，江苏武进人。家世业医，入太医院，授以御医，又擢为院判、院使等职，后晋升为礼部左侍郎。

蒋主善，江苏句容人。太医院院判蒋武生之子，任太医院院判。

蒋用文，祖籍魏（今山西），洪武初迁句容（今属江苏）。升太医院院判，六年后任承德郎。

蒋若来，江苏人，明末江浦守备。

蒋光彦，福建晋江人，官至江西副使，广东布政司参议。

蒋德璟，晋江人，擢礼部右侍郎，任户部尚书，晋太子少保、文渊

蒋

阁大学士。

蒋允仪，明官员，授桐乡知县，移嘉兴，擢御史，巡按陕西，巡湖广副使，擢太扑少卿，右佥都御史抚治郧阳。

蒋士铨，江西铅山人，进士。官至翰林院编修。

清朝

蒋廷锡，江苏常熟人，中国清代画家，擅长花鸟。曾任礼部侍郎、户部尚书、文华殿大学士、太子太傅。

蒋荣芳，山东博山人，赠奉政大夫（正五品）。

蒋璞，山东博山人，诰赠奉政大夫（正五品）。

蒋璐，山东博山人，候选经历司。

蒋综，山东博山人，贡生，赠奉政大夫（正五品）。

蒋今懿，山东博山人，雍正元年青州府粮捕，通判马公（正六品）。

蒋今长，嘉庆年间山东博山人，官居中书科中书舍人（从七品）加五级，诰封奉政大夫（正五品），晋赠中宪大夫（正四品）。

蒋天钧，道光年间山东博山人，官居兵部职方司主事（正六品）加二级，封奉政大夫（正五品）。

蒋天珍，道光年间山东博山人，大理寺评事（正七品）加四级，诰封奉政大夫（正五品），夫人袁氏系长山县原任礼部司务候补主事（正六品）袁承约之女。

蒋天睿，山东博山人，例封儒林郎（正六品）。

蒋天倪，山东博山人，例封武略佐骑尉（从六品），太学生。

蒋天锦，山东博山人，覃恩赠修职郎（正八品），夫人李氏系长山县历任山西汾州府同知（正五品）宁武府知府（从四品）署雁平兵备道李维梓之女。

蒋松岐，山东博山人，候选尉千总（从六品），例封修职郎（正八品）捐修书院域工加二级。

蒋健岐，山东博山人，丁酉科拔贡生，候选直隶州州判（从七品）。

蒋封岐，山东博山人，江苏金山县知县（正七品），历署苏州府督粮同知（正五品），夫人李氏系寿光县原任直隶长垣县知县（正七品）李铃之女。

蒋坦岐，山东博山人，贡生，任东昌府冠县教谕（正八品），历署鱼台定陶楼霞教谕（正八品），夫人林氏系登州府文登县原任湖广道监察御史（从五品）林钟岱之女。

蒋方岐，山东博山人，早逝，夫人袁氏系长山县通政司知事（正七品）袁守伸之女。

蒋桄岐，山东博山人，候选教谕例授修职郎，夫人袁氏系长山县候选通政司知事（正七品）袁守伟之女。

蒋宓，山东博山人，从九职衔，赠文林郎（正七品）。

蒋心零，山东博山人，从九品，夫人钱氏系例封奉政大夫（正五品）钱永绅之女。

蒋心清，山东博山人，太学生，夫人张氏系癸酉科拔贡，候选州州判（从七品）改授教谕张松谋之女。

蒋心溶，山东博山人，夫人陈氏系登州府文登县原任浙江宁波后帮领运千统（从五品）侯陆卫守备（正五品）陈道卫之女。

蒋心淳，山东博山人，夫人袁氏系长山县原任直隶石景山同知（正五品）袁琅之女，孙氏系同邑贡生候选训导历署楼霞陵县教谕（正八品）孙崇樨之女。

蒋持辉，山东博山人，夫人邢氏系济南府历城县直隶东明县右堂邢松田之女。

蒋持缙，山东博山人，邑庠生，封文林郎（正七品）。

蒋其揆，山东博山人，夫人张氏系太学生例赠文林郎（正七品）张承柞之女。

蒋其彪，山东博山人，夫人高氏系淄邑例封文林郎（正七品）岁贡生高奠谋之女。

蒋其伦，字昆圃，号星海，清光绪年间山东博山人，著名纂修。

蒋立镛，天门人。清嘉庆十六年（1811年）状元。历任国史馆协修及纂修、朝考阅卷官等。任河南乡试副主考官，出任广西乡试主考官。

蒋艮，商城伏山乡人，历任武英殿协修、纂修，国史馆协修教习，任山东乡试副考官。

蒋伊，江苏常熟人，由翰林院庶吉士改陕西道监察御史，官至河南提学副使。

蒋植，江西铅山人，任翰林院编修，著作甚丰，诗文颇负盛名，与袁枚、袁翼并称江右三大家。

蒋龙光，清官员，诗人。授中书舍人、刑部郎中、通苏道、福建巡海道、西湖东道、浙江驿传道等。

蒋春霖，江阴城内蒋家巷人，寄籍大兴（今属北京市），署富安场盐大使。

蒋楷，湖北荆门阳田村人，任东平州知州，补授莒州知州，署平原县。

蒋文庆，汉军正白旗人，授吏部主事，迁员外郎。出为云南曲靖知府，调云南府，擢甘肃宁夏道，迁浙江按察使，护理巡抚，迁安徽布政使，擢巡抚。

蒋赫德，遵化人，隶汉军镶白旗，任国史院大学士，文华殿、弘文院大学士，礼部尚书。

蒋攸铦，先世由浙江迁辽阳，隶汉军镶红旗，迁御史，任江西按察使、云南布政使、江苏巡抚、江南河道总督、两广总督等职。调四川总督，加太子太保。授刑部尚书。寻授直隶总督。拜体仁阁大学士，充军机大臣，管理刑部。授两江总督，晋太子太傅。

蒋懋勋，浙江临海人，参加肃清三藩之变克复台湾有功，官至温州镇总兵。

蒋祥墀，天门净坛乡七屋台村人，任浙江乡试副主考，升任国子监司业，后历任国子监祭酒、少詹、奉顺天府丞、通政司副使，光禄寺卿宗人府丞、都察院左副都御史，鸿胪寺卿等职。

蒋元溥，天门人，任九江知府，署江西盐法道。

蒋启勋，祥墀之曾孙，授吏部主事，旋补稽勋郎中，后任河南道御史，出任镇江、苏州知府，后任湖南衡永郴桂兵备道。

蒋传燮，祥墀之玄孙。发四川任蓬溪县纂，后升任雅安县令。

蒋陈锡，江南常熟人，历官河南按察使、山东巡抚、云贵总督。

蒋弘道，顺天大兴人，官至翰林院侍读学士赐进士第、户部左侍郎、加一级，左都御史。

蒋益澧，湖南湘乡人，清湘军首领，曾任广西按察使、浙江布政使、广东巡抚。

蒋洲，江南常熟人，大学士蒋廷锡之子。初为主事，历官山西布政使、山东巡抚。

蒋溥，大学士蒋廷锡之子，雍正进士。历官至湖南巡抚，协办大学士兼礼部尚书和吏部尚书，东阁大学士兼领户部。

蒋国柱，清初汉军镶白旗人。授都察院启心郎。历工部右侍郎、户部左侍郎。后调江宁巡抚，驻镇江，补右通政使，迁秘书院学士，寻授山东巡抚。后任浙江巡抚。

蒋凤藻，清江苏吴县人，补福建福宁知府。

蒋锡绶，江苏长洲人，刑部主事入直，官至安庆府知府。

蒋振生，金坛人，虎臣修撰之侄也。授国子监学正。

蒋炳，江苏阳湖人。内阁侍读入直，官至河南巡抚。

蒋国祯，凤阳知府。

蒋永修，清官员，学者，经学家。历官应山县知县，刑科给事中，平越府知府，终湖广提学副使。

蒋发，祖居河南温县东乡刘村，后迁水运村。太极拳创始人。

蒋应璧，字近楼。清封怀远将军。四川阆中蒋氏始祖。

蒋大任，字乐野。蒋应璧之子，清封怀远将军。

蒋承儒，字涵生，阆中蒋大任之子。清封武仪大夫（正三品）。

蒋作楷，字纯，阆中蒋承儒之子。清乾隆十六年（1751年），任江南江苏扶标中军参将（正三品），授武仪大夫。

蒋承涓，字蔚生，阆中蒋大任之子，清封奉政大夫（从二品）。

蒋南波，府学武生，戊子科解元，己丑科进士。阆中蒋承涓之子，任陕西大通卫守，清封昭勇将军（正三品）。

蒋琏，阆中蒋承涓之孙，蒋南波之二子。雍正元年（1723年）恩科进士，雍正元年钦点御前侍卫正五品；雍正十三年（1735年），蒋琏任江西袁州卫都司掌印，领运守备事正四品；乾隆二年（1737年），蒋琏时任直隶天津镇标中军游击将军（从三品）。

蒋瑛，阆中蒋承涓之孙，蒋南波五子，字修五，县学武生，辛卯科武举人。

蒋文耀，阆中蒋琏五子，四川酉阳营守备（正五品）。

蒋湘南，河南固始人，以举人游幕各方，治经以外，旁通象纬、历律、舆地、水利、农田诸学。有《七经楼文钞》。

蒋

蒋澄

蒋澄，字少明，东汉光武帝时官封亭乡侯，封地在今宜兴竺山以东，今杨巷、官林一带。

父亲蒋横，是东汉初年的一位将军，因协助光武帝刘秀讨伐赤眉（农民起义军）有功，封官为浚遒侯，后被司隶羌路诬陷而死。蒋横的九个儿子均贬为普通百姓。为免遭杀害，兄弟遣散四处。蒋澄跟着蒋默南逃到江南阳羡（今宜兴），住山脚下。

后来光武帝刘秀查明蒋氏一案实为羌路诬陷，立即诛杀羌路，并为蒋横昭雪，其子全部就地封侯。

蒋澄兄弟封侯后，对百姓非常宽厚，为地方办了不少好事，深得民心。蒋澄71岁逝世，与夫人司马氏合葬于封地内的都山之麓的都山荡边，称亭侯墓。蒋默死于谏议大夫任上，葬在封地内的竺山。后人为纪念蒋澄、蒋默，曾于汉明帝时至清光绪年间，多次立庙建祠。

蒋氏子孙传到晋代蒋极，转迁至浙江台州。五代时蒋显定居宁波。元代蒋氏子孙迁居奉化，明代蒋仕杰迁到溪口镇。

蒋琬

蒋琬是三国时期蜀汉政治家。

蒋琬，字公琰，零陵湘乡（今湖南省湘乡县）人，三国时期蜀汉宰相，与诸葛亮、董允、费祎合称"蜀汉四相"。

蒋琬初随刘备入蜀，被任命为广都长，后因不理政事激怒刘备。在诸葛亮的劝说下，蒋琬免于一死，后重新被起用。诸葛亮悉心培养他，并密表刘禅可以作为诸葛亮的接班人。

蒋琬

建兴十二年（234年），诸葛亮死后，蒋琬继其执政，拜尚书令，又加行都护、假节，领益州刺史，再迁大将军，录尚书事，封安阳亭侯。延熙元年（238年），受命开府，加大司马，总揽蜀汉军政。曾制定由水路进攻曹魏的计划，但未被采纳。延熙九年（246年）病卒，谥号"恭"。

蒋廷锡

　　蒋廷锡，字酉君、杨孙，号南沙、西谷，又号青桐居士。清朝前期政治人物、画家，擅长花鸟，以逸笔写生，奇正率工，敷色晕墨，兼有一幅，能自然洽和，风神生动，得恽寿平韵味；点缀坡石，偶作兰竹，亦具雅致。曾画过《塞外花卉》70种，被视为珍宝收藏于宫廷。康熙六十一年（1722年）康熙逝世，雍正下令经延讲官、户部尚书蒋廷锡重新编校《古今图书集成》。他重编的《古今图书集成·医部》共收医书520卷，采集历代名医著作，为中医学类书之冠。著《青桐轩秋风》《片云诸集》。康熙五十七年（1718年）作《牡丹扇面》，康熙五十九年（1720年）作《岁岁久安图》《桃花鹦鹉图》。传世作品有《竹石图》轴，现藏中国美术馆；《花卉图》卷，现藏南京博物院。

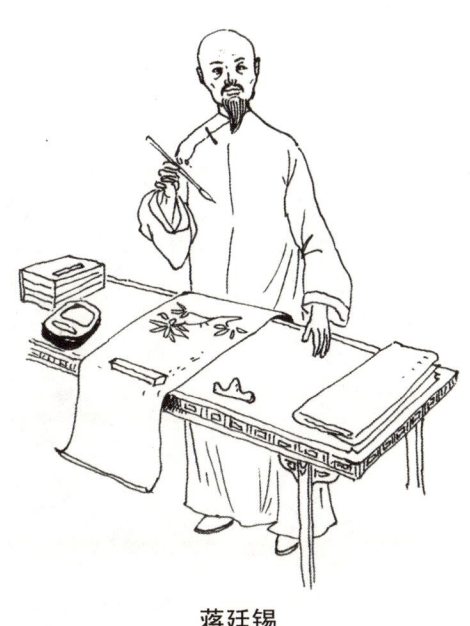

蒋廷锡

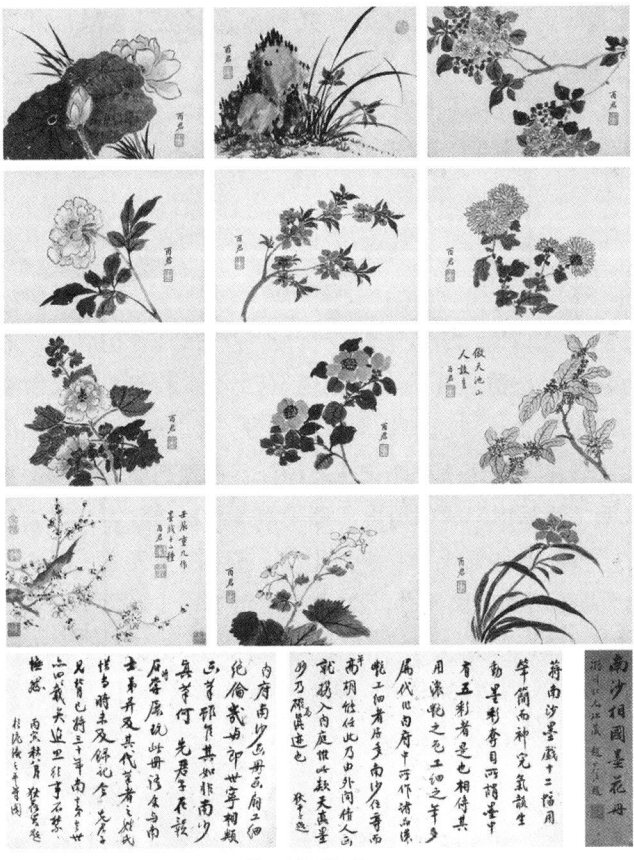

蒋廷锡花卉册

蒋廷锡花鸟草虫（二册）册页（24开选四）

蒋廷锡也是清文献学家、藏书家。康熙四十二年（1703年）进士，授翰林院编修，历官礼部侍郎、户部尚书、文华殿大学士。在任秉公抚政，剔除积弊，声誉甚著，博学精敏，尤善诗画。所作写生花卉及兰竹小品，色墨并施，自成一格。常侍御前作画，被藏入秘阁。因名重于时，代笔及作伪者甚多。曾任《明史》总裁及《佩文韵府》《康熙字典》《古今图书集成》等典籍总纂官，为保存和整理中国古代文献付出了毕生精力。为官之外，特喜收藏文献，藏庋古籍万余册，藏书处有"青铜轩"，藏书印有"蒋扬孙考藏记""蒋氏家藏图书印"等。著有《尚书地理今释》《破山集》《秋风集》《青铜轩诗集》等。

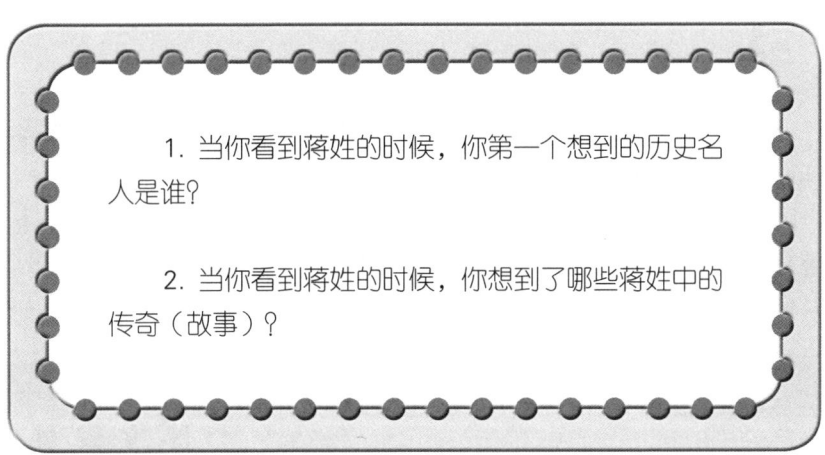

1. 当你看到蒋姓的时候，你第一个想到的历史名人是谁？

2. 当你看到蒋姓的时候，你想到了哪些蒋姓中的传奇（故事）？

沈姓，是一个典型的多民族、多源流姓氏，沈姓在宋版《百家姓》中排列14位。根据近年全国人口普查统计，中国沈姓近600万人，占中国总人口的0.5%，排列第37位。其中，江浙两省沈姓人口占中国沈姓约40%。谚云：天下沈氏出吴兴。吴兴沈氏与吴兴姚氏、汝南周氏、会稽顾氏、陇西李氏、东海陈氏、中山张氏并称"中国七大世家"。

沈 字 解 读

沈
（shěn）

"沈""沉"本为同一个字，本义是"沉没"。甲骨文的字形像一头牛（有的是羊）在过河时被水流淹没的形状。金文则像戴枷的人被沉入水的形状。

甲骨文　金文　篆文　隶书　楷繁体　简体

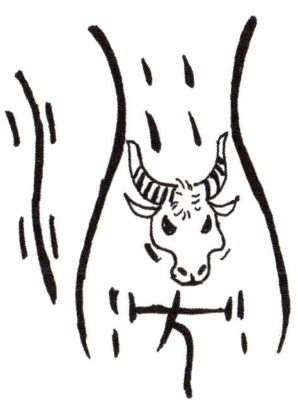

沈姓图腾

沈姓图腾乍一看似乎比较杂乱，实际上，它由水、渊、牛、方四部分构成，表现的是以牛为图腾的氏族把牛扔到深渊祭天祈雨的情景。传说沈姓是祈雨的巫觋职司，所以会出现这样的图腾。图腾中的"方"表示四方，象征一年四季。如果到了雨季却总是不下雨，就说明遭遇了旱灾，所以沉牛"孝敬"河伯，希望早日降雨。

【沈姓来源】

关于沈姓的来源，古籍说法不一，但大体上说起源主要有六：

源流一：出自姬姓，以国为姓，黄帝后裔。

据《新唐书·宰相世系表》《元和姓纂》等有关资料所载，沈本是上古国名，最早是夏禹子孙的封国。周初时，成王将其叔季载封于沈国，又名聃国。季载又称冉季载。聃又写作冉，古时冉、沈读音相同。春秋时，沈国为蔡国所灭，季载之后子逞逃奔楚国，后世子孙遂以原国名命姓，称为沈氏。

源流二：出自芈姓，颛顼帝后裔，以邑名为氏。

据《通志·氏族略》载，春秋时楚庄王之子公子贞被封在沈邑，其后代子孙有的遂以封邑名命姓，称为沈氏。

源流三：亦出自芈姓，春秋楚国王族弟子戍之后，以地名为氏。

据《风俗通》《姓谱》等载，春秋时楚庄王有曾孙名戍，在楚平王时任沈县（今安徽临泉）县尹，世称沈尹戍。其后人有的遂以地为姓，称为沈氏。

源流四：出自金天氏，为少昊裔孙台骀（一作台胎）氏之后，以国名为氏。

据《左传·昭公元年》及《姓氏考略》等载，少昊金天氏裔孙台骀氏之后有人建立沈国，春秋时为晋国所灭，子孙遂以国名沈姓，称为沈氏。

源流五：出自春秋时楚国王族弟子戍之后，属于以居邑名为氏。

在沈尹戍的后裔子孙中，有以先祖任官之地名称或官职称号为姓氏者，称沈氏，是为香零山沈氏。

源流六：出自少数民族。

今朝鲜族、土家族、回族等少数民族中，均有沈氏族人分布，其来源大多是在唐、宋、元、明、清时期中央政府推行的羁縻政策及改土归流运动中，流改为汉姓沈氏，或受赐沈氏。

【沈姓始祖】

沈姓始祖是聃季载。

聃季载，是周文王姬昌的第十子、周武王以及周公的胞弟。

聃季载之"载"，是其名曰"载"。

聃季载之"季"，是兄弟排序。古代兄弟排序"伯仲叔季"，文王长子为伯邑考，其同母兄弟共四个，次子武王发，三子周公旦，四子聃季载。武王尊为帝王，周公贵为摄政监国，故后世名号中无"仲叔"之字。

聃季载

40

而聃季载以最小而排曰"季"。

聃季载之"聃"，来源于封国之国名。这是古代命名取名的典型方法。

又因其在同母兄弟中排行最小，俗称老幺，故又称为"老聃"。其在周朝为官之后裔，也称"老聃"。这一点也很典型，比如周公和召公，就是因袭其祖上周公旦、召公奭（shì）的称号（前后跨度200年，绝非同一个周公和召公）。

为何沈姓始祖名号中并无"沈"字？这与沈国封地的时代变迁有关系。聃季载的封国是"聃国"，而"沈国"是其后裔之分封国。沈国后代，奉沈国之母国（聃国）的开国之君为始祖这和叶姓奉沈诸梁为开姓之祖是一样的道理。

 迁 徙 与 分 布

【历史迁徙】

沈氏最早起源于今河南、安徽两省之间。

先秦时，沈姓主要活动于河南、湖北地区，在山西、安徽、陕西、甘肃、四川等地也有沈氏的足迹。东汉时，沈姓进入浙江，子孙昌盛，一直到隋朝，浙江武康的沈姓发展成著名的望族。唐朝的两次中原出发南下移民潮中，沈氏为其中一姓进入福建，随后移民广东。

【沈姓分布】

自宋朝至今1000年中，沈姓人口的增长率是呈"∧"形的态势。在全国的分布如今主要集中于江苏、浙江两省，大约占沈姓总人口的36%，其次分布于上海、安徽、河南、广东、湖北、贵州、山东，大约占37%。江苏为当代沈姓第一大省，居住了沈姓总人口的20%。全国形成了以江浙为中心向外散射的分布状。

在近600年间，沈姓人口流动的程度和方向与宋元明期间有区别，向北、中、南的回迁趋势十分强劲，这已经大于由北向东南和南方的迁移。沈姓在人群中分布数据表明：沈姓是江浙地区最常见的姓氏之一。

在苏浙皖、闽台、山东东南部、河南东南角、湖北东部、江西大部、广东东部、云贵大部、广西西北部、黑吉东段、内蒙古东北，沈姓占当地人比例在0.39%以上，中心地区在2.3%以上，上述地区覆盖面积约占国土总面积的19%，居住了大约66.3%的沈姓人群。在粤桂大部、湖南、江西西南、贵州北部、重庆南部、四川大部、湖北中部、河南东部、山东中部、青海东部、甘肃中部、辽宁东部、黑吉中西段、内蒙古东部，沈姓占当地人口的比例一般在0.26%～0.39%，其覆盖面积约占了国土总面积的18.4%，居住了大约20.3%的沈姓人群。

 文化精粹

【沈国故城遗址】

沈国故城，位于河南省驻马店市平舆县，是春秋至汉代时期的古城。2013年5月，它被国务院核定公布为第七批全国重点文物保护单位。

据考证，沈子国，又称沈国，该故城遗址位于射桥镇古城村，面积202万平方米，为周文王第十子季载的封国，是中华沈氏的发源地。该遗址为中原地区保护较好的西周、春秋古城遗址之一。沈国故城位于澺水（今名洪河）之北约4公里处。该故城的城垣遗址，东西长1350米，南北宽1500米，厚度约5米，呈长方形。

今天，沈国故城南仍有拉龙沟、縻龙橛、斩龙台、沈子嘉墓、沈君忽墓等古迹碑刻。传说拉龙沟是当年蔡国军队攻入沈都，捆绑沈子嘉的一条古道，千年大路流成河，如今变成一条古沟。縻龙橛是绑缚沈子嘉的桩柱遗址。斩龙台是斩杀沈子嘉的断头台遗址。该故城内还有张明府祠、王壶公与费长房上天处的"上天桥"及大徐汉代铸钱遗址等汉代古迹。

沈君忽墓：位于射桥镇西南1.5公里处，春秋初年沈国国君墓。沈君忽是周文王第十子、沈国开国君主聃季载的八世孙，因在周平王东迁中护驾有功被封为周卿士，在京辅弼成王。后袭父爵为沈国国君，死后葬于此地。

沈子嘉墓：位于射桥镇张柏坟村。周文王第十子、沈国开国君主聃季载的第十七世孙。公元前506年被蔡国斩杀后，葬于此地。沈国从此灭亡，国人以国为姓，始有中华沈氏。

糜龙橛遗址：位于射桥镇赵桥村东的茅河岸边，因沈国灭亡和沈国国君沈子嘉罹难而得名。公元前506年，沈子嘉因拒绝参加晋宋蔡诸国在召陵举行的图谋伐楚的会盟，霸主晋国指使蔡国出兵讨伐。沈子嘉被蔡将俘获并斩杀，"糜龙橛"即是刑前捆绑沈子嘉的桩柱。该遗址砖块瓦砾丰富，厚度2～3米。

斩龙台遗址：位于射桥镇赵桥村东，即蔡人斩杀沈国国君沈子嘉的断头台遗址。

拉龙沟遗址：位于射桥镇西关，即蔡人捆绑沈子嘉赴刑场的一条古路，如今变成一条古沟，后人名曰"拉龙沟"。

沈国故城址

传说绑缚沈国末代国君沈子嘉的糜龙橛遗址

传说中的拉龙沟

【郡望】

吴兴郡：三国时置郡，治所在乌程（浙江吴兴南、晋义熙初移吴兴），相当于2009年的浙江省临安、余杭、德清一线西北一带地区，兼有江苏宜兴县地。

汝南郡：汉高帝时置郡，治所在上蔡（河南省上蔡西南）。相当于2009年的河南省颍河、淮河之间，京广铁路西侧一线以东，安徽茨河、西淝河以西、淮河以北地区。

【堂号】

圣仁堂：圣仁堂（圣仁求正堂）是以尧禅于舜，舜禅于禹，以圣仁正名而为天下正统，为沈姓总堂号。

吴兴堂：东汉至隋代，沈姓名人基本上都出自吴兴武康（今浙江德清县武康镇），所以沈姓后裔以"吴兴"为堂号。

梦溪堂：宋朝时沈括博学能文，累官至翰林学士三司使。对天文、历算、方志、音乐、医药无所不通。制造了浑天仪、景表、浮漏等天文仪器，开创了隙机、浑圆两术和弧矢、割圆术的先河，著有《梦溪笔谈》，沈氏因以"梦溪"为号。

三善堂：南宋兵部尚书沈度，字光雅。在当地方官时有善政：一无荒土、二无游民、三无冤狱，时人称为"三善"。沈姓后人为纪念沈度，以"三善"为堂号。

六礼堂：是指唐代沈佺期注《礼记》中的"六礼"一事。

寺范堂：在江苏省兴化市张郭镇黄尤村。

沈氏族谱文献有许多，具体列表如下：

沈氏族谱

谱名	编撰者与编撰方式	藏地
浙江武义沈氏宗谱5卷	沈双溪等修，民国二十六年（1937年）木刻活字印本	中国家谱网站档案馆
湖南湘潭沈氏族谱18卷，首一卷	编撰者待考，民国三十七年（1948年）木刻活字印本	中国家谱网站档案馆
江西瑞金沈氏五修族谱	编撰者待考，清光绪八年（1882年）木刻活字印本	中国家谱网站档案馆
江西瑞金沈氏六修族谱22卷	沈赞述撰修，民国十七年（1928年）木刻活字印本	中国家谱网站档案馆
湘潭、湘西岱山沈氏六修族谱	沈先积等主修，民国十年（1921年）木刻活字印本	中国家谱网站档案馆
吴兴堂沈氏四修族谱	编撰者待考，木刻活字印本	中国家谱网站档案馆
天津沈氏族谱6卷	沈兆沄等修，清道光二十八年（1848年）活字本一册	日本东京国立博物馆、美国犹他州家谱学会
河北清河沈氏族谱4卷	沈世远撰，木刻活字印本	河北省清河县沈儒林村

汉阴沈氏家族，从明天顺五年（1461年）迁入陕西汉阴定居，至今已有550多年历史，繁衍子孙已达21代人，现有人口约3万人，成为陕西省安康市汉阴县最大的家族。世代相传的《沈氏家训》，修身为本、耕读传家，是沈氏族人的传家宝，成为陕南地区传统家规的典范。

《沈氏家训》是沈氏族人在1461年迁居陕西汉阴等地后，与当地居民和外来移民相互交流借鉴中，不断修订丰富完善的。最近的一次修订是乾隆五十四年（1789年），沿用至今已有220多年。20条家训，对祭祖孝亲、教子择配、持家睦邻、志节行操、出仕交游等，都有非常明确的规范。

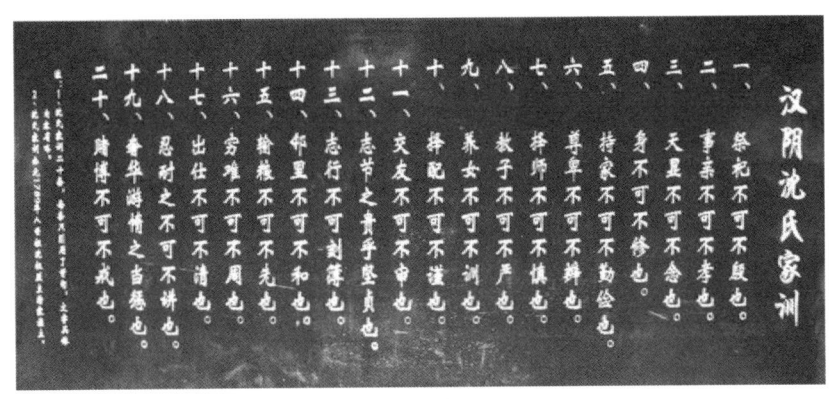

汉阴沈氏家训

《汉阴沈氏家训》是清乾隆五十四年（1789年），八世沈祖主持倡导，遍阅祖宗碑文、搜集族史资料、聚族而谋、合族众议订立的，共计20条1933字。

家训从孝悌、亲情、修身、齐家、睦邻、济贫、教子、嫁娶、志节、德行、为官、期望等方面作出了规范和要求，是家族育人、治家、励志成才的座右铭。

汉阴沈氏家训

一、祭祀不可不殷也。

祖宗往矣，所持以有子孙者，以其有时食之荐，拜祭之勤耳，况岁时伏蜡，尚与家人为欢，而春露秋霜，忘水源木本之报，祖宗亦安，赖有此后人耶，宗庙烟北邙祭扫，其慎勿忽。

二、事亲不可不孝也。

古之圣贤谆谆，教孝良以百行之原，莫大于孝，虽圣帝、明王亦必以孝治天下，而士庶敢不定省问视，以各致敬尽诚乎？且衣衾棺椁之必齐，瘞埋荐祭之必诚，古之道也，族中子姓，但于力之所能为，分之所当为者即勉力以为之，庶几乎，稍尽子职矣。诗云："欲报之德，昊天罔极"；又云："永言孝思，孝思维则。"其朝夕诵之。

三、天显不可不念也。

同胞兄弟犹如手足，乃有小而参商，长而阋墙，甚而终身仇敌。友于之爱不讲，父母之忧莫释，而祖宗之目何自暝乎？故敬宗者必孝父母，孝父母者必爱兄弟，苟听枕畔之言，骨肉之间必有不堪问者，为兄者，与弟言友，为弟者，与兄言恭，庶亲必顺，而兄弟翕然太和，元气不在门内乎？

四、身不可不修也。

身者父母所属望，而子孙所观型者也。故必敬以持己，恕以接物。视听言动决去非礼，喜怒哀乐务求中节，庶身可修，而家可齐矣。书云："慎厥身修"，思永子姓，当各置一通于座右。

五、持家不可不勤俭也。

不勤则业荒，不俭则财耗，必也。男耕女织，食时用礼，庶财源开财流节，仓箱之庆实基于此矣。谚云："黄金生勤俭人家。"诚能取是言思之，家道兴隆于此卜矣！

六、尊卑不可不辨也。

家门之间，亲而五服，疏而九族，皆祖宗一脉也。凡遇尊长，坐必起立，步必徐行，庶彝伦之有序。苟倚富而欺贫，恃贵而傲贱，伐才学而忽椎鲁，逞强大而凌弱小，均为祖宗之罪人也。慎之！慎之！

七、择师不可不慎也。

师者子弟之仪型，今何时乎？年未及冠，目仅识丁，读书明理之说邈矣，未闻躬行实践之学，全然不讲得皋比而坐之谆谆，以沽名钓誉为事，并句读之，不知复鱼鲁之，传讹即日，用言动之，间悉不知其仪则之，具则择师不慎，贻害匪小。语云："盘圆则水圆，盂方则水方，斯言虽浅，可以喻大。"

八、教子不可不严也。

子弟之正邪，每视父母之严忽，严则比匪可入端方，忽则端方必流于比匪，自古迄今，大抵然也，必也。毋姑息，毋纵容，毋听妇言，毋喜称道，虽父子之间不责善而义，方可不训哉！

九、养女不可不训也。

四德三从之道，朝夕劝喻，针线纺绩，晨昏督责，使性情即于中和，动履底于勤慎，则异日庶免讥诮于他门矣，而况乎福禄之多由于贤淑也。

十、择配不可不谨也。

女子之德贵乎幽闲贞静，苟贪其父兄之贵，以为一时之荣，而性情规模频繁中馈之务，一问不知，于归之后，妒嫉成性，几不知其舅、姑、夫、婿为何如人矣。古云："娶妻要不若吾家者，始能执妇道也。"诚哉是言。

十一、交友不可不审也。

择善而从之，其不善者而改之，否则，必至失身，匪类将犯朝廷之法纪，危累父母兄弟者有之，可不慎于择交者哉！

十二、志节之贵乎坚贞也。

人无论读书与否，皆以志节定人品，苟守之不定，势将纵其情欲，任意所为，机械变诈，利己损人，不堪述矣。即富贵胜人学问，足羡奚足重耶，善相士者，原在人之志行上定评，不徒徇俗也，士先器识而后文艺，学者当三复斯言。

十三、志行不可刻薄也。

祭先必致其丰浩，置业毋容以勒指人过，不可以显扬，用财须审乎义理，厚有厚报。若一味刻薄，必至损人，重则绝后裔，轻则生败子，可不畏哉。

十四、邻里不可不和也。

出入相友，守望相助，疾病相扶持。古有明训，凡兹同里，毋以小隙而构大怨，毋以微愤而结世仇。为父兄者，则训诫其子弟；为子弟者，劝谏其父兄。庶几，里有仁风，而乡邻多惠爱矣。

十五、输粮不可不先也。

朝廷首重催科，故守今之黜陟，每视征解之完否，富者发囊，贫者称贷，以足正额，此保家之道也。不然浪费，故在不免桁杨，亦所难宽。凡在家门者慎之。

十六、穷难不可不周也。

宗族日繁，不无穷而倚赖，急而望救者。以我视之，固有亲疏，以宗视之，则皆子孙也，其无能者周济之，有能者提携之，使振其业，庶族属不致怨恫，而祖宗亦含笑九泉矣。

十七、出仕不可不清也。

致君泽民，吾儒分内事耳，苟以援上之不工，剥下之不巧，为虑凡足以肥囊橐，而贻子孙者，尽力而为之，即眼前幸漏法网，子孙有不受其报者：然则出而治国，不思循分尽职，以光前裕后，而贪黩之，鄙夫，岂非衣冠之盗贼也哉！

十八、忍耐之不可不讲也。

好勇斗狼，以违父母，皆不忍所致。古云："杀人之父，人亦杀其父；杀人之兄，人亦杀其兄。"斯言诚，足鉴矣。

十九、奢华游惰之当惩也。

无常业，必至为非。凡人纵耳目之欲者，每不顾己之身家性命以赴之，将见富贵必失其富贵，贫贱益流为贫贱。故书有无逸之篇，礼载谨省之典，不可念哉！

二十、赌博不可不戒也。

夫贫而赌，赌而贫，贫而贱，势所必至也。无论朝廷之功令可畏，即祖宗父兄之蝇积亦可惜。苟沉溺不返，沙里淘金，将见岁暖，而妻号寒，年丰而子啼饥，必果忍乎？能不惧哉？

　　《中国人名大辞典》收入了沈姓历代名人466名，占总名人数的
1.03%，排在名人姓氏的第17位；沈姓的著名文学家占中国历代文学家
总数的1.68%，排在并列第10位；沈姓的著名医学家占中国历代医学家
总数的1.65%，排在第14位；沈姓的著名美术家占中国历代美术家总数
的2.13%，排在第10位。

东汉、三国

　　沈戎，安徽人，东汉初，为光禄勋、九江从事，累迁济阳太守。

　　沈莹，著《临海水土志》，详述夷州。

南北朝

　　沈约，南北朝南梁，吴兴武康人，文学家、史学家、声律学家，首创
"四声"之说。

　　沈庆之，南朝宋人，吴兴武康人，将领、太尉，封始兴郡公。

隋末唐初

　　沈法兴，隋末唐初，湖州武康人，出身于江南世家，任吴兴郡守。

唐朝

　　沈君谅，湖州武康县人，任宰相（同凤阁鸾台平章事）。

　　沈千运，浙江吴兴人，盛唐天宝年间著名诗人。

　　沈阿翘，原是吴元济家中艺伎，善跳《何满子》。

　　沈亚之，吴兴人，文学家，善文辞，且能诗，有《沈下贤集》等传世。

　　沈佺期，河南省内黄人，擅长七言诗，与宋之问并称"沈宋"。

　　沈既济，苏州人，文学家，长于史学，又善作小说。

　　沈传师，苏州人，书法家，曾官至吏部侍郎，工书法。

宋朝

　　沈括，杭州钱塘人，北宋科学家、改革家，有笔记体巨著《梦溪笔
谈》。

元末明初

　　沈万三，元末明初，巨富。

明朝

　　沈周，江苏苏州人，吴门画派四家之一，著《石田集》《石田杂记》等。

沈和，杭州人，戏曲作家，能词翰，善谈谑，兼明音律。

沈仕，浙江仁和人，散曲家、画家，能诗，善画花鸟山水。

沈璟，吴江人，戏曲理论家，戏曲作家，官至光禄寺丞等职。

沈德符，浙江秀水人，文学家，撰有《万历野获编》等。

沈铨，湖州德清县人，创"南苹派"写生画，被称为"舶来画家第一"。

沈度，华亭（上海）人，书法家，《敬斋箴册》藏北京故宫博物院。

沈鲤，归德（商丘）人，政治家、理学家。

沈钦韩，江苏苏州人，史学家，文学家。

清朝

沈德潜，江苏长洲人，主张作诗应符合理学，有《唐诗别裁》《古诗源》。

沈永年，江苏华亭（今属上海）人，画家，所画山水能得元代意趣。

沈复，长洲（苏州）人，清朝文学家，著《浮生六记》。

沈曾植，浙江嘉兴人，书法家，原上海南洋公学（上海交通大学前身）监督。

古代名人事迹

沈括

沈括，字存中，号梦溪丈人，浙江杭州钱塘县人，北宋政治家、科学家。

沈括出生于浙江钱塘（今杭州市）沈氏家族，祖父沈曾庆曾任大理寺丞，父亲沈周、伯父沈同均为进士。沈括自幼勤奋好学，14岁就读完了家里的藏书，并随父亲宦游州县，到过泉州、润州、简州和汴京等地，接触社会，增长见识，表现出对大自然的强烈兴趣和敏锐观察力。

沈括

沈括自幼体弱，加上读书十分用功，经常需要服食中药调理。钱塘沈氏在医药学颇有建树，有家传药学书籍

《博济方》，受家庭影响，沈括也从搜集医方开始钻研医学。

沈周

沈周，字启南，号石田、白石翁、玉田生、有竹居主人等，明朝画家，吴门画派的创始人，明四家之一。他是明代中期文人画"吴派"的开创者，与文徵明、唐寅、仇英并称"明四家"。传世作品有《庐山高图》《秋林话旧图》《沧州趣图》。著有《石田集》《客座新闻》等。

沈周

沈周在元明以来文人画领域有承前启后的作用。他书法师从黄庭坚，绘画造诣尤深，兼工山水、花鸟，也能画人物，山水和花鸟成就突出。在绘画方法上，沈周早年承受家学，兼师杜琼。后来博采众长，出入于宋元各家，主要继承董源、巨然以及元朝黄公望、王蒙、吴镇的水墨浅绛体系。又参以南宋李、刘、马、夏劲健的笔墨，融会贯通，刚柔并用，形成粗笔水墨的新风格，自成一家。沈周中年时成为画坛领袖，技法严谨秀丽，用笔沉着稳练，内藏筋骨。晚年时性情开朗，笔墨粗简豪放，气势雄浑。纵观沈周之绘画，技法全面，功力浑厚，在师宋元之法的基础上有自己的创造，进一步发展了文人水墨山水、花鸟画的表现技法，被尊为吴门画派之领袖。

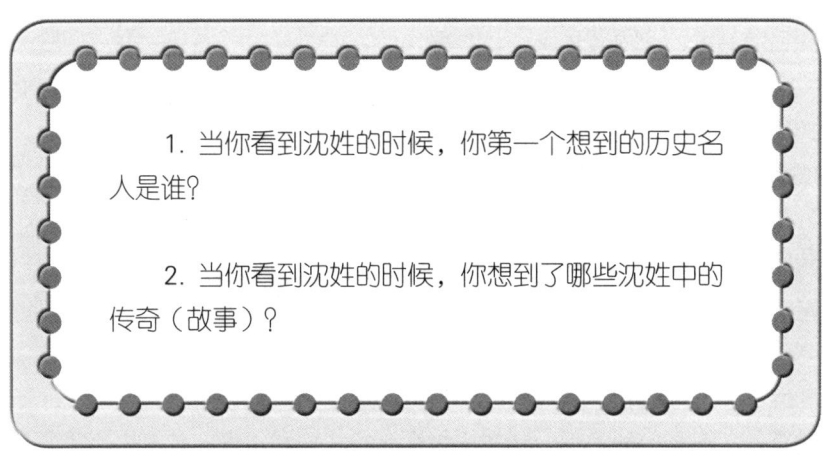

1. 当你看到沈姓的时候，你第一个想到的历史名人是谁？

2. 当你看到沈姓的时候，你想到了哪些沈姓中的传奇（故事）？

姓，在宋版《百家姓》中位列第15位。根据近年全国人口普查统计，韩姓人口约有696万人，占全国总人口的0.58%（排名第25位）。

韩
（hán）

形声字。小篆从韦（韦），韦本指绑东西用的软皮条，有围绕之义，表示韩是围绕水井的栏圈；倝（gàn）声，倝有明亮义，表示水井如镜能反光。

篆文　　隶书　　楷繁体　　简体

韩姓图腾

"韩",古时又作"涵",《说文解字》解释为井垣之意,就是水井周围的栏圈。

韩姓是韩荒氏族的族称,韩荒又作韩流。韩荒氏的远祖封豨氏最早驯化野猪,所以以此为图腾。韩荒是封豨氏和句芒氏合婚的新族,是五帝之一颛顼的祖先。韩荒族继承句芒氏发明的勾股定理观测太阳的运行。代表太阳的周天运行,"十"字代表太阳运行的阶梯,共有六个"十"字,因为当时的历法是六合历,野猪的肚子上有个太阳纹,证明他是太阳的氏族,下面是一个城郭的象形,而且周围有人巡逻,说明韩荒时代已经有了城和军队。辽宁和内蒙古红山文化是韩荒氏族的文化,其中还有黄帝族文化,北方民族改"汗"为韩。

溯 源 寻 根

【韩姓来源】

韩姓,晋国六卿之一,为后宋国姓,是一个典型的多民族姓氏,主要源自姬姓及少数民族改姓等。

源流一:出自黄帝传承。

这是各种韩姓起源传说中最古老的一种。黄帝时代是我国父系氏族社会的鼎盛时期。黄帝族从陕北的黄土高原开始，沿渭河黄河向东发展势力，与炎帝族合二为一，消灭东夷族首领蚩尤，建立了以黄帝族为首的部落联盟。传说中黄帝有25子，得姓者12人。《世本》记载，黄帝娶了西陵氏的雷祖（嫘祖），生了青阳和昌意，昌意又生了韩流。

《山海经》记载：昌意后来被贬谪到若水，生子韩流；韩流娶淖子族的姑娘阿女，生了颛顼。颛顼是五帝之一。韩流既是人名，也是其所在氏族的名称。韩流氏族是从昌意族中分化出来的，这个氏族便以韩为姓，第一批韩姓人由此产生。韩流所处时代在距今5000年左右的龙山文化时期。考古学者在龙山文化时期的河南汤阴白营等遗址内发现了水井。井的四壁用井字形的圆木棍自下而上，叠垒而成。井字形木架的木棍交叉处都有榫扣合。韩字从韦，韦在古代写作"韋"，韦字形状与龙山文化时期的水井结构十分相似。韩流族有可能是因为发明了水井而被称为韩流，韩字的古义为井垣就说明了这一点。

源流二：以国为姓。

公元前11世纪中叶，西周灭商，平定管叔蔡叔与武庚的叛乱后，实行大分封。《左传·僖公二十四年》云："管、蔡、郕、霍、鲁、卫、毛、聃、郜、雍、曹、滕、毕、原、酆、郇，文之昭也。邢、晋、应、韩、武之穆也。"周公旦分封武王之子于韩，为姬姓之国，地处今山西河津东北。但韩国国力太弱，在春秋时期被晋国所灭。韩国亡国之后，国人便以韩为姓。

源流三：曲沃桓叔之后。

西周晋穆侯娶齐女为妻，长子为太子仇，次子为成师。晋穆侯死后，穆侯的弟弟殇叔自立为君。4年后，太子仇攻杀殇叔，继位为晋文侯。晋的都城在翼（今山西翼城东南）。文侯的儿子昭侯在位时，把文侯的弟弟成师封在曲沃（今山西闻喜县东），号为桓叔。曲沃桓叔广招人马，扩张势力。从曲沃桓叔受封开始的六七十年间，翼地昭侯和曲沃桓叔两派势力之间冲突不断。曲沃桓叔死后，世子继位，为曲沃伯。伯袭杀昭侯之子孝侯，晋人又立孝侯之子鄂侯为君。鄂侯死后，子哀侯继位。第二年（公元前716年），曲沃伯去世，其子继位，即曲沃武公。晋哀侯九年（公元前709年），曲沃武公发兵攻打翼城，俘获晋哀侯，晋人又立哀侯之子继位，称小子侯。曲沃武公使韩万杀掉晋哀侯。公元前705年，曲沃武公设计诱杀小子侯。又经过二十多年的斗争，公元前679年，周僖王正式任命曲沃武公为晋君，列为诸侯，尽并晋国之地。杀掉晋哀侯的韩万即韩武子。有人认为韩万是曲沃成师之子，分封采邑于韩，因以韩为姓，代为晋卿。

曲沃桓叔之子韩万的玄孙韩厥，曾为晋国正卿，帮助韩姓在晋国逐渐扩大了势力。春秋晚期，晋国由韩氏、赵氏、魏氏、知氏、范氏、中行氏六卿专权。公元前490年，范氏、中行氏灭于赵。公元前453年，韩、赵、魏三家共灭知氏，三分其地。从此，晋国为韩、赵、魏三国瓜分。公元前403年，韩厥的七世孙韩虔（景侯）时，周天子正式承认三家为诸侯。战国时期，韩国成为战国七雄之一。韩国起初定都平阳（今山西临汾），后来迁至阳翟（今河南禹州市）。到韩哀侯时，攻灭郑国，迁都于郑都新郑（今河南新郑），疆域包括今山西东南部和河南中部，介于魏、秦、楚三国之间。韩哀侯的曾孙宣惠王开始称王。到宣惠王的玄孙韩王安时，韩国势力日衰。公元前230年，秦灭韩，俘韩王安，置颍川郡（郡治阳翟，今河南禹州市）。韩国灭亡后，国人以韩为氏，颍川成为韩姓的第一个郡望。

源流四：出大汗氏改姓为韩。

北魏孝文帝从平城（今山西大同）迁都洛阳，实行汉化改革，把鲜卑姓氏改为汉姓，其中的出大汗氏改为韩。由于译音不同，出大汗氏在史书还有步大汗氏、步六汗氏、步汗氏、潘奚氏、破六韩氏、破六汗氏、破落汗氏、破落韩氏等多种译法。

源流五：源于倭夷，出自唐朝时期廷卫韩志和，属于帝王赐姓为氏。

大唐王朝在唐宪宗李纯执政时期（806年—820年在位），属下有个著名的飞龙卫士韩志和，为倭奴国人，原名待考。他崇尚中华文化，自愿留居中原，成为唐宪宗的贴身卫士。韩志和有着灵巧的双手，善于把木头雕刻成鸾鹤鸟鹊等的形状，然后把机关放到它们的肚子里，发动机关，它们就飞到两三百尺的高空，飞到几百步外才落下来。他后来又为唐宪宗制作龙床御榻，脚一踩上去，龙的鳞须爪角全都会动，卷曲而有气势，像活的一样。传说，他曾在唐宪宗面前放出五六十头蝇虎子（一种大体型的蜘蛛），把它们分开站成队，让它们按梁州曲跳舞，完全符合曲子的节拍。曲子唱完就一个接一个地退下去，好像有尊卑等级似的。唐宪宗当时看到后非常高兴，重赏给他许多金钱和丝绸，并赐姓为"韩"，名"志和"。而韩志和一出宫门，就把那些金钱和丝绸全施舍给别人了。

韩志和后来留居中原，后裔子孙融入汉族，主要分布在四川、贵州一带，世代为韩氏。

【韩姓始祖】

得姓始祖

韩虔，姬姓，韩氏，名虔，晋卿韩武子之子，战国时期韩国国君，公元前408年至前400年在位。

西周初年，周公把唐地封给叔虞，其子燮更国号为晋。春秋初期，曲沃武公封姬万于韩，姬万曾孙韩厥以封邑为姓。韩厥的七世孙韩虔建立韩国。韩虔即为韩姓的得姓始祖。

韩虔

各支始祖

远古始祖

韩浞（亦作寒浞），夏朝伯明氏之子，今山东潍坊东北人。曾杀羿代夏，立为帝。因为在姬周之前，所以是韩氏的远古始祖。他是现存所有先秦古籍中记载最早的韩氏人。

血缘祖先

周武王有个幼子叫叔虞，是周朝晋国的始祖，周成王的弟弟。他就是韩氏的血缘祖先。周武王逝世后，成王年幼，由周武王的弟弟周公摄政。周公灭唐（今山西翼城西部）后，把唐封给了叔虞。

受姓始祖

叔虞的儿子名燮，燮自唐徙居晋水旁，就改称晋侯。燮生武侯，名宁旅，为三世。武侯生成侯，名服人，为四世。成侯生厉侯，名福，为五世。厉侯生靖侯，名宜臼，为六世。靖侯生厘侯，名司徒，为七世。厘侯生献侯，名籍，为八世。献侯生穆侯，名费王，为九世。穆侯生成

韩

师，封于曲沃，是为桓叔，为十世。成师之子万，即韩武子，为韩氏受姓始祖。

迁 徙 与 分 布

【历史迁徙】

韩姓最早活动在春秋时的晋国，随着韩虔建立韩国并建都平阳（今山西省临汾），又两次迁都，一阳翟（今河南省禹州），一新郑（今河南省新郑）。两次迁都，从而使韩姓得以迅速繁衍，也使得韩姓在河南打下坚实基础。

秦亡后，韩国宗室韩王信起初被封为颍川王，而后又改封太原，其后裔韩骞为避王莽之乱南迁南阳，这支韩姓在东汉得到很大发展。后周少保韩褒徙居昌黎（今辽宁省义县），其子韩仲良徙居京兆三原（今陕西省三原）。

东汉末年社会动荡，有韩姓人徙居安定安武（今甘肃省镇原），不久又有人从安定安武回迁河北武安，常山太守韩耆徙居九门（今河北省藁城），其子韩茂任后魏中书令，征南大将军、安定公。韩茂曾孙韩睿素为桂州长史，成为这一时期飞黄腾达的韩姓人。东汉末年，农民起义；西晋末年，八王之乱；南北朝时，五胡之乱。中原人为避战乱，大举南迁。韩姓则有迁往西北、东北、西南、江南者，颍川和南阳的韩姓不少人迁居江南。

唐代时有四位韩姓宰相，即韩瑗、韩弘，出自南阳；韩休、韩滉，出自昌黎。唐宋八大家之首韩愈虽出生于河南孟州，却是韩睿素之后，因此他的著作也被后人辑为《昌黎先生集》。韩愈曾被贬潮州刺史，为韩姓最早入广东者。此时，陈留（今河南省开封东南）、河东（今山西省太原）、广陵（今江苏省扬州）都有韩姓大族，都称从颍川迁徙而来。

南宋时，居于北方和中原的韩姓人迁往江、浙、粤、闽一带。又据有关学者证实，江浙鄂皖各地的韩姓人多为韩世忠后裔。

元明清时期，韩姓发展的主要特点是江浙一带的韩姓人较大规模迁往南方各省，有的甚至漂泊海外，到菲律宾、马来西亚等国定居。韩姓主要分布在我国北方的河南、陕西、山西、甘肃、河北、辽宁等省，南方则以江苏、安徽、浙江、湖北、福建等省为主。

【韩姓分布】

韩姓是当今中国姓氏排行第25位的大姓，人口众多，约占全国汉族人口的0.86%。主要集中于河南、河北、陕西，这三省韩姓大约占韩姓总人口的64%；其次分布于山东、江西、四川、安徽四省，集中了24%的韩姓人口。形成了以豫冀鲁皖、陕川为中心的两大块韩姓聚集地。而湖南和两广地区是韩姓人口稀少的地区。

文化精粹

【韩氏宗祠】

韩氏宗祠又称敬爱堂，建于明代中期，是韩氏家族祭祀祖先和先贤的场所。建筑面积800平方米，三进七开间，有梭子柱、大月梁、花岗岩荷花墩，气派赫然，做法独特；内梁、雀替、斗拱叉手、平盘斗额均雕有"鲤鱼跳龙门""百雀争艳""百鸟争鸣""飞禽走兽"等精致浮雕。祠堂古朴典雅，结构规整，具有典型的明代家族建筑风格。

黟县韩氏宗祠位于黟县宏村镇万村，建于明万历年间。进深39米，宽22米，占地850余平方米，规模宏大，庄严肃穆。祠堂分三进，上厅为三层楼享堂，中厅为把堂，下厅为敞厅。前低后高，两个天井，石板铺地。东西两侧山柱不靠壁，祠前有小塘，俗称"绣球"，整幢祠堂成"扑地狮滚绣球"状。

韩氏宗祠

宗祠内部斗拱为二跳五踩式，曲梁硕大，呈棱形，脊瓜柱两侧叉手楼有卷心花饰，平盘斗为仰花莲瓣，雕楼精美。天井四周下斗拱，层叠相承，嵯峨多姿，气势壮观。全祠共有99根柱，柱梁为白果、株树制作，历400余年无蜘蛛网，堪称奇异。横枋上挂有"盛世人龙""宿德重恩""黍山硕望""名重一乡""寿考维祺""内阁中书"等功名匾额，显得富丽堂皇，展现了古代劳动人民的勤劳和艺术创造力。

相关链接

意中幻肖图

明末清初，社会动荡，一些不愿屈服于清政府统治的知识分子遁迹禅林，岭南函可便是这些文化僧人中的杰出代表，亦属明清时期最具影响力的惠州人。更奇的是，函可19岁时，命人绘制了《意中幻肖图》，预言了他一生的际遇。

函可，俗名韩宗騄，生于1611年，是明末礼部尚书韩日缵之子，少年时才气已出类拔萃，"弱冠名闻海内"；25岁时，父亲病逝，韩氏家道中落；4年后，韩宗騄遁入空门，拜高僧空隐道独为师，法名函可。

函可一生最令人称奇的是，他19岁时，请友人、画师陈三官，为他画了一套册页，共30幅图画，名曰《意中幻肖图》，内容描绘的是函可想象中的自己一生的际遇。这些幻想中的经历，有如谶语，竟与他此后的生命历程大体一致，使得这套图册备显神秘。

顺治四年（1647年）秋，广东初定，函可从南京返粤途中，被清兵查出行李中有《再变记》。这是一本记述南明弘光王朝仁人志士不愿亡国而抗争的私史，表达出函可对清政府的不满。最终，他因"有干我朝忌讳"而获罪。顺治帝考虑到函可是前朝名臣之后，又与洪承畴等有渊源，投鼠忌器，方才免去函可死罪。函可的这一遭遇在《意中幻肖图》的第20幅《囚困》中得到应验，但见画中主人公披枷戴锁，一名狱卒正凶狠地训斥他。

获罪后函可被流放到辽东。在这里他寄情于诗文，创办了辽东第一个诗社——"冰天诗社"。他还在各地开坛讲法，身边常聚僧俗五六百人，被后人誉为"禅宗关外传法第一人"。这一过程，在《意中幻肖图》的《趺坐》《说法》都有体现。

这套图册的最后一幅，名为《示寂》。图中，已成高僧的主人公端坐圆寂。30年后，49岁的函可在辽宁千山圆寂，与图中所示刚好契合。

这本迄今已有387年历史的图册，如今已成为博罗韩氏家族的传家宝。

《豪饮》是函可遁世后的另一种生活

《醉扶》

《课徒》讲的是函可授徒的情景

《题妓》

　　该图册隐喻函可的一生，还附有其亲笔书札四纸，二者均具有极高的文物价值和文献价值。

　　《意中幻肖图》本来还有正副两册，其间一度被窃，后失而复得，除了韩氏一直珍藏的副本，广州海幢寺应该还藏有此图册的正本。遗憾的是，海幢寺正本可能已经失传。

　　近400年来，《意中幻肖图》历经多次战乱均能幸存。如今这本图册由博罗县韩氏宗亲会保管。

　　由于前来索看的韩氏后人和文化名流日渐增多，为了更好地保护原本，族人商量后决定，对《意中幻肖图》

【郡望】

颍川郡：秦王政时置郡，治所在阳翟（今河南省禹州）。秦灭韩，以所得韩地置颍川郡，在今河南省中部。东魏迁治颍阴（后为长社，即今河南省许昌）。隋唐为许州颍川郡。

南阳郡：①春秋战国称南阳的地区颇多。鲁南阳指泰山以南、汶水以北地。晋南阳指太行以南、黄河以北地。战国秦昭王三十五年（公元前272年）置郡，为魏南阳，一部分属韩（按公元前263年，秦白起攻韩取南阳，韩本部与上党郡被分隔）。伏牛山以南、汉水以北地亦称南阳，分属韩楚。

②秦以宛为治所，置南阳郡。隋唐邓州南阳郡改良穰县（今河南省邓县）为治所。元明清南阳府治南阳，即汉宛县（今河南省南阳市）。

昌黎郡：自曹魏至隋初，以昌黎（今辽宁省辽东义县）为中心，在辽河以西，有昌黎郡。今河北省昌黎县隋唐在卢龙县境内。辽置广宁县，为营州治所。

【堂号】

泣杖堂：汉朝时候，韩伯愈最孝。一次他犯了错，母亲用拐杖打他，他的眼泪像下雨一样掉下来。母亲很奇怪地问："我过去打你，你都是欢欢喜喜地接受，今天为什么掉泪呢？"伯愈"哇"的一声哭了出来，对母亲说："娘呀！过去您打得疼，我知道母亲健康有力，所以喜欢；今天杖落在我身上，我一点儿都感觉不到疼了，我知道母亲体力衰弱了，所以难过得掉泪。"

挨杖伤老

昌黎堂：唐朝大文学家韩愈，河北昌黎人。他一生从事古文运动，反对骈体文的华而不实，主张恢复秦、汉时的散文体。历史上称他"文起八代之衰"。韩姓堂号也为"颖川""南阳"。

其他：此外，韩姓的主要堂号还有："颖川堂""南阳堂""画锦堂""荣归堂""荣事堂""书锦堂""继锦堂""福荫堂""恭寿堂""永思堂""翕和堂"等。

韩氏族谱

韩姓家谱的序的内容，一般都是写本支派之来历。有的序，不仅溯源，而且旁及有关分支分派；写先世事迹；阐明家谱的意义；修谱经过，等等。韩姓家谱的序，其中不少都出自名人手笔。如北宋宰相韩琦于嘉祐七年（1062年）中秋日作《韩氏家谱序》，明代刘基于洪武三年（1370年）仲春作《黟北南阳韩氏宗谱序》，明代文学家程敏政作《南阳韩氏宗谱叙》。

韩姓主要的家谱文献有：

《汾阳韩氏支谱》，1册，清韩诊敬重修，同治六年（1867年）福荫堂校刊本。

《汾阳韩氏支谱》，4卷，清韩镇岳等纂修，光绪十年（1884年）恭寿堂刻本。

《洪洞韩氏家谱》，2册，明韩景伶编，乾隆年间刻本。

《洪洞韩氏家谱》，明韩文等纂修，清韩殿魁等续修，咸丰七年（1857年）钞本。

《洪洞韩氏重修宗谱》，2卷，清韩有庆等纂修，嘉庆二十年（1815年）刻。

《松江韩氏支谱》，2卷，清韩文衍重修，民国四年（1915年）钞本。

《松江韩氏文若公支宗谱》，民国十年（1921年）韩绮章钞杂本。

《扬州韩氏支谱》，4卷，清光绪十八年（1892年）活字本。

《延令韩氏族谱》，8卷，清韩长贵等重修，光绪十七年（1891年）活字本。

《润州韩氏家乘》，3卷，清韩复纂修，嘉庆二十年（1815年）继锦堂木刻本。

《镇江韩氏宗谱》，2卷，清韩有和主修，同治七年（1868年）广德堂刊本。

《金陵韩氏族谱录》，1册，清韩印纂修，光绪六年（1880年）活字本。

《润州大沙韩氏宗谱》，2卷，清宣统元年（1909年）广德堂刻本。

《毗陵韩氏宗谱》，原道堂活字本。

《金埴韩氏家乘》，12卷，清韩树楣重修，光绪二年（1876年）永思堂活字本。

《锡山韩氏宗谱》，20卷，民国韩念祖等修，民国九年（1920年）敦伦堂活字本。

《春晖韩氏宗谱》，16卷，首1卷，清韩飗修，光绪八年（1882年）昼锦堂活字本。

《云东韩氏家谱》，5卷，清韩奕辑，嘉庆年间刊本。

《晋阳韩氏世谱》，1册，清韩学韩等辑，清光绪二十八年（1902年）刊本。

《杭州韩氏谱》，3册，钞本。

《义桥韩氏家谱》，10卷，清韩乃建重修，同治九年（1870年）永思堂活字本。

《义桥韩氏家谱》，10卷，首1卷，民国韩拜旒接修，民国四年（1915年）永思堂活字本。

《湘南韩氏续修宗谱》，40卷，末1卷，清韩家坤主修，光绪元年（1875年）重修，昼锦堂活字本。

《湘南韩氏家谱》，68卷，清韩殿扬等增修，宣统三年（1911年）昼锦堂活字本。

《一都韩氏家谱》，16卷，首1卷，民国韩沛金等修，民国十八年（1929年）昼锦堂活字本。

《宁波相韩家谱》，3册，清昼锦堂活字本。

《宁波韩氏宗谱》，6册，民国周颂清等纂修，民国十六年（1927年）昼锦堂活字本。

《余姚韩氏东岙支宗谱》，7卷，清韩明和修，韩明盛纂，光绪三十一年（1905年）活字本。

《咸安韩氏宗谱》，16卷，民国韩叔金等主修，韩思溶纂修，民国三十五年（1946年）大本堂木刻本。

《重编羊山韩氏宗谱》，4册，民国韩迪周、韩百年重修，民国二十年（1931年）昼锦堂铅印本。

《迁东阳高阳韩氏宗谱》，6卷，民国葛树棠纂，民国十七年（1928年）活字本。

《徽州韩氏宗谱》，1册，清钞本。

《黔北南阳韩氏宗谱》，1册，明万历二十四年（1596年）钞本。

《南阳郡韩氏族谱》，清韩家相等纂，嘉庆三年（1798年）刻本。

《袁郡韩祠主谱》，3卷，清韩修五纂修，道光二十一年（1841年）南阳堂活字本。

《袁郡韩祠主谱》，3卷，清韩文蔚等纂修，同治七年（1868年）南阳堂活字本。

《韩焕先祠主谱》，4卷，清韩毓淇等纂修，光绪二年（1875年）南阳堂活字本。

《韩焕先祠丁享谱》，4卷，清韩毓淇等纂修，光绪二十三年（1898年）南阳堂活字本。

《万载韩氏世谱》，1册，清韩文祯等纂修，康熙四十七年（1708年）刊本。

《万载韩氏族谱》，1册，清嘉庆六年（1801年）南阳堂活字本。

《万载韩氏族谱》，1册，清道光二十八年（1848年）南阳堂活字本。

《万载韩氏荣公支谱》，3册，清韩联俊纂修，光绪十五年（1889年）南阳堂活字本。

《万载韩氏族谱》，1册，清南阳堂活字本。

《淄川韩氏世谱》，4册，清韩瀛州等修，光绪十三年（1887年）刻本。

《淄川韩氏邑乘》，5卷，首1卷，民国韩振铭续辑，民国七年（1918年）刻本。

《栖霞韩氏谱书》，清韩元英纂，光绪二十六年（1900年）钞本。

《临沭韩氏宗谱》，钞本。

《武汉韩氏宗谱》，清韩洪蔗、韩国海总理兼纂修，光绪三十三年（1907年）韩氏南阳堂活字本。

《花山韩氏宗谱》，民国韩继海等采辑，民国三十六年（1947年）昼锦堂阖族同刊活字本。

《新洲韩氏宗谱》，民国韩溶等续修，民国三十四年（1945年）木刻本。

《韩氏南渡支谱》，3册，清韩学志撰，道光十五年（1835年）刻本。

《云湖韩氏四修族谱》，19卷，首1卷，清朝韩瀛修，民国十五年（1926年）活字本。

《长沙韩氏支谱》，12册，清韩文龙等纂修，同治六年（1867年）南阳堂木刻本。

《长沙韩氏支谱》，6卷，民国韩开锡纂修，民国九年（1920年）南阳堂刻本。

《紫泥韩氏族谱》，1册，清韩勉兹编，咸丰九年（1859年）钞本。

《宣汉韩氏宗谱》，1卷，民国韩艳如修，民国元年（1911年）木刻本。

《合州南阳郡韩氏支谱》，1卷，民国韩氏宗祠编，民国年间十四世裔孙忠槐钞本。

《礼县韩氏家谱》，清稿本。

《庄浪韩氏世系源流》，4卷，民国唐维翰纂修，民国十七年（1928年）钞本。

《韩氏宗谱》，23卷，首1卷，末1卷，清韩寰康等修，乾隆五十六年（1791年）昼锦堂活字本。

《韩氏宗谱》，12卷，民国韩国霖等纂辑，民国二年（1913年）有怀堂活字本。

《韩氏族谱》，4册，明韩士鳌纂辑，钞本。

韩氏家训

家为人根，国乃家藩。
家国一体，国泰民安。
仁义礼智，诚信轨范。
治国平天，齐家务念。

教妇初来，育女闺间。
贤良为本，百行孝先。
勤俭如金，优言福添。
积善成德，懿行播远。

妇贤夫贵，子孝媳贤。
姑嫂弟侄，如亲待见。
睦邻善处，亲扶朋念。
体恤礼让，雍容心宽。

人初性近，习而相远。
雕则成器，苟纵乃迁。
稚蒙即教，引长励短。
循循善诱，晓理笃践。

静敬勤恒，心井达练。
格物知致，慎独为然。
检身在外，整齐肃严。
持守于内，主一无兼。

行必庄恭，慎言寡谈。
见贤思齐，居上要宽。
温恭俭让，与人为善。
博施于民，救人危难。

富而不骄，贫而不谄。
敬事诚信，护法遵范。
耿洁无疵，尘暮不染。
厚德载物，若水上善。

谏长委婉，恭不违怨。
敬老竭力，常思安然。
生养之恩，反哺涌泉。
家业无争，开创纪元。

曲全枉直，洼盈敝浅。
存己化物，顺其自然。
虚怀若谷，内方外圆。
未雨绸缪，行近谋远。

胸怀宏阔，视见开远。
文治武功，特立卓然。
唯品是竟，当知高寒。
福至心灵，世代圣贤。

战国

韩非，战国末期法家的主要代表人，著有《韩非子》一书，为先秦法家学说的集大成者。

韩昭侯，战国名君，建立了因功行赏制度，于是韩国大治，诸侯不敢来犯。

秦末汉初

韩王信，秦末汉初著名将领，西汉初年被刘邦封为韩王，后来投降匈奴，公元前196年与汉军作战时被杀。《史记》卷九十三、列传第三十三有本传，《汉书》卷三十三、传第三也有本传。

汉朝

韩信，西汉初期官至大将军，封为楚王，后贬为淮阴侯。著名军事家。他智勇双全，治军严明，辅佐刘邦平定天下，屡建奇功，运筹帷幄于千里之外，有"韩信点兵，多多益善"之颂。与张良、萧何并称"兴汉三杰"。著有《兵法》三篇。

韩嫣，汉武帝在位时宫中的宠臣。

西晋

韩寿，西晋著名的士人。

唐朝

韩愈，文学家，"唐宋八大家"之首，首开宋明理学之先河。他还是古文运动的倡导者，有"文起八代之衰"的美誉，被称为"百代文宗"。

韩湘子，道教八仙之一，韩愈的侄孙子。

韩滉，画家。字太冲，长安（今陕西省西安）人。德宗朝宰相，这样一位高官显贵，却尤好画田家风俗，人物水牛曲尽其妙。《宣和画谱》记载他有作品36件，其中表现农村生活与生产的就有24件。

韩偓，诗人。他十岁能诗，李商隐赞为"雏凤清于老凤声"（《韩冬郎即席为诗相送一座尽惊》）。诗多感时伤乱之作，颇具风骨。而其《香奁集》则轻薄香艳，开"香奁体"诗风。著有《玉山樵人集》等。

五代十国

韩延徽，字藏明。生于官僚世家，足智多谋，有大志，后辅助耶律阿保机成就一番大业，成为辽国的开国功臣。

韩擒虎，东垣（今河南省新安）人，字子通，出身将门，父为北周大将军，袭封新义郡公。因军功升至上仪同，曾任永州、和州刺史。

宋朝

韩琦，河南安阳人，与范仲淹共同防御西夏，名重一时，有歌赞之："军中有一韩，西贼闻之心胆寒；军中有一范，西贼闻之惊破胆。"

韩世忠，南宋大将。他与岳飞同是南宋抗金民族英雄。先在河北屡败金兵，后驻镇江曾以八千兵迎击金兀术，激战黄天荡，金兵闻之胆寒。

元朝

韩山童，元末农民起义军（红巾军）领袖。

韩林儿，元末大宋红巾军领袖。

明朝

韩一良，字象儒，号有怀，西观村（今陕西澄城县寺前）人。官至佥都御史，一生刚正不阿。

韩智、韩普兄弟，韩氏祖居今兖州城西韩楼村。其父韩惠，曾任陕西苑马寺录事，是负责管理军马的小官。韩智闻见甚博，能为歌诗，旁及词调，以所自号名之，曰《澹阉稿》藏于家。韩智的弟弟韩普，早于其兄于成化丁未年（1487年）中进士，授监察御史，迁河南按察使。兄弟二人同在谏垣，一时传为佳话。

韩非

韩非

韩非，汉族，战国时期的韩国都城新郑（今河南省新郑市）人，战国末期杰出的思想家、哲学家和散文家。韩非被誉为最得老子思想精髓的两个人之一。

韩非将商鞅的"法"，申不害的"术"和慎到的"势"集于一身，是法家思想的集大成者；韩非将老子的辩证法、朴素唯物主义与法融为一体。韩非是韩王之子，荀子的学生，李斯的同学。著有《韩非子》一书，共55篇，十万余字。在先秦诸子散文中独树一帜，呈现韩非极为重视唯物主义与效益主义思想，积极倡导君主专制主义理论，目的是为专制君主提供富国强兵的思想。

韩非深爱自己的祖国韩国，但他的政治主张并不被韩王所重视，反而很受秦王政赏识。韩非借此为存韩而劝谏秦王政，李斯却主张灭韩。两相冲突，后者终将韩非害死于秦。韩非的法家思想后来被秦王政所重用，帮助秦国富国强兵，最终统一六国。韩非的思想深邃而又超前，对后世影响深远，是毛泽东最佩服的中国古代思想家。毛泽东曾经说过："中国古代有作为的政治家，基本都是法家。"

《史记》载，秦王见《孤愤》《五蠹》之书，曰："嗟乎，寡人得见此人与之游，死不恨矣！"可知当时秦王的重视。《韩非子》也是间接补遗史书对中国先秦时期史料不足的参考重要来源之一，著作中许多当代民间传说和寓言故事也成为成语典故的出处。

韩愈

韩愈，字退之，河南河阳（今河南省孟州市）人，汉族，自称"郡望昌黎"，世称"韩昌黎""昌黎先生"。唐代杰出的文学家、思想

韩愈

家、哲学家，政治家。

贞元八年（792年），韩愈登进士第，两任节度推官，累官监察御史。贞元十九年（803年），因论事而被贬阳山，后历任都官员外郎、史馆修撰、中书舍人等职。元和十二年（817年），出任宰相裴度的行军司马，参与讨平"淮西之乱"。元和十四年（819年），又因谏迎佛骨一事被贬至潮州。晚年官至吏部侍郎，人称"韩吏部"。长庆四年（824年），韩愈病逝，年57岁，追赠礼部尚书，谥号"文"，故称"韩文公"。元丰元年（1078年），追封昌黎伯，并从祀孔庙。

韩愈是唐代古文运动的倡导者，被后人尊为"唐宋八大家"之首，与柳宗元并称"韩柳"，有"文章巨公"和"百代文宗"之名。后人将其与柳宗元、欧阳修和苏轼合称"千古文章四大家"。在旧《广东通志》中被称为"广东古八贤"之一。他提出的"文道合一""气盛言宜""务去陈言""文从字顺"等散文的写作理论，对后人很有指导意义。著有《韩昌黎集》等。

韩琦

韩琦，字稚圭，自号赣叟，相州安阳（今河南安阳）人。北宋政治家、词人，仁宗天圣年间进士。他与范仲淹率军防御西夏，在军中享有很高的威望，人称"韩范"。

当时，边疆传诵一首歌谣："军中有一韩，西贼闻之心胆寒；军中有一范，西贼闻之惊破胆。"韩琦一生，历经北宋仁宗、英宗和神宗三朝，亲身经历和参加了许多重大历史事件，如抵御

韩琦

西夏、庆历新政等。在仕途上，韩琦曾有为相十载、辅佐三朝的辉煌时期，也有被贬在外前后长达十几年的地方任职生涯。但无论在朝中贵为宰相，还是任职在外，韩琦始终替朝廷着想，忠心报国。在他的仕途生涯中，无论在朝中为相，或在地方任职，都为北宋的繁荣发展做出了贡献。在朝中，他运筹帷幄，使"朝迁清明，天下乐业"；在地方，他忠于职守，勤政爱民，是封建社会的官僚楷模。

熙宁八年（1075年）六月，韩琦在相州溘然长逝，享年68岁。宋神宗为他"素服哭苑中"御撰墓碑："两朝顾命定策元勋。"谥忠献，赠尚书令，配享宋英宗庙庭，备极哀荣。

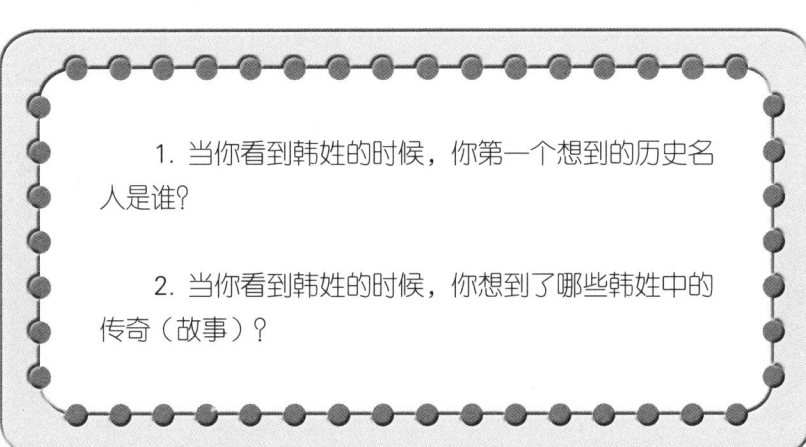

1. 当你看到韩姓的时候，你第一个想到的历史名人是谁？

2. 当你看到韩姓的时候，你想到了哪些韩姓中的传奇（故事）？

杨姓，在宋版《百家姓》位列第16位。根据近年全国人口普查统计，杨姓总人口约有3700万人，是中国人口第六大姓，约占全国汉族人口的3.1%。

杨字解读

形声字。木表意，篆书形体像棵树，表示杨是树木；易（yáng）表声，易是陽（阳）的初文，有昌盛之意，表示杨树易植易长，繁茂昌盛。声旁简化。本义是杨树。

杨
(yáng)

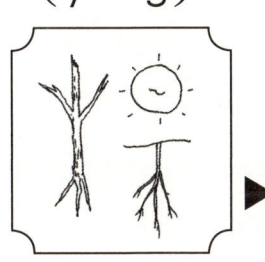

楊	楊	楊	杨
篆文	隶书	楷繁体	简体

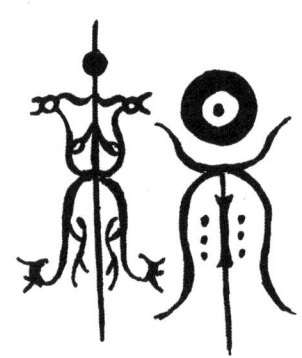

杨姓图腾

杨姓图腾，是远古三苗之一柯挪耶劳的族称，为现代杨姓苗支，他的祖先是兵主蚩尤。"杨"是太阳的意思，由"木"和"昜"组成。"木"在这里特指扶桑，在《山海经》等中国古籍中记载：扶桑树生长在东方大海上的汤谷（今江苏省连云港云合山）。汤谷又称作"阳谷""温源谷"。昜、阳、羊、杨、扬、汤，远古时为同义词，可以相互替代，所以"昜"是"日升汤谷"的形象描写。居住在汤谷帅氏族古代传说采用扶桑纪历。

杨姓，中华姓氏之一，最早源于春秋时期的杨国（今山西省洪洞县），为隋朝国姓，是一个典型的多民族、多源流姓氏，主要源自姬姓及少数民族改姓等。

【杨姓来源】

源流一：源自姬姓

出自黄帝之后西周王族，有三种说法，其源均为周朝王室。

（1）源于周武王孙，叔虞次子，晋侯燮父之弟。晋武公（叔虞十一世孙）时，封次子于杨，称杨侯，是为杨姓人的受姓始祖。

（2）源于周宣王子长父。宣王时期，周宣王姬静将子长父封到杨国（今山西省洪洞县），为杨侯，春秋时杨为晋所灭，其后裔以杨为姓。

（3）源于晋武公子伯侨。晋灭杨后，封杨地为大夫羊舌肸（字叔向）的食邑。羊舌氏出于姬姓，因晋武公次子伯侨之孙突当时的食邑为羊舌，故以羊舌为姓。至晋顷公十二年（公元前514年），晋灭羊舌氏，食邑的儿子杨道逃到华山，居住在弘农华阴，以祖宗封地杨为姓。其后代开基各地，成为杨氏繁衍发展的主流，史称杨氏正宗。

源流二：出自姞姓杨国说

据李学勤《中华姓氏谱》载，此说不见于传世文献，而见诸出土文物，姞姓杨据说要早于姬姓杨。

源流三：出自杨孙子遗说

出自杨孙子遗说，为秦穆公时大夫杨孙之后，以祖名为氏。据《左传》记载，秦穆公有大夫名杨孙，因失职而投奔于宋，其后裔孙以祖名姓杨，称为杨氏。

源流四：源于改姓而来

改杨姓，主要由同源、避难、避仇、收养、过继、赐姓以及少数民族改姓等构成。

（1）赐姓：隋代杨义臣本姓尉迟氏，鲜卑族，为北魏勋臣八姓之一。义臣之父尉迟崇，隋初随行军总管达奚长儒与突厥交战，力战而死。隋文帝因对尉迟崇功业的追忆，下诏赐义臣国姓杨氏。三国时，诸葛亮平定哀牢夷（湖南、贵州的僚族分支）后，赐当地少数民族为赵、张、杨、李等姓。

（2）收养：西晋氏族首领百顷氏王杨飞龙，收养外甥令狐茂搜，改其姓为杨氏。杨复光，本姓乔，少时养于内侍杨玄价家，遂转姓杨。杨守亮，本姓訾名亮，杨复光平定江西黄巢起义军时，得訾亮，养为假子，转姓杨，改名守亮。

（3）避难：今浙江省诸暨市的概浦杨姓，为倪姓所改。倪盈第八世孙倪炤，仕宋为龙图阁学士，因反对王安石的变法，被流放新州。当时，倪炤的幼子倪顺尚在襁褓之中，匿概浦外家。官府勾之，外祖母孟氏以幼舅同庚者易之，得以保全。及倪顺长大，力学皆优，念外家杨姓之恩，改为杨姓。

（4）少数民族改姓：北魏孝文帝迁都洛阳后，施行汉化政策，其中的莫胡卢氏改为杨姓。白族中，杨姓一直是主要姓氏，唐朝时为白族第一大姓。

【杨姓始祖】

杨佰侨，又名文实，定悼公子，一说晋武公子，献公之弟。周襄王念其先人功勋，仍封佰侨于杨，为杨侯，承继其祖爵位，谥贤敬。佰侨长子名文，又名逊，袭侯爵。文生子名突，官拜羊舌大夫，食邑于羊舌，故又称羊舌突，辖铜鞮、杨氏、平阳三邑。

杨佰侨

迁 徙 与 分 布

【历史迁徙】

杨姓发源地，在今山西省境内。春秋时杨为晋所灭，杨姓便向西发展繁衍，先迁入陕西，后迁入山西省汾水中游的霍县一带，而后繁衍至河南。

春秋战国时期

有杨氏族人迁入江汉地区（今湖北省潜江一带），后因楚国势力不断加强，他们向东南迁至江西。与此同时，又有杨氏族人自山西迁至江苏和安徽，散布于长江中下游地区。

秦汉时期

杨姓有的迁居河内，有的迁居冯翊（今陕西大荔），广泛分布于中国北方地区。杨姓入川也于此时，多由湖北、陕西迁入。

晋、唐、宋时期

由于西晋末年"永嘉之乱"、唐玄宗时的"安史之乱"及宋代的"靖康之乱"，中原社会动荡，许多杨姓子孙为了避乱，大举南迁，其中以福建为迁播中心。

元末明初

大批江西、浙江的杨姓宗族，迁往湖广地区。随后，杨姓也开始了大规模向海外迁移，移居的主要地区是在今天东南亚一带的泰国、马来西亚、印度尼西亚、菲律宾、斯里兰卡、孟加拉、越南、老挝、柬埔寨等国家。

【杨姓分布】

杨姓总人口已超过3700万，为全国六大姓之一，约占全国人口的3.1%。在全国的分布主要集中于四川、河南、云南三省，大约占杨姓总人口的30%；其次分布于山东、湖北、湖南、贵州、河北，这五省又集中了30%的人口。四川为当代杨姓第一大省。全国形成了云贵川湘、豫冀鲁鄂两块杨姓聚集区。在人群中，分布在云贵、四川大部、重庆南部、湖南西部、广西北部，杨姓一般占当地人口的比例在4.5%以上，有的达13%，占了国土面积的13.6%，居住了大约23%的杨姓人口。在晋冀豫、京津、陕宁、甘肃大部、青海东部、新疆北端、内蒙古中部和东北部、黑吉西部、湖北大部、湖南中部和北部、安徽西北部、广西中部，杨姓占当地人口的比例在3%～4.5%，其覆盖面积占了国土面积的27.3%，居住了大约34%的杨姓人口。

【海外杨姓】

杨姓向海外比较大范围的移民，是在元末以后，尤其是在明代郑和下西洋以后，这是中国南部特别是福建、浙江、广东等省的杨姓人士向海外迁移的发轫时期，主要是为了避免天灾人祸。移居的主要地区是在今天东南亚一带的泰国、马来西亚、印度尼西亚、菲律宾、斯里兰卡、孟加拉、越南、老挝、柬埔寨等国家。

杨

在鸦片战争以后直到20世纪初叶，或因政治避难，或为追求西方科技，或为寻找革命真理，杨姓人士迁居的主要地区则面向西方欧美一带，这也是杨姓人士漂洋过海的第二个重要时期。

马来西亚沙巴州杨氏

这是杨姓人士足迹踏遍东南亚的第一步。据史料记载，明永乐年间（1403—1424年）的浙江绍兴人杨云川，曾随军渡海去北婆罗洲，即今马来西亚沙巴州。云川在此长期羁留，与当地鲁顺族酋长女儿相爱而结婚。公主后因云川遇难而为夫跳海殉节，留下了"寡妇山"这一游览胜地。而后有原籍福建漳州长泰人杨原抄于1877年只身南渡，抵达新加坡，寄宿同乡宗亲会馆中，后又移居今马来西亚的沙捞越州，经过艰苦努力，创建古晋市，成为当地著名的实业家和华侨领袖。这里已建立了沙捞越古晋董杨宗亲会。如今马来西亚杨氏最活跃的要数沙捞越第三、六、七省的董杨宗亲会，他们的总顾问是拿督阿玛杨国斯。这个宗亲会成立于1971年，包括沙捞越的民丹莪、泗里街、加帛、加拿逸和诗巫等5个地区的杨姓，其次还有美里杨氏公会和雪龙杨氏公会。

孟加拉杨氏

清乾隆四十五年至四十八年间（1780—1783年），杨姓人士杨阿秋去印度经商，在孟加拉胡格里河畔定居下来，并吸引、接纳中国的侨民，在当时的印度加尔各答建立了"中国城"，从而在印度和孟加拉繁衍生息。

缅甸仰光杨氏

缅甸仰光杨氏始于清咸丰四年（1854年），至今已160多年。他们为谋团结、敦亲谊，于清光绪元年（1875年）在仰光建立了"四知总堂"。嗣后，1922年旅缅侨领杨昭固，又倡议新建植德堂于仰光海滨街三若开恒头，门牌75～76号第三、四楼，1925年冬落成。当时"四知总堂"的会址系租赁，岁时苞止、春秋祭祀，咸感局促。1957年由几位正副理事长倡议筹建会所，推举杨唐豪为建委会主任，着手劝募基金，幸得诸族亲热烈支持，踊跃捐献，数月之间，巨款立就。1958年购地于仰光海域街门牌400号，第二年己亥冬兴工，越三年辛丑告竣。内部雕刻布置，历时经岁，至1962年12月举行落成庆典。已在全缅各重镇、市区筹设分堂。宗旨是联系宗亲、加强团结，尽力推行族亲福利，并协助贫穷子弟就学或介绍职业。

菲律宾杨氏

杨姓人士已散布在菲律宾全国各地区。宗亲总会成立于1950年3月19日，会址设在马尼拉市，下面还有礼智三描分会（礼智市）、宿务分会（宿务市）、三宝颜分会（三宝颜市）、纳卯分会（纳卯市）、班乃西黑人省分会（怡郎市）和美骨区分会及五宝杨氏家族会等。这里的杨姓人士大都来自中国福建的泉州市、厦门市及其附近的晋江、金门、同安、安溪等县。

新加坡杨氏

新加坡有70%以上的华侨，其中杨姓人士占了较大的比重。他们最初去新加坡的具体时间虽然难以考证，但据记载，清道光二十一年（1841年），在这里就成立了槟城杨氏植德堂公司。之后又在这里建立了新加坡杨氏总会及新加坡潮安仙乐杨氏互助社、星洲湖峰社杨氏公会、槟城杨氏公会和新加坡潮州弘农杨氏公会等宗亲会组织。

泰国杨氏

居住在泰国的杨姓人士也不少，他们在这里建立了泰国杨氏宗亲总会。

印度尼西亚杨氏

居住在印尼的杨姓人士建立了印尼杨氏宗亲总会和印尼万隆佛昙杨氏联谊会。后者为以佰侨公为大始祖，直系传下第59世的世隆公，开基于福建漳浦县佛昙镇衍派的子孙居住于万隆市者所组成，会员800余户，达5000余众。还有印尼坤甸杨氏弘农世家，这一家曾于1994年8月组团回河南开封寻根访祖，并参加了新建天波杨府的剪彩活动。

欧美澳洲杨氏

20世纪以来，杨姓子孙在留学或经商的过程中，侨居在美国、加拿大、澳大利亚和欧洲的杨氏很多。这些人在贸易、科学、艺术、工程、政治等多方面都取得了卓越成就，许多人都成了各界精英。其中有诺贝尔物理学奖获得者杨振宁博士，美国国家工程师学院院士杨祖佑等众多知名人士。

杨

【白市杨氏先祠】

在全国有好多大小不一的杨氏祠堂，白市杨氏先祠位于贵州省黔东南苗族侗族自治州天柱县白市街北端清水江边。始建于清嘉庆二年（1797年），奉祀杨氏始祖杨洪。杨洪，字与禄，生于南宋端平元年（1234年），后出仕杨吴庐部员外郎，出镇吉州。元代中期，广西、贵州黎平等地苗叛，杨洪督兵定乱，次第剿灭。由于平蛮有功，授指挥使（正三品）之职。后出镇天柱渡马，驻湖南武岗州黔阳司。解甲归田后，定居黔阳，殁葬黔城长岭坡。

杨洪长子杨万朝袭父职，镇守渡马，解甲归田后，后裔于白市地旺（样）坳分宗。

元惠宗元统三年（1335年），万朝第九子杨再品（号华九）之三子杨政富由漠滨大江边迁天柱白岩塘（今白市）新舟陡坡定居。至嘉庆二年（1797年），其六世孙杨俊桂倡修天柱白岩塘杨氏先祠。清咸同年间，兵燹四起，祠宇被毁。后杨俊桂四子秀升、秀起、秀云、秀隆率九子再明、再华、再神、再显、再先、再海、再坚、再川、再行重建。由于资金不足等原因，中途被迫停顿。直到民国四年（1915年），工程始竣。此后杨氏子孙春祭秋尝，雍雍一堂，聆族训，遵族规，敬宗睦族。

"文革"时期，杨氏先祠被破坏殆尽。改革开放后，坪内杨政武、新舟杨通富、寺坪洲杨光炳、坳头阳杨政和四人倡修宗祠。他们联族联宗，广纳族众捐款7万余元，于1991年2月11日动工修建，次年2月11日竣工。

杨氏先祠维修后，牌楼新颖，古色古香，飞壁流檐，雄伟壮观，集建筑、雕塑、绘画、书法为一体，记载和再现了横扫奸邪、除暴安良、为国尽忠的历史人物形象。如牌楼上的"杨洪公平南""杨怀玉救主""杨业归宋""杨延昭挂帅""文广夺印""杨宣娘大破白马关""佘太君百岁挂帅""杨坚立帝""杨震归宝"等。同时用艺术表现手法，生动刻画了民间广为流传的历史故事，具有很高的艺术品位和深厚的文化内涵。

杨氏先祠于1995年4月23日被天柱县人民政府列为文物保护单位。

1997年，天柱县文管所对其进行丈量测绘，记入档案资料，并刊入《黔东南文物志》第四辑。

杨氏先祠

杨

【郡望】

郡望主要有弘农郡、天水郡、河内郡等。

弘农郡：西汉时置郡，治所在弘农（河南灵宝北）。

东汉至北周时，曾一度改名为恒农郡。西汉元鼎四年（公元前113年）置，辖境约相当今河南黄河以南、宜阳以西的洛、伊、淅川等流域和陕西洛水、社川河上游、丹江流域。晋以后，弘农郡的辖境逐渐缩小，但从陕西华山到河南三门峡一线，始终是弘农郡令人瞩目的地区，因为这里是天下杨姓第一望族——弘农杨氏的策源地，而弘农杨氏在天下杨姓族人的心目中，是最崇高、最受人尊敬的。许多杨姓家谱都把远祖追溯到弘农杨氏。

天水郡：西汉时置郡，治所在平襄（今甘肃通渭西北）。

"天水"，是当地历史上使用时间最长的地名。最早始于汉武帝元鼎三年（前114年）。天水得名，源于"天河注水"的美丽传说。

河内郡：楚汉时置郡，治所在怀县（今河南武陟西南）。此支杨氏开基始祖为韩襄王将领杨苞。古者河北之地，皆谓之河内，自战国魏始有河内河东之名，而秦汉因以置郡，周礼所谓河内，不止河内郡地也，汉时郡治废县，在河南武陟县西南，晋徙治野王，即今河南沁阳县治。

83

【堂号】

弘农堂：弘农，地名，古为陕西之弘农县，今为陕西之华阴县，是杨姓先人杼公兴旺发祥之地，以望立堂。

关西堂：东汉时有关西人杨震，博览明经，时人称他是"关西孔子"，故而得名。

四知堂：杨震当荆州刺史时，非常清廉。拒绝行贿者时说："天知、神知、你知、我知，怎么说没人知道呢？"后世遂以"四知"为堂号。

此外，杨姓的主要堂号还有：光裕堂、赐书堂、崇本堂、清白堂、务本堂、绍兴堂、瑞本堂、绍先堂、河东堂、栖霞堂、秦和堂、鸿仪堂、安阳堂、鸿山堂、新杨堂、道南堂、信海堂、北山堂、洪洞堂等。

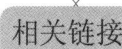

四知的来源

四知堂，出自东汉名士杨震，"天知、神知、我知、子知，何谓无知？"，其后人多以此为堂号。另有同名医药企业。

四知堂

东汉永初二年（108年）春，他调任东莱太守的时候，路过昌邑。身为命官的杨震，昌邑县今王密是他在荆州刺史任内荐举的官员，听得杨震到来，晚上悄悄去拜访，并带金10斤作为礼物。虽然东汉时的一斤只相当于今天的250克左右，但金十斤也相当于今天的5斤金，等于好几根金条了。王密送这样的重礼，一是对杨震过去的举荐表示感谢，二是想请这位老上司以后再多加关照。杨震当场拒绝了这份礼物，说："故人知君，君不知故人，何也？"王密以为杨震假装客气，便道："幕夜无知者。"杨震立即生气了，说："天知、神知、我知、子知，何谓无知？"王密十分羞愧，只得带着礼物，狼狈而回。"四知"乃成为千古美谈，其后人以此为堂号。

杨姓家谱历史悠久，汉代刘歆在《七略》中提到与他同时的杨雄有《家牒》。《世说新语》刘孝标注提到数十种南朝士族家谱，其中有《杨氏谱》。《隋书经籍志·谱系类》录有：《杨氏血脉谱》2卷，《杨氏家谱状并墓记》1卷，《杨氏支分谱》1卷，《杨氏谱》1卷。此外，古籍中还提到北齐有佚名的《杨愔家传》。以杨姓和王姓等为多，南北朝时的杨姓大族，已有编撰家谱之风。宋至元明时期，私修的杨姓家谱为数不少。

元末战乱，杨氏衰落，族谱也残缺。明初，分别任司仓、通判的杨氏兄弟罢官家居，商量采撷文献重修家乘，但不久即相继去世。为继承先辈遗志，杨士奇与从兄杨思贻遍访博求，虽为片纸也谨慎过目，积十多年努力，编成《杨氏家乘》。

除此之外，杨姓家谱的文献还有许多，如：

山东《即墨杨氏家乘》《弘农杨氏重修房谱》：20世纪80年代初被发现于福建明溪，为宋代著名学者杨时房谱。该谱除世系传记外，还汇编了有关杨时的诰封敕令及杨龟山年谱、画像及龟山故里图。该谱藏于明溪县龟山乡杨时直系23代后裔家中。

《瓮来、竹林坪、大叉杨氏族谱》：清道光五年（1825年）湖南省凤凰县杨再传等撰修，该谱由清一等果勇侯、太子太傅杨芳创议，由杨再传聚瓮来杨氏族人撰修杨秀袍后裔分住于凤凰县的支系家谱。

《墨杨氏家乘》：有清至民国续修刊本及排印本。该谱除详列世系外，有《祭法》一篇，记叙元旦大祭等家族仪式及规程较详，对杨氏族人的定婚许字，丧仪葬礼等也有一定之规。民国二十五年（1936年）排印本所载杨玠《家法》条规较细。

《武林杨氏宗谱》：有民国年间抄本复印件。该谱卷1为杨氏《祭规》，订于清乾隆年间，共22条，前面数条为先祖遗规，以后为族众同订。谱中所记宗族支派及世系甚详。

《民国黄梅宗谱》：该谱托为杨业宗谱，所载祖宗世系多据民间传说故事以编制，世系谬乱，人物真伪不分。

《咸丰平越杨氏重修小宗祠谱》：清杨裕深重修，刊本。

《杨氏谱书》：民国时期杨锡绶等续修。该谱包括序及世系等内容。吉林永吉杨氏为满族，谱序其称原为汉人，康熙年间由山东登州莱阳县迁居永吉州地方，后人吉林鸟枪营镶黄旗汉军。谱载始迁祖杨荣，至今传14世。该谱为了解东北杨姓迁入情况提供了线索。

《杨氏族谱》：该谱为辽宁岫岩满族易穆查氏族谱，光绪二十四年（1898年）立谱。参与修谱者有杨伟、杨春静、杨恒荣等。谱中排列族中先人名讳年庚、长幼次序，并注明迁居他方的族人的居住地、支派及子孙繁衍情况。对族中先人事迹略有考实。易穆查氏改从杨姓，该谱提供了重要依据。

贵州天柱蓝田镇《杨氏族谱》。1930年杨正光录，杨恩培藏。封面标明"四知堂第"。谱序谓由南昌府丰城县迁来，至修谱时已历21世，至收藏者为23世。谱中载字派三种，略有不同，反映由于分房带来一定变化。

贵州天柱邦洞镇观州村《杨氏族谱》。祖贤公生于元顺帝至正二年（1342年），祖籍系陕西省弘农杨氏华阴人氏，杨震"四知堂"清白传家嫡系，诚州刺史、银青光禄大夫、威远广惠王杨再思第七子政岩公后裔。

贵州独山杨一诚草创，杨祖芳重修《杨氏族谱》，亦托为弘农杨氏支系。该谱包括序文三篇、世系表及重要人物小传等内容。谱载先祖杨春为明末人，由江西来黔贸易，卜居独山，至修谱时传13世。该谱为木刻本。

《杨氏谱系》：黔西彝族杨氏谱，杨氏后裔于民国年间据彝文谱纂修。该谱包括源流、世系、彝汉文对照乌蒙世系、各家支世次及夷字释略等内容。谱至始祖迄修谱达73代，唯中间有阙佚。该杨氏世居黔西，明末改土归流，始从汉姓。该谱为研究黔西杨氏源流的重要文献。

《杨氏家谱史》：贵州桐梓杨修礼、杨修国等，1990年据旧谱及其他文献编纂。修谱人称为播州杨氏土司始祖杨端第44代孙。谱分三卷，内容较为丰富，重要者有世次记、碑记、姓氏来源、世系源流、谱系、名宦词、人物事迹、仕居分派史、承续总歌及注解、正宗源流等。该谱自杨端往上溯48代；自杨端始谱至今历47代。该谱为铅印本。

《弘农杨氏宗谱（残）》：始修于乾隆十九年（1754年），咸丰初年杨月三等续修。据谱可知杨月三之族散居于安徽合肥、庐州等处。该谱为刻本。

《杨氏家谱》：民国杨芝田编，该谱始修于明万历年间，至杨芝田已为五修。据谱可知杨芝田之族散居山东临沂、沂州等地。该谱为石印本。

《衡湘杨氏族谱》：清杨世准修。谱中称其堂第为"清白堂"，认为弘农支系。据谱可知杨世准之族散居湖南衡阳、湘乡等地。该谱为刻本。

《杨氏列代世系表》：民国杨培志编。该谱为铅印本，除世系表外，附坟墓祭祀一览表。杨氏宗谱（残）据残卷可知谱主为重庆开州人，世系不全。

另外，还有以下几种族谱：

《宁都城东郁公派族谱》。

《宁都杨氏族谱》。

《宏农杨氏宗谱》。

《杨氏铜城族谱》。

《郴州杨氏十修族谱》。

《蓝山杨氏族谱》。

杨

《观州杨氏族谱》。

《草塘杨氏七修族谱》。

《卧龙杨氏四修宗谱》。

《济邑梅川杨氏宗谱》[乾隆三十六年（1771年）修]。

杨玉清、杨兴韶主编的《丰顺杨氏九修族谱》。

《靖州杨氏宗谱》。

《杨凝式家谱》。

《杨氏血脉谱》。

《杨氏家谱状并墓记》。

《杨氏支分谱》。

《杨氏谱》。

《咸丰平越杨氏小宗祠谱》。

江西《宜春北关五甲杨氏支谱》。

家训与遗嘱，是杨姓人治族治家的道德规范和行为准则。其中最典型者有如下例：

【《诚斋文节公家训》】

诚斋，即杨万里，《宋史》有传，今江西吉安县人，官终宝谟阁学士。宋光宗曾为其书"诚斋"二字，因而学者称为"诚斋先生"。他曾于庆元己未年（1199年）六月初一，为重修杨氏族谱作序，他所作的《家训》亦刊于此时。其具体内容为：

吾今老矣，虚度时光。终日奔波，为衣食而不足；随时高下，度寒暑以无穷。片瓦条椽，皆非容易；寸田尺地，毋使抛荒。懒惰乃败家之源，勤劳是立身之本。大富由命，小富由勤。男子以血汗为营，女子以灯花为运。夜坐三更一点，尚不思眠；枕听晓鸡一声，全家早起。门户多事，并力支持。栽苎种麻，助办四时之衣食；耕田凿井，安排一岁之种储。育养牺牲，追陪亲友，看蚕织绢，了纳官租。日用有余，全家快活。世间破荡之辈，懒惰之家，天明日晏，尚不开门，及至日中，何尝早食。居尝爱说大话，说得成、做不成；少年专好闲游，只好吃、不好做。男长女大，家大难当。用度日日如常，吃着朝朝相似。欠米将衣出当，无衣出首卖田。岂知浅水易干，真实穷坑难填。不思实效，专好虚花。万顷良田，坐食亦难保守。光阴迅速，一年又过一年。早宜竭力向前，庶免饥寒在后。吾今训尔，莫效迤遭，因示后生，各宜体悉。

> 忠：上而事君，下而交友，此心不亏，终能长久；
> 孝：敬父如天，敬母如地，汝之子孙，亦复如是；
> 勤：日出而作，日入而息，凿井而饮，耕田而食；
> 俭：量其所入，度其所出，若不节用，俯仰何益。

【《慎修公家训》】

慎修公即汉寿花园杨氏的明迁始祖杨昌敬。他出身劳动人民家庭，一生以务农为业。由于勤劳节俭，家训有方，子孙才繁荣昌盛起来。他的《家训》的总纲领是："勤耕务读，敦伦孝亲，卑无犯上，富莫骄贫，居仁由义，睦族和宗，布衣菲食，气忍家宁。"其具体内容，以"五言六韵"表述为：

勤耕务读

祖训依然在，常怀读与耕。惟勤堪致富，能务亦梯荣。牛背催三月，鳌头占五更。荷蓑皆主伯，释菜谒先生。仓廪如云积，功名指日争。后嗣敦本业，家训妙兼并。

敦伦孝亲

彝伦垂禹范，爱日在双亲。怀桔情宜笃，遗羹孝始纯。彩衣披莱子，春酒介芳辰。顺矣原因翕，伤哉岂在贫。鸰鸠恩及尔，鹡羽咏凄人。莫谓行无忝，须听祖命申。

卑无犯上

达尊何可犯，逊顺最为宜。莫谓人堪上，须知我自卑。望中收白眼，让处有黄眉。进履真谦也，阋墙且戒之。割牲侬莫倦，袗臂尔宁施。祖训谆谆在，从兹慎幼仪。

富莫骄贫

同是苍天命，贫人独寂寥。纵然推我富，绝莫向他骄。絮拥寒风透，庐斜细雨飘。何人怜魄落，有客为魂销。得意曾扬气，产情且折腰。昌黎穷可送，转瞬又扬锟。

居仁由义

吾性从天降，存存岂外求。须知仁是宅，便觉义堪由。爱勿分秦楚，行宜学孔周。广居高许许，正路遇头头。善长功符夏，辞严道叶秋。大人征事备，此诣尔思不？

睦族和宗

莫以源流远，而忘梓里恭。敦伦须睦族，饬纪在和宗。葛情宜笃，凫鹥咏可从。支分休妒忌，缺陷应弥缝。好戒忘争讼，还期共吉凶。扪心思一本，祖训即晨钟。

布衣菲食

节俭人堪效，须防习俗移。衣今布足尚，食也菲为宜。菲厌昭其质，还思训以时。缊袍原不耻，菽水自无饥。寒恤王章卧，鄙贻曹刿嗤。唐风真足美，蟋蟀一篇诗。

气忍家宁

不识宁家术，休云产荡然。谁言气可暴，我道忍为先。物至经三反，心平养十年。一朝惩小愤，此境即中天。福萃华堂五，仓储宝稻千。张公殊可法，壮士应拳拳。

【《杨氏遗嘱》】

《椒山忠愍公赴义先夕遗嘱》，椒山，原名杨继盛，字仲芳，今河北保定市清苑县东北人。明嘉靖进士出身。累官至南京兵部右侍郎。当时俺答入寇，大将军仇鸾畏寇，上书请开马市，继盛极陈以为不可，因之被贬降为道典史。已而俺答败约，鸾伏诛。嘉靖帝思继盛前言，因之升迁为刑部员外郎。当时又遇奸相严嵩专权用事，恨鸾已死，对继盛有好感，想提拔他作为心腹，调升为兵部武选司。而继盛憎恶严嵩比仇鸾尤甚，不仅不巴结严嵩，反而弹劾严嵩十大罪状。严嵩怒而构之，继盛因之遂下狱，杖击一百，受重创。有人拿小蛇胆给他吃，吃后，椒山自以为有胆气。于是坐牢狱三载，被斩于西市。临刑赋诗，天下传诵。特别是临刑前夕，其妻张氏，上书请代死，亦同日殉道。穆宗即位（1567年），追赐谥曰"忠愍"。这份遗嘱，亦是他临刑前夕写给应尾、应箕两儿的，杨家作为传家宝刻之谱端，亦为天下所传诵。遗嘱较长，有3800余字，今撮要如下：

愚夫谕贤妻张吉贞，古人云：死有重于泰山，有轻如鸿毛。盖当死而死，则死比泰山尤重，不当死而死，则死无益于事，比鸿毛尤轻。死生之际，不可不揆之于道也。我一时间死在你前，知你是一个激烈粗暴的性子，只怕你不晓得死比鸿毛尤轻的道理。我心甚忧，故将这话劝你妇人家。有夫死同死者，盖以夫主无儿女可守，活着无用，故随夫亦死，这才谓之当死而死，死有重于泰山，才谓之贞节。若夫主虽死，尚有幼女孤儿，无人收养，则妇人一身，乃夫主宗祀命脉，一生事业所系于此。若死，则弃夫主之宗祀，隳夫主之事业，负夫主之重托，贻夫主身后无穷之虑，则死不但轻如鸿毛，且为众人所唾骂，便是不知道理的妇人。我打一百四十棍不死，是天佑我，那时不死，于今岂有死的道理，万一要死也，是重于泰山了。所惜者，只是两个儿子尚幼，读书俱有进益，将来都会成才的，只怕误了他。一个女儿尚未出嫁，无人教导看管，惹人嗤笑。我死了，留得你在，教导我的儿女成人长大，各自成家立户，就如我活着的一般，我在九泉之下，也放心，也欢喜，也感激你。于今咱一家没有我，也罢了；没有你，一时成不得的，便人亡家破，称了人家志愿，惹人家笑。你是一个最聪明知道理的，何须我说千万，只是要你戒激烈的性子，以我的儿女为重方可。

二贞年幼，又无儿女。我死后，就着她嫁人，衣服首饰，都打发她。我在监三年，她发心吃斋诵经，是她报我的恩了。不可着她在家守寡。

咱哥虽无道理，也无别意，不过只是要便宜心肠。凡事让他些，与他便宜，他就欢喜了，不可与他争。二姐、四姐，要你常常看顾他。五姐六姐，庶母死后，也要亲近她们。应民自幼养活他一场，也须分与他些地土。其余家事，谅你能善处，我就说在后面，故不须多言。

父椒山，谕应尾、应箕两儿人须要立志。初时立志为君子，后来多有变为小人的。若初时不先立了个定志，则中无定向，便无所不为，便为天下之小人，众人皆贱恶。我希望你们发愤，立志要做个君子，即使不做官，人人也都敬重你们。故我要你们第一先立起志气来。心为人一身之主，如树之根，如果之蒂，最不可先坏了心。心里若是有天理，存公道，则行出来便都是好事，便是君子这边的人。心里若存的是人欲，是私意，虽欲行好事，也有始无终，虽欲外面做好人，也会被人看破你。如根朽则树枯，蒂坏则果落，故要你们休把心坏了。心以思为职，或独坐时，或夜深时，念头一起，则自思曰：这是好念，是恶念？若是好念，便扩充起来，必见之行；若是恶念，便禁止勿思。方行一事则思之，以为此事合天理不合天理？若是合天理便行，若是不合天理便止而勿行。不可为分毫违心害理之事，则上天必保护你，鬼神必加佑你，否则，天地鬼神必不容你。你读书，若中举中进士，思我之苦，不做官也可。若是做官，必须正直忠厚赤心，随分报国，固不可效我之狂愚，亦不可因我为忠受祸，遂改心易行，懈了为善之志，惹人父贤子不肖之诮。

……

你们两个年幼，恐油滑人见了，便要哄诱你们，或请你们吃饭，或诱你们赌博，或以心爱之物送你们，或以美色诱你们，你们一入圈套，便吃他亏，不惟荡尽家业，且使你们成为不好的人。若是有这样的人哄你们，便想我的话来识破他。合你们好，若不好使远了他。拣着老成忠厚肯读书肯好学的人，与他肝胆相交，语言必信，逐日与他相处，自然成一个好人，不入下流也。

见一件好事，则便思量，我将来必定要行；见一件不好的事，则便思量，我将来必定要戒；见一个好人，则思量我将来必要学他一般；见一个不好的人，则思量我将来切休要学他，则心地自然光明正大，行事自然不会苟且，便为天下第一等人矣。

习举业，只是要多记多作。四书、五经、记文一千篇，谈论一百篇，第一百问，表五十道，判语八十条。有余功，则读五经白文，好古文读一百篇。每日作文一篇，每月作论三篇，策三问，切记不可一日无师傅。无师傅，则无严惮、无稽考，虽十分用功，终是疏散，以自在故也。又必须择好师，如一师不惬意，即辞了另寻，不可因循迁延，致误学业。又必择好朋友，日日会讲切磋，则举业不患其不成矣。

……

与人相处之道：第一要谦下诚实，同干事则勿避劳苦，同饮食则勿贪甘美，同行走则勿择好路，同寝睡则勿占床席。宁让人，勿使人让我；宁容人，勿使人容我；宁吃人亏，勿使人吃我亏；宁受人气，勿使人受我气。人有恩于我，则终身不忘；人有恶于我，则即时丢过。见人之善，则对人称扬不已；闻人之过，则绝口不对人言。人有向你说某人感你之恩，则云他有恩于我，我无恩于他，则感恩者闻之，其感益深；有人向你说某人恼你谤你，则云他与我平日最相好，岂有恼我谤我之理，则恼我谤我者闻之，其怨即解。人之胜似你，则敬重之，不可有忌刻之心；人之不如你，则谦待之，不可有轻贱之意。又与人相交，久而益密，则行之邦家，可无怨矣。……

古代名人生平

杨

先秦、两汉

杨朱，战国时期哲学家，主张"人人不损一毫"。

杨章，秦朝华阴侯。

杨雄，西汉文学家、史学家。

杨敞，西汉丞相。

杨震，东汉太尉，为官清廉，四世三公。

杨修，汉代著名文学家、政治家。

杨骏，晋朝车骑将军，临晋侯。

杨艳、杨芷，西晋晋武帝皇后。

南北朝、隋唐

杨播，北魏上柱国。

杨纂，北周名将。

杨坚，隋朝开国皇帝，隋文帝。

杨广，隋文帝次子，隋炀帝。

杨炯，与王勃、卢照邻、骆宾王齐名，并称"初唐四杰"。

杨玉环（杨贵妃），中国古代四大美女之一。

五代十国、宋

杨行密，字化源。五代吴国开国君主。

杨业（杨继业），北宋名将。

杨延昭，英雄传奇"杨家将"中的人物，民间俗称"杨六郎"，杨业之子。

明朝

杨士奇，明代大臣、学者。与杨荣、杨溥同辅政，并称"三杨"，因其居地所处，时人称之为"西杨"。

杨荣，初名子荣，字勉仁，建安（今福建建瓯）人。永乐年间任当朝首辅。

杨溥，字弘济，湖广石首（今属湖北）人，任当朝首辅，时人称为"南杨"。

杨延和，汉族。字介夫号石斋，四川新都人。年十二，举于乡，宪宗成化十四年（1478年），年十九，进士及第。

杨慎，字用修，号升庵，杨延和之子，公认为明朝三大才子之一，明代文学家，汉族，四川新都（今成都市新都区）人，祖籍江西庐陵。

杨一清，字应宁，号邃庵，谥文襄，汉族，明朝镇江丹徒（今属江苏省）人。明朝政治家、文学家。

杨继盛，字仲芳，号椒山，追谥忠愍。直隶容城（今河北容城县北河照村）人，明代著名谏臣。嘉靖二十六年（1547年）丁未科进士，官至兵部员外郎。因弹劾严嵩而死，被奉为北京城的城隍。著有《杨忠愍文集》。

清朝

杨秀清，原名嗣龙，清朝广西桂平人。因与洪秀全约为兄弟，故改名秀清。与秀全同起事，屡败清兵，封东王，太平军号令几全出自秀清，权势颇盛，故世并称洪杨。

杨深秀，清末维新变法人士。

杨昌浚，官至太子太保。逝世后，清政府诰赠其为太子太傅。

杨露禅，武术家，太极拳一代宗师，杨式太极拳奠基人。

杨坚

隋文帝杨坚，隋朝开国皇帝，中国古代伟大的政治家、战略家。汉族，弘农郡华阴（今陕西省华阴市）人，汉太尉杨震十四世孙。

杨坚鲜卑小字为那罗延（金刚不坏），鲜卑姓氏为普六茹，普六茹鲜卑姓氏是其父杨忠受西魏恭帝所赐的。后杨坚掌权后恢复汉姓"杨"，并让宇文泰鲜卑化政策中改姓的汉人恢复汉姓。

杨坚在位期间，军事上攻灭陈国，成功地统一了严重分裂数百年

杨坚

的中国，击破突厥，被尊为"圣人可汗"；内政方面，开创先进的选官制度，发展文化经济，使得中国成为盛世之国。开皇年间，隋朝疆域辽阔，人口达到700余万户，是中国农耕文明的辉煌时期。

杨震

杨震

杨震，字伯起。弘农华阴（今陕西华阴东）人。东汉时期名臣。从其父杨宝研习《欧阳尚书》，师从于太常桓郁。他通晓经籍、博览群书，有"关西孔子杨伯起"之称。杨震不应州郡礼命数十年，至五十岁时，才开始步入仕途。被大将军邓骘征辟，又举茂才，历荆州刺史、东莱太守。

元初四年（117年），入朝为

太仆，迁太常。永宁元年（120年），升为司徒。延光二年（123年），代刘恺为太尉。任内因正直不屈权贵，又屡次上疏直言时政之弊，为中常侍樊丰等所忌恨。延光三年（124年），被罢免。又被遣返回乡，途中饮鸩而卒。顺帝继位，下诏平反。

杨玉环

杨玉环

杨玉环，号太真。姿质丰艳，善歌舞，通音律，为唐代宫廷音乐家、舞蹈家。其音乐才华在历代后妃中鲜见，被后世誉为中国古代四大美女之一。

她先为唐玄宗儿子寿王李瑁王妃，受令出家后，又被公爹唐玄宗册封为贵妃。天宝十五载（756年），安禄山发动叛乱，随李隆基流亡蜀中，途经马嵬驿，杨玉环于六月十四日，在马嵬驿死于乱军之中，香消玉殒。

杜甫有《哀江头》诗："明眸皓齿今何在？血污游魂归不得。清渭东流剑阁深，去住彼此无消息。人生有情泪沾臆，江水江花岂终极！"白居易形容她"温泉水滑洗凝脂""回眸一笑百媚生，六宫粉黛无颜色"。李白的《清平调》则说她"云想衣裳花想容，春风拂槛露华浓"。

杨慎

杨慎

杨慎，字用修，号升庵，后因流放滇南，故自称博南山人、金马碧鸡老兵。四川新都（今成都市新都区）人，祖籍庐陵。明代著名文学家，明代三大才子之首。东阁大学士杨延和之子。

杨慎于正德六年（1511年）状元及第，官翰林院修撰，参与编修

《武宗实录》。武宗微行出居庸关，上疏抗谏。世宗继位，复为翰林修撰，任经筵讲官。嘉靖三年（1524年），因"大礼议"受廷杖，谪戍于云南永昌卫。曾率家奴助平寻甸安铨、武定凤朝文叛乱，此后虽往返于四川、云南等地，仍终老于永昌卫。

嘉靖三十八年（1559年），杨慎卒于戍所，年七十二。穆宗隆庆初，赠光禄寺少卿，熹宗天启时追谥文宪，故称"杨文宪"。

杨慎在滇南三十年，博览群书。明代记诵之博，著述之富，推杨慎为第一。又能文、词及散曲，论古考证之作范围颇广。其诗沉酣六朝，揽采晚唐，创为渊博靡丽之词，造诣深厚，独立于当时风气之外。著作达四百余种，后人辑为《升庵集》。

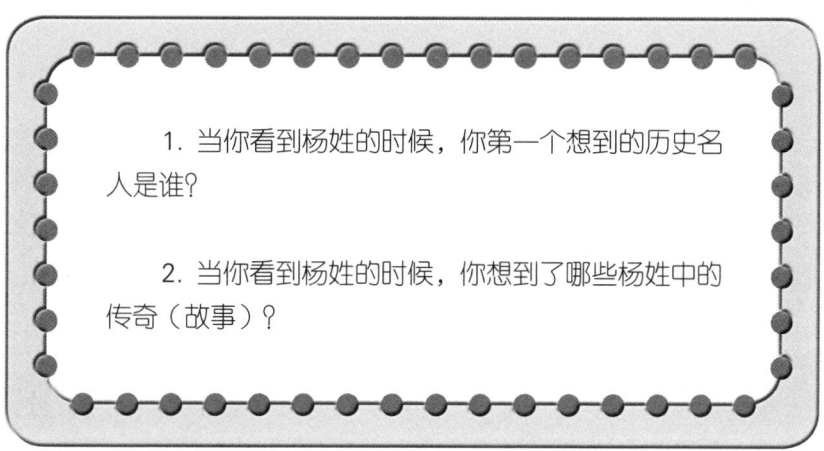

1. 当你看到杨姓的时候，你第一个想到的历史名人是谁？

2. 当你看到杨姓的时候，你想到了哪些杨姓中的传奇（故事）？

朱

朱姓，在宋版《百家姓》中排第17位。根据近年全国人口普查统计，朱姓人口约占汉族人口的1.26%，约1512万人，姓氏中排行第14位。朱姓曾在中国历史上建立过两个王朝，分别是五代时期朱温建立的后梁和朱元璋建立的明朝。

朱字解读

朱
（zhū）

"朱"原是一种树名。《说文》解释为"赤心木"。《山海经》："有树赤皮支干，青叶，名曰朱木。"因为这种树是红色的，所以"朱"指"红色"。

金文　篆文　隶书　楷繁体　简体

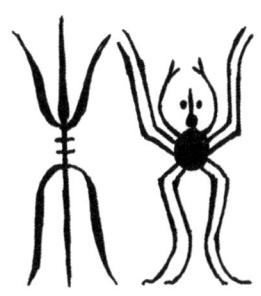

朱姓图腾

朱姓图腾是朱国的国徽，是邹屠氏蚩尤的故地。朱是用蜘蛛作图腾的，因为伏羲、句芒曾经受到蜘蛛结网的启发而发明了八卦和罗网。朱襄氏是朱姓的始祖。其后有邹屠氏、东楼氏、娄氏、娄尤氏，皆朱姓祖，曹姓之后亦朱姓。

朱襄氏族是以蜘蛛为图腾，亦有认为是以赤心木（一种树心为红色的树）为图腾，活动于河南淮阳一带的部落，其后有朱姓，有5000多年的历史。在我国最古老的汉语字典——《说文解字》中，对"朱"作了如下的描述："朱，赤心木，松柏属。从木，一在其中。"原来，朱姓的"朱"字，它最原始的意义并非红色，而是指称一种树心为红色的树木。渊博的古文字学家解释说：古"朱"字是所谓"合体指事"文字，它兼有象形和指事的特点。从图中的甲骨、金文我们也可清晰地看到，"朱"字由"木"和"一"两个构件组成："木"像树木之形，"一"是一个指示性符号，原本写成"."形状，标在木中，象征树心。清代大文字学家段玉裁说得明白，朱是赤心木，所谓"赤心不可象，故以一识之"。就像"本"字的一指树下，"末"字的一指树上一样，"朱"字的一指树中。远古史和图腾学的知识告诉我们，人类在童年时代盛行各种图腾崇拜，这些远古的先民们，往往以某种动物或植物作为氏族群体的神圣象征，并认为全体氏族成员都为这种图腾的后裔。最古老的朱姓的形成，也是这种图腾崇拜的结果。

【朱姓来源】

源流一：源于朱襄氏，以先祖名字为氏。

朱襄氏是伏羲氏的大臣，被封于朱（今河南柘城），以赤心木朱为图腾，后来朱襄氏成为"炎帝"，三代炎帝朱襄氏均活动于今河南柘城一带，其后代以朱为姓氏。

源流二：出自曹姓，是颛顼帝的后裔，以国名为氏。

据《新唐书·宰相世系表》及《通志·氏族略》等有关资料所载，颛顼帝的玄孙陆终第五子名安，被大禹赐姓曹。西周武王时封安的后代曹挟于邾国，他的遗族以国名为氏，称邾氏。后邾国被楚国所灭，邾国贵族四处逃散，就去掉右耳旁，改姓朱，称为朱氏。

源流三：出自舜时大臣朱虎的后裔。

据《元和姓纂》《姓氏急就篇·颜师古注》等资料所载，舜时有大臣朱虎，其后人亦为朱姓。

源流四：出自子姓，为春秋时宋微子的后裔，因避难改为朱氏。

据史书和《姓氏急就篇·王应麟补注》等记载，后汉有朱晖，是为先世宋微子（商纣王的庶兄，是宋的开国君主）的后裔，原以国名为氏，称宋氏。春秋时，宋国被灭，其后裔有逃至砀（今江苏砀山县），改宋氏为朱氏。

源流五：出自祁姓，为尧帝儿子丹朱之后，以祖名为氏。

据《尚书》及《元和姓纂》等资料所载，朱姓出自上古五帝之一的帝尧的儿子丹朱之后，以祖名为姓，称为朱氏。

源流六：出自他姓改姓而来。

（1）鲜卑族改朱姓：出自南北朝时期鲜卑族诸部落，属于汉化改姓为氏。南北朝时期，北魏孝文拓跋宏在迁都洛阳后，开始推行大规模的汉化改革政策。其中，将改北方胡人复姓为汉族单姓是一项重要举措，这一时期，有大量的北方少数民族多将复姓改为汉姓朱氏。

（2）蒙古族改朱姓：出自元朝时期蒙古主儿乞部，属于汉化改姓为氏。蒙古族珠尔吉特鄂谟克氏，世居锡喇塔拉（今甘肃张掖永固镇），在清朝中叶以后多冠汉姓为朱氏；蒙古族珠尔奇氏，世居萨尔哈占（今内蒙古通辽），在清朝中叶以后多冠汉姓为朱氏、邓氏；蒙古族卓尔古特氏，世居科尔沁（今内蒙古科尔沁），在清朝中叶以后多冠汉姓为朱氏、周氏、康氏等。

（3）源于其他少数民族，属于汉化改姓为氏。在仫佬族、苗族、瑶族、土家族、纳西族、东乡族、白族等少数民族中，均有朱氏族人分布。其来源大多是在唐、宋、元、明、清时期，中央政府推行的羁縻政策及改土归流运动中，流改为汉姓朱氏。

（4）源于帝王赐姓为氏。当明朝建立后，便有赐他姓为朱氏以示恩宠之举。赐姓朱氏有两类，一为赐外族夷蛮为朱氏，借以笼络，以示怀柔；另一种赐姓是为了褒奖臣下，以示恩宠。

【朱姓始祖】

讲起朱姓始祖挺扑朔迷离的，连权力无限的朱元璋，学问渊博的朱熹，对这一问题也感到难以考究定论呢！

话说8000年前，在现在的山东邹县有个原始部落，他们把蜘蛛作为氏族图腾，他们住的地方叫做郭姿。直到公元前11世纪，周武王把曹侠分封邾娄，建立起邹国，曹侠被称为朱侠，于是有人将他奉为朱姓始祖。

但有姓氏学家对此提出异议，说是伏羲时代有个天才叫朱襄氏，史书中记载姓朱的第一个便是这朱襄氏。

也有人说朱姓始祖应是尧帝的儿子丹朱，丹朱的后代以朱为姓。

迁徙与分布

【历史迁徙】

朱姓最原始的发源地有两个：一是在今河南淮阳，这是远古时候的朱氏族在所地；一是在今山东邹县一带，这是曹姓朱氏的前身，古老的邾氏族的所在地。

上古时期

朱姓的迁徙早在上古时代就已经开始。据文献记载和考古资料表明，早在三皇五帝时代，就有一支崇拜赤心木的朱氏族由中原迁徙到江南甚至远至西南地区。雁过留声，人过留名，这支南迁的朱氏族人，把他们在北方居住地的地名——朱，也带到了南方。于是，古人把我国南方称为"朱方"，把西南的天空叫做"朱天"，还把南方生长的一种赤色树木叫做"朱木"。这些都是朱姓氏族南迁的历史痕迹。

当年朱姓的一位肇姓始祖——尧帝的儿子丹朱被舜帝打败，他的一部分子孙为了逃避舜帝的迫害打击，就曾向南方迁徙，一直到达今湖南宁远九嶷山一带的"苍梧之野"。这支南迁的朱姓把他们始祖丹朱的陵墓也带到了苍梧，因此《山海经·海内南经》有丹朱葬于苍梧的记载。今天，中国西南地区多朱姓，很可能就与此有关。

春秋战国时期

春秋战国时期是朱姓第一次大迁徙的时期。

据文献记载，曹姓朱氏在邾子国灭亡之后，开始大规模向外迁移：邾国君主和一部分被俘的邾国王室成员被强迫离开世代居住的邾国故地，迁徙到当时的楚国内地邾城，也就是今湖北省黄冈市一带。邾城即因邾国遗民而得名，汉代还于此设置了邾县。大批邾国王族成员和普通邾人，则在国破家亡之后主要向北或西北逃亡，因为北面的齐、鲁和西北中原诸国，在当时都是楚国的公开或潜在的敌人。其中，特别是邾国北邻鲁及齐国，更成为邾国遗民的主要避逃、分布之地。史书记载，小邾国的后裔朱氏则有一部分南逃到阊门，成为后世吴郡朱氏的祖先。邾国遗民的四处逃散，便把曹姓朱氏的血缘种子，撒向四方大地。他们迅速地在四方大地上生根、开花、结果、繁衍、裂变进而茂盛兴昌。

与此同时，许多非曹姓朱氏也因为避难、征战和其他原因在中原各国间迁徙。如丹朱后裔朱氏有一支迁到沛国相县，构成沛国朱氏的一个组成部分；宋国后裔子姓朱氏的一支，自宋国迁江苏砀山，然后再迁河南宛县。

战国时期，朱姓主要分布在中国北方的山东、江苏、河南、安徽、湖北一带。其中，安徽江苏交界的沛国朱氏和吴郡朱氏，都在这个时候开始形成。

两汉时期

两汉时期，朱姓基本上没有大规模的迁徙。这个时期朱姓的迁徙有两种情况：一种是太平时期因做官、经商、求学、避难、婚姻等原因而产生的各种正常的小规模移民；一种是由国家政策实行的强制性小规模移民，但都不是大规模的。

小规模的正常移民，使得朱姓在汉代的分布更加广泛。据记载，当时在今河南、山东、安徽、江苏、陕西、湖北、江西、浙江、四川等中国主要省份，就都有朱姓族人分布。但这个时期朱姓相对集中并形成地方望族的有沛国朱氏、吴郡朱氏、平陵朱氏、南阳朱氏、都昌朱氏等数支。

汉代朱姓移民中值得一提的是因国家政策性移民而形成的山东朱氏向陕西地区的迁徙。当年西汉历代皇帝为了护卫五陵地区的汉朝皇帝陵园，实行从全国各地向陕西皇陵地区的强制性移民。被移民的多是全国各地的大族豪强。当时参加这一移民的朱姓，最著名的有两支：一支徙居杜陵（今陕西西安市东南），形成杜陵朱氏，后裔有汉哀帝（前6—前1）时丞相朱博；另一支则居守平陵（今陕西咸阳市西北），后来发展成著名的平陵朱氏，出了一位优秀人物朱云。

三国两晋南北朝时期

三国时期，中原地区的朱姓有一部分向东南吴国地区迁徙，另有一部分则向西南蜀国地区迁徙。

两晋南北朝时期是中华民族大动乱和大迁徙的时期，也是朱姓历史上第二次大规模迁徙的时期。这个时期，朱姓的迁徙仍呈自华北向东南迁徙的态势。因五胡之乱，中原战乱不停，一方面是中原地区的汉族朱姓在"永嘉之乱"后大规模向东南地区移民；而原来居住于江南的朱姓，则由江苏原居地继续向周围地区发展。另一方面是原居在中国北方地区的胡人少数民族渴浊浑氏开始进入中原地区，改姓朱氏，加入中华朱姓的队伍。

这个时期，汉族朱姓在全国的分布比两汉时期更加广泛，但又相对集中于东南部的江浙地区，形成了朱姓居江南大姓之首的局面；其次是安徽、福建、江西、湖南、湖北、四川等地方；而少数民族朱姓，则相对集中在河南的南阳、洛阳等地。

朱

隋唐时期

隋唐是中国的太平盛世，这个时期朱姓的迁徙有新的变化，即由原来的自华北向东南迁徙转变成多方位的移民。这个时期，朱姓的移民也大都是正常的小规模移民。这使得朱姓在全国的分布更加广泛。这个时期值得注意的是朱姓自华北向东南的迁徙速度在放慢，因而在北方中原地区，出现了几支较大的朱姓族群：一支是割据北京数十年之久的昌平朱氏，一支是永城谯郡朱氏，一支是后梁皇族朱温家族。

五代宋元时期

五代宋元时期是朱姓历史上又一个迁徙较频繁的时期。这个时期朱姓的迁徙又恢复了华北向东南的纵向迁徙态势。由于五代中原战乱和宋代金兵入侵，使得中原地区的朱姓再一次大规模地向南方移民，仍主要集中在东南江浙地区，其次是广大江南地区。而原居江浙一带的朱姓，又向闽粤、岭南一带迁徙。这个时期较重要的朱姓移民有朱熹家族由安徽歙县黄墩、经江西婺源向福建建阳一带的移民。

朱熹先祖及其韩国后裔

相关链接

朱熹是我国古代爱国思想家和教育家，南宋初年曾任泉州府同安县主簿，"过化"泉州，与闽南关系密切，影响深远。

根据朱氏族谱记载，朱熹的始祖是黄帝之子颛顼，住今河南一带。春秋时，颛顼八世孙封于邾（即邾国，在今山东），以邾为姓。周平王四十年（公元前731年），楚国灭邾，子孙避祸，改为朱姓，迁居沛国相县（今安徽濉溪县西）。后来子孙分衍各地，故朱姓堂号为"沛国堂"。

唐哀帝天祐年间（904～907年），朱熹十世祖朱瑰奉命领兵戍守安徽婺源（今属江西），任镇将，"子孙因家焉"，朱瑰成为婺源朱姓开基祖。

宋徽宗宣和五年（1123年），朱熹之父朱松任福建政和县县尉，因贫困，举家迁居政和，成为福建人。朱松还任过泉州府晋江县安海镇镇官，住过尤溪。宋高宗建炎四年（1130年），朱熹生于尤溪。

朱熹先祖从河南经山东、安徽、江西而福建，到朱熹时历时近2000年，衍传近百代。朱熹晚年定居与终老于建阳考亭，有三子四孙，成为考亭朱姓开基祖。宋宁宗庆元六年（1200年）朱熹逝世后，子孙外迁到浙江、江苏、江西、广西、甘肃和新加坡、韩国等地，至今已衍传三十多代，成为数百万人的大家族。

宋宁宗嘉定十三年（1220年），朱熹玄孙朱潜考中文科翰林学士，授衔登士郎，任浙江乌程县县令，后迁居杭州。

宋宁宗末年，国力衰微，金兵南侵，朝廷权臣力主投降。朱潜是爱国者，对此痛心疾首，遂于嘉定十七年（1224年）携带子女、门人和家谱，渡海定居于高丽全罗道锦城（今韩国新安）。为避金兵追捕，朱潜与其子女隐姓埋名，成为韩国新安朱姓开基祖。

如今，繁衍于韩国的朱熹子孙已有十多万人。他们继承与发扬朱熹爱国尊儒敬祖的遗风，成立新安朱氏中央宗亲会。近几年来，常有新安的朱熹后裔来建阳考亭故里寻亲。

明清时代

明清时代是朱姓移民史上的又一次高潮。这个时期朱姓的迁徙更加频繁，更加复杂，迁徙的方向也由原来的自北向南纵向迁移，改为自中国内地向四周辐射和各地交叉式的迁移。

这个时期，一个最值得重视的现象就是明代凤阳朱氏由凤阳经南京、北京向全国各地的大迁徙。明朝建立以后，大封皇族凤阳朱氏子弟到全国各地为王。这支享有各种特权的朱氏皇族因此得到迅速发展，到明末已发展到数十万人口，遍布全国各地。

明朝政府实行"江西填湖广，湖广填四川"的移民运动，大批朱姓成员也参加了这一移民运动，因而形成了朱姓历史上的一次自东向西的横向移民。正是在这一背景下，大批江浙地区和江西地区的朱姓迁到湖南、湖北、广东地区，而许多原居湖南、湖北、广东地区的朱姓又向四川地区迁移。这一移民运动一直持续到清代。

与此同时，朱姓的迁徙还有这样几种大的趋势：一是一部分山西朱姓在明代初年奉政府之命从山西大槐树下出发，移民到山东地区；一是一部分江苏、江西和内地朱姓奉命自内地随军人迁居西南的云贵地区。

明朝灭亡后，作为国姓的朱氏为了逃避迫害，再一次大规模地迁徙。这一次的迁徙也是向四方辐射，但与明初向各大小城市的迁移不同，朱姓这次的迁徙是由城市向偏僻山区、由内地到边远地区、由大陆向海外地区迁徙。

明清时期以凤阳朱氏为代表的朱姓族人，已经开始由大陆向台湾及海外第一次大规模地迁徙。如明初建文帝向海外的逃亡，明末朱姓族人向中国台湾、日本、朝鲜、南洋地区大规模移民。

近代

近代以来，朱姓的迁徙更加频繁复杂，迁徙的路线、方向更加繁多，其中最值得重视的迁徙，一是全国各地广大朱姓向北京、上海、广东等地区集中；二是随着国民党政权的退守台湾而产生的大陆朱姓再一次大规模迁入台湾；三是随着中国国门的打开而出现的大批中国朱姓向欧美及世界各国的开拓性迁移。

【朱姓分布】

朱姓大约占了当代人口的1.3%，即每1000个中国人中姓朱的人至少有13个，总人口大约为1500余万。

朱姓人口单位面积内密度最高的地区在江苏南部、浙江北部、安徽东部，每平方公里的朱姓人口达到6.4人以上，有的地区最高达到11人以上。密度最高的（6.4人以上/平方公里）地区仅仅占国土面积的2.1%，朱姓人口大约161万；3.2～6.4人/平方公里的地区占国土面积的7.4%，朱姓人口大约283万；1.6～3.2人/平方公里的地区占国土面积的35.1%，朱姓人口大约767万；不足1.6人/平方公里的地区占国土面积的

55.4%，朱姓人口大约301万。

　　朱姓分布很广，但不均衡。朱姓在华东地区的长江三角洲是最常见的姓氏之一。在江苏南部、浙江、安徽东南以及广东珠江三角洲、云南昆明地区，朱姓一般占当地人口的比例在1.6%以上，杭嘉湖地区高达3%，覆盖面积占了总国土面积的4.5%；在江苏北部、安徽北部、江西大部、福建、广东大部、云南大部、黑龙江东部和西北，朱姓一般占当地人口的比例在1.2%～1.6%，覆盖面积占了总国土面积的9.2%；在青海湖以东的其他地区、新疆西北，朱姓一般占当地人口的比例在0.4%～1.2%，覆盖面积占了总国土面积的52.8%；其他地区，朱姓一般占当地人口的比例不足0.4%，覆盖面积占了总国土面积的33.5%。

文 化 精 粹

【婺源朱氏祖卷】

　　朱氏有不少的传家宝，其中有一件珍贵文献手卷名叫"婺源朱氏祖卷"。

　　该祖卷前有南宋理宗赵昀的题识"江南第一文献之家"及他题在朱熹祖父朱森画像上的跋诗，同时有他亲笔题写的朱熹赞。

　　宋理宗的手迹三次出现，此已为一奇观了。但更为珍贵的是手卷中展示了朱氏四代五位历史上留下青名的人物画像，他们是朱熹的祖父朱森，从祖朱弁，父亲朱松，朱熹及其第三子朱在的画像。历代朱熹的画像我们见得不少，但没有一幅画像能把朱熹的容音展示得如此清晰。

　　对于这五幅画像和宋理宗的三处手迹、手卷中由朱熹之子朱在及元代大文学家方回做了细致的记载。原来宋理宗做了一个梦，梦中由朱熹向他讲解了"四书"，但未讲完，残梦已断，他敬慕朱熹的学识，急召时任工部侍郎的朱熹第三子朱在，问朱家是否存有朱熹遗像，他想看看这个遗像是否自己的梦中人。朱在于是敬呈了朱森、朱松、朱熹三代画像。宋理宗用五天时间题写了跋语及像赞，钤"保和殿宝"之印赐还。从此这个祖卷就成了朱氏的传家宝，世代相传，直至今日。

　　经过专家论证，这个珍贵手卷，可能就是宋理宗题跋后，经朱氏子孙世代流传下来的原稿。至少自真德秀以下的数位宋元名人评估都是真迹。不但真实准确地记载了朱熹的祖籍及迁徙源流，而且保存了宋理宗、朱松、朱熹、朱在、朱野（朱熹之孙）以及宋元明以来五位历史人物的手迹，堪称稀世之宝。

此手卷民国期间曾为上海巨商张啸林收藏，张死后此卷又归杜月笙，后杜将其珍重地留给后人，可谓流传有序。文物界数位专家都曾审视此卷，认为确实是一件不可多得的历史文献珍贵手稿。

【朱氏总祠】

湖南汝城朱氏总祠始建于民国三十五年（1946年），在民国三十七年（1948年）完成了第一期工程。系中南三省十八县朱姓同宗族人集资所建。位于汝城县城著名的古街上黄门街尾。

朱氏总祠

朱氏总祠坐北朝南，砖木结构，东西宽58.2米，南北长49.8米，占地面积5895平方米，建筑面积2898.36平方米，整座祠堂由三栋建筑构成，前后左右有走廊连接，几十条拱门富有西方特色，看过去既气派又浪漫。

中栋建筑为朱氏总祠的正厅，门楼宏伟巍峨，富丽堂皇。三条拱门，正间拱门高且宽，其上为二层八角楼，重檐攒尖顶覆鱼鳞瓦，上做葫芦宝顶，檐角飞翘，如飞鸟展翅。门楼两侧各开甬道，甬道拱门精巧，拱门上也是二层楼阁，左钟右鼓，均为单檐攒尖顶，四檐飞扬。立柱用巨条青石砌成多节立柱式，柱头为塔尖形。正厅内宽大敞亮，建筑面积有近千平方米，可容纳数千人，是族人聚会议事的地方。

1949年新中国成立以后，由于汝城县里没有大型的活动场所，县里就利用朱氏总祠宽大的场地，经常在此召开大型会议、培训骨干、召开公审大会、放映电影及进行其他文艺演出，于是将朱氏总祠门额用石灰抹平，改为人民大礼堂。1966年"文革"期间，曾作为造反派组织的总部，门额被喷为"忠"字和向日葵。1973年改为食品加工厂。20世纪90年代中期，租赁给私人成为米业加工厂。2002年春节，因小孩燃放烟花爆竹，不慎将八角楼烧毁。2007年被公布为郴州市市级文物保护单位。

正厅两边各有一栋厢房，是住宿办公的场所。厢房为二层楼，大屋顶，三坡三脊，面阔三间，进深一进，建筑面积891平方米。每层楼前后左右都出廊，上下各开5条拱门，共计20条。在第五拱门柱侧嵌一长方形的青条转角石，上面雕刻着龙凤呈祥图案，石龙龙鳞清晰，石凤娇小玲珑。

朱氏总祠

【郡望】

吴郡：东汉时置郡，治所在吴县。此支朱氏，为沛郡一世祖朱翊之后。

沛郡：汉高帝时改泗水郡置郡。此支朱氏，其开基始祖为西汉大司马朱翊。

凤阳郡：隋时置郡。此支朱氏，为沛郡一世祖朱翊之后。

河南郡：汉高帝时改秦三川郡置郡。此支朱氏，主要为北魏时期浊浑氏、朱可浑氏所改的朱氏后代。

【堂号】

白鹿堂：宋朝时大理学家朱熹曾在白鹿洞书院讲学，所以称为"白鹿堂"。

居敬堂：朱熹讲学时主张"循序渐进、居敬持志"八个字的教学原则。循序渐进在教学方法上先易后难，由浅入深。居敬持志的意思是教师不但教书，还要育人；不但言教，还要身教，教师的一言一行都要以身作则，做学生的榜样，所以叫"居敬堂"。

折槛堂：汉代时有槐里令朱云。当时奸臣张禹，欺君害民，作恶多端。但因为皇帝信任他，谁也不敢惹他。朱云却上朝奏本，请杀张禹。这一下触怒了皇帝，立即叫刽子手拉朱云到午门外去斩首。朱云却面不改色，侃侃地向皇帝摆出张禹的罪恶事实，大讲诛奸臣才能保住社稷的道理。刽子手来拉他去执刑，朱云却双手攀着金殿的门槛，道理还是讲个不完。刽子手用力拉朱云，朱云就是不放门槛，结果把殿槛掰断了，刽子手和朱云都倒在地上。皇帝被朱云的忠心和不怕强权的精神感动得醒悟过来，释放并奖励了朱云，把张禹交大理寺查办。过后大臣要派工人修理殿槛，皇帝意味深长地说："别修了！留着他可以使我时刻检讨自己，也勉励大家都要像朱云一样敢于向我提意见。"朱氏还以"凤阳"为堂号。

朱元璋建立明朝后，按照历代规制，也编制了皇家家谱，称为玉牒，朝廷设有专官管理，称宗人府，记录皇族成员的世系。由于战乱，明代的玉牒没有存世。

家谱的编修是每族的大事，朱氏家族的家谱一般20年或30年编修一次，称为"做谱"。编修家谱时，全宗室或整个家族设立总局，总管家谱编修的人叫"谱东"，掌管财务的会计称银东，以下各支族设立分局，分局也设有谱东和银东。各房还要派人担任分录、汇抄、校对。分局负责填写各户人丁口数目，出生、婚配情况，收取一定的手续费。总局将分局的材料进行汇编，请人执笔编纂，刻版印刷。领谱时，全族要摆宴庆贺，附近的家族和官府也会派人来祝贺。家谱每户一册，必须妥善保管。为了保证家谱的准确无误，每隔若干年还要进行验谱，验谱由族长主持，对每户族谱的收藏情况进行调查，凡把族谱损坏的，都要受到重罚。

【修谱】

历史上的朱姓，也与中国其他族姓一样，非常重视本族姓历史的编修。最早的朱氏族谱兴修于何时何代，资料不足征；但作为汉魏六朝东南最古老和庞大的门阀世族，朱姓已有家乘、谱牒。

隋唐之世，谱牒之学大兴。当此之时，朱姓谱牒不仅藏于私家，且为国家收藏，甚至公开流传于世。所以宋人欧阳修撰《新唐书·宰相世系表》时，才可能将宰相朱敬则的沛国朱氏世系理清。唐人林宝的《元和姓纂》，也应是参考了朱氏谱牒而撰成其"朱姓"条的。

理学大师朱熹也非常重视族史的研究。他成名后，曾率领福建族人到安徽婺源寻根访祖，又亲自编修了《婺源茶院朱氏族谱》，并撰写谱序。他的这种重视家族历史的态度，为后世朱氏树立了榜样。

明清之世，朱姓修谱之风更盛，并产生了如南海九江朱氏的朱次琦这样的谱学名家。朱次琦在继承前人谱学成就的基础上，提出了系统的编纂体例，强调重实证的修谱方法，编成了一部清代谱牒的典范之作《南海九江朱氏家谱》，被誉为"清代谱牒学发展中的一个大家"（见

《谱牒学研究》第三辑所载冯尔康文《清代谱牒学家朱次琦》）。

　　新中国成立以后，祖国大陆朱姓修谱一度中断，但港台地区则仍有公刻或私印朱氏族谱问世。时至今日，修谱之风在祖国大陆又悄然兴起，就笔者所知就有多处朱姓在新修族谱。如湖南平江岑川紫阳堂1991年九修《朱氏宗谱》，1993年湖北应城紫阳堂《朱氏宗族》，就是其中有代表性的新修族谱。

安徽太湖《朱氏宗谱》

【族谱的内容】

　　各家朱氏谱牒，其体例分类多少不一，内容详略也各有不同，但基本上是大同小异。一般的朱氏族谱，大都有这几项内容：（1）谱名；（2）谱序；（3）目录；（4）凡例；（5）恩荣录；（6）遗像、像赞；（7）五服图；（8）家规家法；（9）宗支世系；（10）谱系本纪；（11）任宦记；（12）家传；（13）祠宇；（14）坟茔；（15）艺文；（16）族产；（17）派语；（18）后跋；（19）领谱字号；（20）杂录；共20类。由此可见，族谱相当一部志书，其内容极为丰富，记述了本族姓的来源、世系、迁徙、婚姻、族人事迹、经济状况、丧葬、祀典、家规家法等方面的文献资料。可以说，族谱是中国传统宗族主义文化的百科全书。

　　谱名，朱姓族谱名称有称"朱氏族谱"的，也有叫"朱氏家谱"的。此外，有的称"支谱"，也有的称"统宗谱"或"通谱"。有的族谱还在名称上详细注明地域或宗支，如朱次琦所编《南海九江朱氏家谱》，又如《紫阳朱氏建安谱》《紫阳朱氏武林派宗谱》。

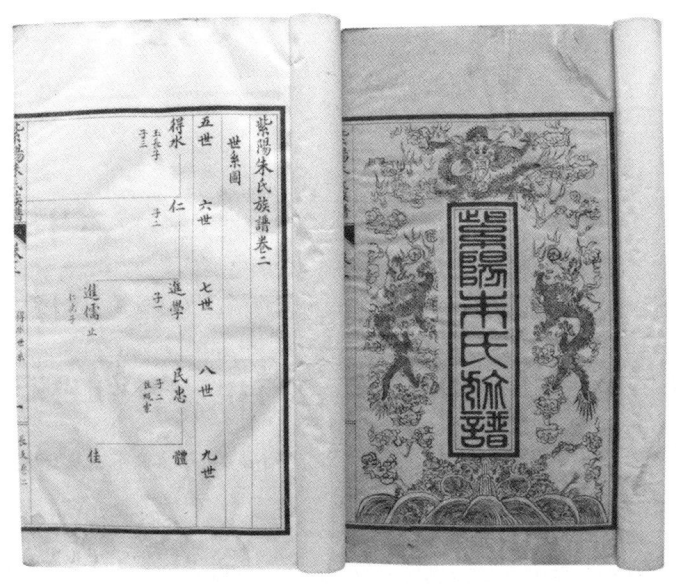

湖北应城《紫阳朱氏族谱》

朱子家训

《朱子家训》亦称《朱柏庐治家格言》，简称《治家格言》。作者朱用纯，字致一，自号柏庐（昆山现有柏庐小学），江苏省昆山县人，生于明万历四十五年（1617年）。其父朱集璜是明末的学者。

朱用纯始终末入仕，康熙年间有人要推荐他参加朝廷博学鸿词科的考试，固辞乃免。其一生研究程朱理学，主张知行并进，其著作有《删补易经蒙引》《四书讲义》《愧讷集》和《大学中庸讲义》等，其中以506字的《朱子家训》最有影响，三百年来脍炙人口，家喻户晓。《朱子家训》以"修身""齐家"为宗旨，集儒家做人处世方法之大成，思想植根深厚，含义博大精深。

《朱子家训》通篇意在劝人要勤俭持家安分守己，主要讲中国几千年形成的道德教育思想，以名言警句的形式表达出来，可以口头传训，也可以写成对联条幅挂在大门、厅堂和居室，作为治理家庭和教育子女的座右铭。因此，很为官宦、士绅和书香门第乐道，自问世以来流传甚广，被历代士大夫尊为"治家之经"，清至民国年间一度成为童蒙必读课本之一。

朱子家训

黎明即起，洒扫庭除，要内外整洁；
既昏便息，关锁门户，必亲自检点。
一粥一饭，当思来处不易；
半丝半缕，恒念物力维艰。
宜未雨而绸缪，
毋临渴而掘井。
自奉必须俭约，
宴客切勿流连。
器具质而洁，瓦缶胜金玉；
饮食约而精，园蔬愈珍馐。
勿营华屋，勿谋良田。
三姑六婆，实淫盗之媒；
婢美妾娇，非闺房之福。
奴仆勿用俊美，妻妾切忌艳妆。
祖宗虽远，祭祀不可不诚；
子孙虽愚，经书不可不读。
居身务期质朴，
教子要有义方。
勿贪意外之财，
勿饮过量之酒。
与肩挑贸易，勿占便宜；
见贫苦亲邻，须多温恤。
刻薄成家，理无久享；

伦常乖舛，立见消亡。

兄弟叔侄，须多分润寡；

长幼内外，宜法肃辞严。

听妇言，乖骨肉，岂是丈夫；

重资财，薄父母，不成人子。

嫁女择佳婿，毋索重聘；

娶媳求淑女，毋计厚奁。

见富贵而生谄容者，最可耻；

遇贫穷而作骄态者，贱莫甚。

居家戒争讼，讼则终凶；

处世戒多言，言多必失。

毋恃势力而凌逼孤寡，

勿贪口腹而恣杀生禽。

乖僻自是，悔误必多；

颓惰自甘，家道难成。

狎昵恶少，久必受其累；

屈志老成，急则可相依。

轻听发言，安知非人之谮诉，当忍耐三思；

因事相争，焉知非我之不是，须平心暗想。

施惠勿念，受恩莫忘。

凡事当留余地，

得意不宜再往。

人有喜庆，不可生妒忌心；

人有祸患，不可生喜幸心。

善欲人见，不是真善；

恶恐人知，便是大恶。

见色而起淫心，报在妻女。

匿怨而用暗箭，祸延子孙。

家门和顺，虽饔飧不继，亦有余欢；

国课早完，即囊橐无余，自得至乐。

读书志在圣贤，为官心存君国。

守分安命，顺时听天。

为人若此，庶乎近焉。

古代名人生平

先秦

朱亥，战国时期的勇士。据说，他力大无穷，勇气过人，曾凭着40斤重的铁锥，保存了赵国。

朱家，秦汉之际游侠，鲁国人，以任侠闻名，专好济人之急，解人之厄。被他所藏匿救活的豪杰之士数以百计，而其中最突出的是救季布。

汉朝、三国

朱邑，西汉庐江舒县（今安徽省庐江西南）人，曾历任大司农丞、太守等，被时人称为治行第一。

朱买臣，西汉吴县（今属江苏省）人，汉代著名宰相，年轻时一心读书卖柴度日，而终于成才立功。是一位以高风亮节而著称之臣，后因被陷害而死。

朱穆，东汉南阳宛县（今河南省南阳）人，以正直而著称，被后人谥之为"文忠先生"。

朱士行，颍州（今河南省禹州）人，三国时第一个去西域（今新疆维吾尔自治区一带）求法的僧人，中国僧人讲经便由他开始。

唐朝

朱敬则，唐朝大臣、政治家、史学家。字少连，永城人，唐太宗贞观九年（635年）生。历仕高宗、则天、中宗三朝，历官洹水尉、右补阙、正谏大夫兼修国史，后迁凤阁鸾台平章事，执行宰相职务。他为官清廉，辞官归来时只一人一马别无所有。著有《十代兴亡论》《五等论》等书。

朱温，唐末梁王，五代梁王朝建立者。砀山（今属安徽省）人。因镇压黄巢起义有功，后成为中原最强大的军阀。灭唐建立后梁，父子称帝17年。

宋朝

朱熹，南宋思想家。字元晦，号晦庵。徽州婺源（今属江西）人。绍兴十八年（1148年）中进士，历仕高宗、孝宗、光宗、宁宗四朝，庆元六年（1200年）卒。嘉定二年（1209年）诏赐遗表恩泽，谥曰文，寻赠中大夫，特赠宝谟阁直学士。理宗宝庆三年（1227年），赠太师，追封信国公，改徽国公。

朱淑真，号幽栖居士，宋代女诗人，亦为唐宋以来留存作品最丰盛的女作家之一。南宋初年时在世，其余生平不可考，素无定论。相传为浙江人，生于仕宦之家。夫为文法小吏，因志趣不合，夫妻不睦，终致其抑郁早逝。又传淑真过世后，父母将其生前文稿付之一炬。现存《断肠诗集》《断肠词》传世，为劫后余篇。

朱寿昌，宋扬州天长人，字康叔。朱巽子。以荫为将作监主簿。历知岳州、阆州，有政绩。又知广德军。曾与母不相闻五十年。神宗熙宁初，弃官刺血写《金刚经》，行四方求之，得于同州，乃迎母并二弟归，由是以孝闻。仕终中散大夫。卒年七十。

朱思本，字本初，号贞一，南宋江西省临川人，地理学家。所绘成的《舆地图》，其精确度远超过前人，在我国绘图史上是一个杰出的创造。

明朝

朱元璋，明朝开国皇帝。元末农民起义，他参加了郭子兴领导的红巾军，后来统领了这支起义军。1368年，率军攻克大都（北京），推翻元朝，建立明朝，号称明太祖。其后共传12代17帝，立国277年。

朱棣，明成祖，明朝第三位皇帝。朱元璋第四子。命解缙等人编纂的《永乐大典》实为中华文化的一大贡献。曾派郑和率领船队七次出使西洋，所历三十余国，成为明初盛事。（后代改姓'昃'）

朱载堉，明朝音律学家、数学家。

朱静庵，明朝浙江海宁人，尚宝卿朱祚之女，幼颖悟，工诗。嫁教谕周济为妻。自伤非偶，情见乎词。有《咏梅》诗："可怜不遇知音赏，零落残香对野人。"

朱

清朝

朱中楣，活动于明天启至清顺治（1621—1661年）年间。字懿则，一字远山，江西南昌人。明宗室辅国中尉议汶次女，吉水兵部侍郎李元鼎妻，礼部尚书李振裕母。著有《石园随草》。

朱柏庐，清初居乡教授学生，治学用程、朱为本，提倡知行并进。其《治学格言》世称《朱子家训》，被后世视为中国传统的启蒙教育读本，影响深远。

朱耷，号八大山人，本名朱由桵，江西南昌人，明末清初画家、书法家。为明宁献王朱权九世孙，清初画坛"四僧"之一，水墨写意画大师。

朱彝尊，清代浙江省秀水（今嘉兴）人，著名文学家，在康熙年间被称为"海内三布衣"之一，他精通经史，擅长诗词古文，为浙江词派创始人。

朱洪章，清代贵州省黎平人，字焕文。咸丰初年应募为乡勇，先后从胡林翼、塔齐布、曾国荃镇压太平军，转战赣鄂皖各省。同治三年（1864年）破天京时首先登城，直扑天王府擒获洪仁达。官至狼山镇点兵。

朱克生，清代江南宝应人，字国桢，一字念义，号秋崖，诸生。所为诗才气高爽。生平足迹半天下，所至皆纪以诗。尝搜罗邑中忠孝节义诸事迹，为《人物志》。有《毛诗考证》《雪夜丛谈》《环溪秋崖诗集》等。

朱轼，清代江西省高安人，字若瞻，号可亭。康熙三十三年（1694年）进士。由知县累擢浙江巡抚，筑沿海石塘数百里。曾上疏请罢垦田，慎刑狱，又陈盐政利弊八条。卒谥文端。曾与蔡世远同辑《历代名臣传》《历代循吏传》《历代名儒传》，另有《周易传义合订》《广惠编》《朱文端公文集》等。

朱红灯，原名朱逢明，山东泗水县柘沟镇宋家人。义和团最初领导人，主张"扶清灭洋"。

朱熹

朱熹，字元晦，又字仲晦，号晦庵，晚称晦翁，谥文，世称朱文公。祖籍徽州府婺源县（今江西省婺源）。宋朝著名的理学家、思想家、哲学家、教育家、诗人，闽学派的代表人物，儒学集大成者，世尊称为朱子。

朱熹

在宋朝，学术上造诣最深、影响最大的是朱熹。他总结了以往的思想，尤其是宋代理学思想，建立了庞大的理学体系，成为宋代理学之大成，其功绩为后世所称道，其思想被尊奉为官学，而其本身则与孔子圣人并提，称为"朱子"。朱熹撰《周易本义》列河洛、先天图于卷首，又与弟子蔡氏父子（蔡元定、蔡沉）编撰《易学启蒙》笃信和诠释河洛、先天之学，后世皆以此立言，阐发朱子的河洛先天思想。

在元朝、明朝、清朝三代，一直是封建统治阶级的官方哲学，标志着封建社会更趋完备的意识形态。元朝皇庆二年（1313年）复科举，诏定以朱熹《四书章句集注》为标准取士，朱学定为科场程式。明洪武二年（1369年），科举以朱熹等"传注为宗"。朱学遂成为巩固封建社会统治秩序的精神支柱。它强化了"三纲五常"，对后期封建社会的变革，起了一定的阻碍作用。朱熹的学说，也对后来明朝王阳明的心学有深刻的影响。王阳明的知行合一思想正是在朱熹哲学基础上的突破。

朱元璋

明太祖高皇帝朱元璋，字国瑞，原名重八，后取名兴宗，濠州钟离人（今安徽凤阳），明朝开国皇帝。

朱元璋

朱元璋幼时贫穷，曾为地主放牛。1344年入皇觉寺，25岁时参加郭子兴领导的红巾军反抗元朝，1356年被部下诸将奉为吴国公。同年，攻占集庆路，将其改为应天府。1367年命徐达、常遇春以"驱逐胡虏，恢复中华"为号召，北伐中原，结束元朝在中原的统治，丢失400年的燕云16州也被收回。1368年朱元璋在应天府称帝，国号大明，年号洪武。后先平定西南、西北、东北等地，最终统一中国。

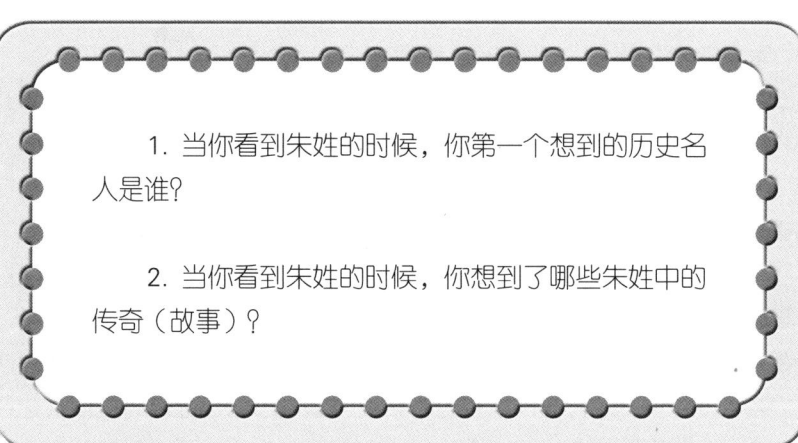

1. 当你看到朱姓的时候，你第一个想到的历史名人是谁?

2. 当你看到朱姓的时候，你想到了哪些朱姓中的传奇（故事）?

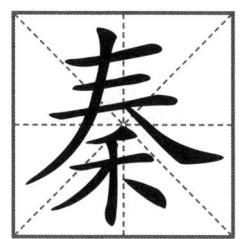

姓，在宋版《百家姓》中排第18位，人口在当今中国姓氏（根据近年全国人口普查统计）中排第78位。秦姓的人口较多，总人口约320万，约占全国汉族人口的0.26%。

秦字解读

秦
（qín）

会意字。"秦"本来是地名和古代诸侯国名，在今陕西中部一带。由于这个地方产谷，所以用两只手举着杵舂"禾"来表示。"夫"是"舂"字的省略写法。

金文　篆文　隶书　楷繁体　简体

秦姓图腾

该图腾由"玄鸟殒卵""双手供奉"和"禾苗"三部分组成。它是"燕子殒卵"与嘉禾的复合图腾，秦氏的祖先是有虫乔氏女女华，她吞燕卵生伯益，伯益为秦氏男性祖先。其女性祖先为有虫乔氏女女华。始祖为伯益。

溯 源 寻 根

【秦姓来源】

源流一：出自"姬"姓

以邑为氏。据《古今姓氏书辨证》记载，周公旦之子伯禽受封鲁国，裔孙以公族大夫者食采秦邑（今河南省范县北），后人以邑名"秦"为氏。

源流二：出自"嬴"姓

以国为氏。据《史记·秦本纪》《元和姓纂》记：五帝之一的颛顼帝有孙女名女修，因吃燕子蛋而孕，生子大业。大业之子伯益辅佐大禹治水有功，赐嬴姓。伯益后人非子以善畜牧而名，为周孝王养育良种马，受封在陇西秦亭（今甘肃张家川之东），称秦嬴。战国时，秦孝公任商鞅变法，国力渐强。公元前221年，秦王嬴政一统天下。公元前206年，秦亡，其王族子孙遂以国名为姓，称秦姓，伯益从而即成秦姓得姓始祖。

源流三：出自外族

古代，大秦（罗马帝国）人来中国，有的就以"秦"为氏。如大秦商人秦论，公元226年由海道抵吴，谒见孙权，后归吴国，子孙姓秦。

源流四：出自少数民族改姓

少数民族改姓如清之穆颜氏、金等。同时，国内少数民族与汉族通婚，也有改为秦姓的。

【秦姓始祖】

得姓始祖

秦非子，嬴姓，赵氏，名非子，号秦嬴，伯益之后，商朝重臣恶来五世孙，周朝诸侯国秦国开国君主，约公元前900年－公元前858年在位。秦非子因善于养马，得到周孝王的赏识，获封秦地，成为秦国始封君，号称秦嬴。公元前858年，非子去世，其子秦侯继任君位。

秦非子

部分支派始祖

秦志

字文瑞号颐安，正统八年（1443年）癸亥生，嘉靖十二年（1533年）癸巳九月二十九殁，寿九十一，恩赐冠带寿官。公乃湖南长沙印塘秦氏始迁祖。长沙印塘秦氏乃北宋学士秦观（字少游）之后裔。少游公为毗陵秦氏始祖，五传至秦宗迈（字益之），游太湖西山爱山水之胜，卒葬西山缥缈峰之阳飞仙山。子秦逊（字君显），庐墓遂定居安仁乡，始为洞庭始迁祖。再传至毗陵十七世、洞庭十三世文瑞公袭叔屯长卫，于明成化年间迁居长沙印塘地方。

秦锤光

册名光锤，字作高，号东莱。道光十六年（1836年）丙辰正月初三亥时生，寿八十。民国四年（1915年）乙卯六月初一未时殁，葬南陵西乡五都三区汪塘卫东花山。公乃长沙印塘秦氏秦志十四世孙。咸丰年间，驻防南陵的清朝湘军守将陈大富，被太平天国农民起义军围困城中达一年半之久，突围后，很多军官士卒解甲归田，定居于南陵城乡。不少长沙的殷实富户也迁到南陵，乘兵燹之年，人烟稀少，田园荒芜，纷纷贱价购置田庄。作高公亦是此时迁居，广置田产并修建了秦氏宗祠。作高公乃南陵县湖南籍秦氏始祖。

秦商

字子丕，鲁人，世居今曲阜市，乐善慕道，从师孔子，贤列七十，唐封上洛伯，宋封鄄城侯，明嘉靖时封冯翊侯，于周敬王十四年（公元前506年）冬十月十五日子时生，于周考王十七年（公元前424年）秋八月癸丑日卒，葬山东尧州府曲阜县东岭山。元配：言氏，赠夫人，于周敬王十六年（公元前504年）丁酉六月十七日子时生，于周定王九年（公元前460年）辛巳十月十五卒，葬兴子丕公合墓。子二：秦辉、秦耀。是为湖南益阳秦氏始祖。

秦冥秀

原名圮，字鼎铭，号发祥，谨按公为我山东一派祖，商公五十四传，像公之四子，世居江苏洞庭，官至翰林学士，当明建文初，以疾告归，后因靖难之乱由洞庭西秦徙居永州零陵咸阳里而家焉，遂为永之一派祖，上溯商公则五十五传矣。元至正十四年（1354年）甲午正月十五日寅时生，寿八十三岁，明正统元年（1436年）丙辰三月初三日卯时卒，葬永州零陵县咸阳里地名独田铺老鸭公头子山午向。元配：蒋氏，赠夫人，元至正十六年（1356年）丙申二月初七日酉时生，寿八十岁，明正统元年（1436年）丙辰二月十五日酉时没，葬合夫茔同向。子四：秦添佐、秦添佑、秦添祥、秦添瑞。佐、佑、祥另详永州支谱。湖南益阳秦氏一世祖。

秦道建

官名炽，号赐谷，元至正十七年（1357年）丁酉八月十五己亥生，南直常州府江阴县二十一里大胥王土地下人氏，明朝时期任福建延平府三府，寿八十二岁，明正统三年（1438年）戊午二月十八子时殁，葬基南招穴上屋嘴爹公山丑山未向兼癸丁有碑墓表载本传。元配：苏氏，江南人，元至正二十二年（1362年）壬寅正月初一寅时生，寿七十六岁，明正统二年（1437年）丁巳四月十一巳时殁，葬同夫山向。子一：秦映霞。是为福建秦氏始祖。

【历史迁徙】

魏晋以前

从先秦到魏晋南北朝这一历史阶段是秦姓从产生到初步发展的阶段。

最早的秦姓人即帝颛顼嬴姓的后代，主要生活在当时的西北一带，黄帝姬姓后代，多在东方。到了战国时代，秦姓人开始北上，其足迹到达今河北省境内。此后，由于战乱等原因，分布于河南、山东、河北、陕西、湖北等地。

春秋时期，伯禽裔孙受封于鲁国秦邑，其后人便以邑为姓氏，于是产生姬姓秦氏。这支发源于今河南范县及山东曲阜一带的秦姓，从一开始就向陕西省境及湖北省境播迁。战国时期，又北上播迁到今河北省境内。到战国末期，姬姓秦氏经过三四百年的发展，已在河南、山东、河北、陕西、湖北等地广为分布。总的看来，活跃在春秋战国历史舞台上的秦姓主要是姬姓秦氏。

秦姓一支发源于甘肃天水的秦故地，为嬴姓秦氏，自公元前206年秦灭亡后，其王族子孙以国名为氏，后裔大多居陕西。秦姓另一支发源于今河南范县及山东曲阜一带，后发展成秦姓主流。这支秦姓最初播迁于陕西及湖北境内，战国时又北上迁至今河北，至春秋战国，已遍布河南、山东、河北、陕西、湖北等地。

两汉至南北朝时期，秦氏还分布于今甘肃、四川、山西等省。秦末有秦同，随从刘邦击败项羽，被封为彭侯。山东秦氏于西汉时有迁至今江苏者。西汉初，高祖刘邦为消除各方贵族和豪强势力，采纳娄敬的建议，迁徙关东大族充实关中，将六国贵族后裔和关东豪强迁至关中，其中便有秦姓一支豪强家族迁居扶风茂陵（今陕西兴平东北部）。这支秦氏人丁兴旺，官宦众多，西汉朝有秦袭等五人同时任郡守一级的官，故世号"万石秦氏"，后发展成为当地望族。与此同时，甘肃、江苏、

秦

四川及北京等地已有秦姓迁入。约在汉末或三国时，源自姬姓后裔的一支秦姓有一支迁往山西，逐渐发展形成太原郡望。秦姓南迁始于秦朝以前。

魏晋、南北朝

三国魏晋南北朝是中国历史上的第二个大动荡时期，政权频繁交叠更替，战争连绵不断，百姓往往随着战争的情势而不得不四处迁徙，各地秦氏族人也不例外。其中姬姓秦氏的一支迁到了山西，并在那里生根发展，形成后来秦姓的一大郡望，即太原郡。与此同时，甘肃省境内的诸秦氏族人，由于相对远离战火中心地带，得以较充分的发展，秦姓的另一大郡望即天水郡就在此形成。

三国时的东吴辖区相对北方来说，战争的灾祸小一些。到了西晋末，大量的百姓及不少豪门贵族跟随晋元帝司马睿逃到大江以南，司马睿依靠他们在南方建立政权，谓之东晋；凡是与他们一起过江者，被当地人称为"侨人"，其中不乏秦姓人。

魏晋南北朝时，北方伐乱不息，南方依旧相对稳定，秦姓族人因避乱再度南迁。魏晋以后，秦姓已分布于江南许多地方，并在南方得到进一步发展且影响深远，后来的许多秦姓人杰就多源于江南，其中江苏无锡，浙江会稽、山阴、宁波最为集中。

唐、宋、元、明时期

唐、宋、元、明时期，秦姓有迁至广西、安徽、贵州、福建、北京、上海等地者，历清至近现代，分布地更广，遍布于全国各地，而且还有不少移居海外，从而使秦姓得以更加广播，枝叶进一步繁茂。

【秦姓分布】

当代秦姓人口有320多万，为全国第74位姓氏，大约占全国人口的0.26%。从明朝至今600年中，秦姓人口由23万激增到320多万，增长了12倍多，秦姓人口的增长速度相等于全国人口的增长速度。宋朝至今1000年中，秦姓人口的增长率呈上升态势。在全国的分布目前主要集中于河南、广西、河北、四川、山西五省区，大约占全国秦姓总人口的47%。其次分布于重庆、江苏、湖北、安徽，四省份的秦姓又集中了22%。河南为秦姓第一大省，占全国秦姓总人口的15%。全国形成了中原

百家姓_{中华}

河南、南方广西、北部河北、西地四川4块秦姓聚集区。在600年间，秦姓人口由东南部向华中、华北、西部的回迁十分强劲，西南和东北地区秦姓的人口急剧增长，可能与当地少数民族的汉化过程加快有关。

秦姓在人群中分布在豫晋陕、山东西部、河北南部、内蒙古中部、皖苏北部、鄂湘大部、桂黔渝、四川东部、广东西部、甘肃中部、黑龙江东南，秦姓一般占当地人口的比例在0.39%以上，中心地区可达2%以上，以上地区覆盖面积约占了总国土面积的23.6%，居住了大约65%的秦姓人群。在甘肃大部、宁夏、内蒙古中西和中东部、河北西北、京津、黑龙江东部、吉林东北、辽宁南部、山东东部、皖苏中部、湖北东端、湖南东北、江西西部、广东中部、海南、云南东部、四川大部、青海东部、新疆西北，秦姓一般占当地人口的比例在0.26%～0.39%，其覆盖面积约占了国土总面积的22.2%，居住了大约24%的秦姓人群。

文 化 精 粹

【秦氏宗祠】

秦氏宗祠位于桂林市潮田乡的太平村。太平村始建于宋朝末年，历经800多年风雨。因为不是旅游路线，游人匆匆的脚步不会为它停驻，这也让太平村完好保留的千年古樟树、百年银杏树，还有古井、古碑、古祠堂、古戏台等古迹创造了条件。

修建于清嘉庆十三年（公元1808年）的"秦氏宗祠"，并有"众建祠堂碑记"的纪念石碑，上刻有"太清嘉庆十三年戊辰岁孟夏月"字样，算来已有200多年历史。还有一座上下三层的古戏台，由精雕细刻的木质结构搭建，可惜很多精美的木雕毁于破"四旧"的年代。古戏台的门口，摆放着"重建戏台碑记"石碑，上有"民国元年"字样，记载着修建古戏台的捐资善款情况。"青砖黛瓦马头墙，飞檐翘角花格窗"——古戏台的外墙顶端是徽派建筑特征的马头墙，象征着"一马当先、马到成功"的勃勃生机和繁荣昌盛之意，同时也隐喻着整个宗族生气勃勃，兴旺发达。马头墙顶端飞檐翘角巍峨挺立，上面彩绘或龙或凤，飞禽走兽栩栩如生，色泽艳丽。外墙的中间，还有朱红色"毛主席语录"等当代烙印。

秦氏宗祠

【油坊村】

油坊村，是目前荥阳市保存古代民居砖木建筑较多的村庄之一。村中原有秦氏先人自清代前期起陆续修建的豪宅10余处，楼、房百余所。而今保存下来的楼、房仍有40余所，较好的大院5处（每处均有楼、房3所以上）。在这5处大院中，现存楼、房7所以上者3处，院落基本完整者2处，秦氏家庙便为其中之一。

秦氏家庙位于油坊村东部，清乾隆二十四年（1759年）由秦恭创建，后改作本村秦氏家庙直至1950年。其间在民国年间，曾做过小学。1949年10月1日后，又屡作为油坊村农会、油坊乡政府办公地、油坊村小学、油坊村棉花食品加工厂和酒厂等，自20世纪90年代起又恢复为秦氏家庙。

秦氏家庙

该宅坐北向南为两进四合院建筑，共有房屋7所，均为砖木结构，两面坡顶。前院房屋均一层，自南向北有临街房（含大门楼）、东西厢房和正房。后院由3所楼房组成，其中正楼三层，结构复杂，建筑讲究，在大门外边嵌有主人自题的石对联。该宅布局完整，规模较大，保存较好。

　　在油坊秦氏清代民居建筑群中，就保存现状、房屋数量、院落的完整性以及工艺技术水平来看，1号院堪称典型和代表。

　　此院坐北朝南，砖木结构，分为前、后两节，俗称前客厅后楼院，由7所主体建筑构成典型的四合院式封闭建筑群，建筑面积700平方米。2006年被河南省人民政府公布为第四批重点文物保护单位。

　　前院：由4所均为一层的房屋组成。具体为临街房（含大门楼）、左右厢房、正房（客厅）。正房之宽、高，明显大于其他房屋，屋内用粗大的上好木材做梁柱，前檐下的斗拱上均饰有彩绘图案，檐柱及廊柱的柱础石别致精美，并雕刻动物等图案。

　　月台外有用厚石条砌筑的多级台阶。有意思的是，这些石条除最上一条外，其余都从中间断裂了。如果没有人告诉内情，恐怕让谁猜，他也难以猜出其原因。

　　原来，在清乾隆年间，汜水县（今属河南省荥阳）出了位大武术家叫苌乃周。一天苌乃周来这里看望徒弟（房主人秦承宗）。因大家都知道他是练武的，还听说他武功高超，都想见识一下。开始，无论大家怎样说，他就是不理睬。到后来说的人多了，缠磨的时间也久了，他方环顾了一下院子，然后缓步迈上石阶。谁知他刚踏上一阶，就忽听"叭"的一声，大家循声望去，但见阶上的石条已断裂为两截。人们惊呆了！接着伴随他的脚步又是几声响。当人们缓过神来，发现几阶石条也断为两截。当苌乃周正要迈向最后一块时，不少家里人慌忙连声叫喊"留一块吧！""留一块吧！"苌乃周这才停下来，脚下留情，保存下了这最后一条。

　　后院：由三所均为三层的楼房和前院之客厅构成。主楼通高约13米（远高于现在的四层楼房），正面底层和二层中间均开1门，第三层设3窗。底层之门制作讲究，门板用铁皮包镶，外嵌泡钉。门外侧嵌石联："创业备尝辛苦，守成慎勿骄奢"，横额"存朴堂"，旁署"乾隆二十四年"（1759年）。在二三层正面的门、窗周围用青砖雕磨成的精美图案作装饰，具有较高的艺术价值。

油坊秦氏清代建筑群之1号院

　　走进院内，庭院深深，高楼巍巍。在令人惊叹楼房壮观之余，总不免有些纳闷：这些高楼即使现在建设也相当不易，也要耗费大量的人力与财力，那么当初建造者是靠何种办法积累起了这么巨大的财力？他为何人？

油坊村

秦氏后人传说：秦氏先人因在北京等地开了很多金店所以发了大财。巨富之后，他们就在全国购买田地，开设商铺，所以家里人往返北京时，走路不走人家田，住店不住人家店。

据该宅石匾额所题修建于乾隆二十四年（1759）的记载，并结合清光绪年间所编《秦氏家谱》的有关内容，可知当时修筑此院的应是秦方苏（太学生、候选同知）、秦承宗（候选州同，苌乃周高徒之一，《苌家拳源流考》一书曾记载其"家巨富"）父子。但他们致富的原因，是否就像传说那样，因没有明确的材料，就很难印证了。

秦氏楹联

● 四言

三贤世胄，万石家门

全联指东汉时期的骑都尉秦彭，字伯平，茂陵人。北征匈奴屡立战功。后为太守，有善政。本联乃时人对他的赞誉。

苏门学士，蜀吏辩才

上联典出北宋词人秦观，字少游、太虚，号淮海居士，高邮人。曾任秘书省正字，兼国史院编修官等职。因政治上倾向于旧党，被认为是元祐党人，绍圣后多次遭贬谪。文辞为苏轼所赏识，与黄庭坚、晁补之、张耒并称为"苏门四学士"。工诗词，词多写男女情爱，也有感伤身世之作，风格委婉含蓄，清丽淡雅；诗风与词相近。有《淮海集》《淮海居士长短句》。

下联典出三国时蜀汉绵竹人秦宓，字子敕，少年时就有才华。刘备入益州后，将东征吴国时，他上书说"天时"不利，因此入狱。建兴年间，诸葛亮领益州牧，选其为别驾中郎。吴国使者张温来蜀，听说他博学多才，要和他辩论，他对答如流，使张温大为敬服。后官至大司农。

系承颛顼，望出太原

全联典指秦姓的源流和郡望。

凌烟列像，穴石结庐

上联典指唐朝初期的名将秦琼，字叔宝，齐州历城人。隋末跟从张须陀镇压李密等起义军，后归附李密，任帐内骠骑。李密败后，曾跟从王世充，后投唐，随李世民击败宋金刚、王世充、窦建德等。官至左武卫大将军，图像画于凌烟阁。

下联典指唐朝诗人秦系，字公绪，号东海钓客，越州会稽人。天宝末年考进士不中，隐居在剡溪，后在泉州南安九日山结庐，号南安居士。贞元年间曾官校书郎。与刘长卿、韦应物、顾况等人有唱和，诗作多表现隐逸闲适之情，风格简谈，有《秦公绪诗集》。

少游文学，叔宝武功

上联典指宋朝词人秦观。下联典指唐将秦琼，字叔宝。

圣徒乐善，蜀史辩才

上联典指春秋时期的秦非，孔子弟子，乐善慕道。下联典指三国时期的秦宓，善辞令，时号"辩才"。

●六言

汉室将军甲第，明朝都督人家

秦良玉丈夫马千乘，石柱马氏宗祠联。上联指汉朝时期的马援将军；下联指明朝时期的巾帼英雄、大都督秦良玉。

●七言

巾帼一人骁将略，锦袍帛带仰官仪

全联典指明朝时期的巾帼英雄秦良玉，四川忠州人。通文词，善骑射。其夫马千乘死后，代统其众，所部号白杆兵。天启元年（1621年），率兵北一众抗击后金，立下了功勋。

嫩寒锁梦因春冷，芳气袭人是酒香

此联为北宋太学博士、国史院编修官秦观自题卧房联。

金印凤传三世将，绣旗争认四川营

此联为清朝教育家李西讴《吊秦良玉四川营遗址》诗句联。四川营为秦良玉兵营驻地，在今北京市内。

意将画地成幽沼，势拟驱山近小台

全联典出唐朝工部侍郎秦韬玉《亭台》诗句联。秦韬玉，京兆人，有诗一卷。

女休行曾传乐府，男子装屡立战功

上联典出秦氏女休，燕王的妻子，为宗族报仇，把仇人杀于市中，被捕入狱，后逢大赦得释还。三国时期魏作家左延年据此写有乐府发曲歌辞《秦女休行》。

下联典指明代四川忠州人秦良玉，石砫宣抚使马千乘的妻子，善骑射，常穿男子装。马千乘死后，她代其职务，所领部队号称"白杆兵"，天启初年率兵北上抵御后金（清），崇祯年间又曾入援京城。

●八言以上

祖位尚书，功高麟阁；孙成进士，应衍龙舒

此联为安徽省舒城五板桥秦氏宗祠联。上联典出自该族秦凤，明建文年间进士，官至兵部尚书。下联典指秦凤的孙子秦民悦，字宗化，明代人，天顺初进士，历官广平知府、南京吏部尚书。

创立天元法，芳名长留世；发明切脉术，妙手俱回春

上联典指南宋数学家秦九韶，字古道，四川人。著有《数书九章》，创立天元法等。后以精于历学而被荐于朝廷。下联典指战国时名医秦越人，即扁鹊，渤海郡鄚州人，创造切脉医术，精通各科，遍游各地行医，医名甚著，后因秦太医妒忌而被害。

词章隽爽，多棣萼才名之美；忠谠清贞，高后先直节之风

上联典出唐朝崇贤馆学士秦景通，晋陵人。与弟玮俱有文名，皆精汉书。号大秦君、小秦君。当时治汉书者，多出其门。下联典指明代进士秦纮、秦鳌的事典（正直敢言，不畏权贵）。

博学宏才，俊逸诗名传奕世；老年豪气，清新雅韵破长城

上联典出汉朝郡上计掾秦嘉，陇西人，字士会，博学宏才，善诗，为东汉名诗人之一。他曾以诗与妻徐淑相赠答。下联典出唐朝居士秦系，字公绪，会稽人。天宝末年，避乱剡溪，后结庐于泉州南安九日山。号南安居士，亦号东海钓客。注《老子》，与刘长卿友善，以诗赠答。后汉东渡秣陵，年八十余卒，见《唐书》。"长城"指刘长卿，号"五言长城"。

天水流长，好向上头寻出处；石葛绵远，共从根本做功夫

此联为湖南省蜇圹秦氏宗祠联。上联典指秦氏郡望为天水。下联典指战国时期医学家扁鹊，姓秦，名越人，渤海郡鄚人。跟从长桑君学医，有丰富的医疗实践经验，反对用巫术治病。遍游各地行医，擅长各科，在越国为"带下医"（妇科），到周为"耳目痹医"（五官科），入秦为"小儿医"（儿科），享有极高名望。后因为秦武王诊病，被秦国太医令李醯妒忌杀害。"石葛"，草药名。

郡望堂号

【郡望】

秦姓在漫长的繁衍过程中，形成了许多郡望。据《元和姓纂》所载，主要有四个：

天水郡： 西汉元鼎三年（公元前114年）置天水郡，治平襄（今甘肃阁下通渭西北）。东汉一度改为汉阳郡，移治冀县（今甘肃省甘谷东南）。魏恢复天水原名。西晋移治上邦（今天水市）。隋唐天水郡即秦州。

太原郡： 战国时秦昭襄王四年（公元前303年）置太原郡，治所在晋阳，在今太原市西南。隋改晋阳为太原，又另设晋阳，与太原同城。唐太原府治亦在此地。宋太宗太平兴国中，改并州为太原府，移治阳曲（今太原市）。以后宋、金河东路、河东北路，明清以来省会都在此地。

齐郡： 西汉先为临淄郡，后改齐郡，治临淄（今山东省淄博）。隋唐为青州北海郡。

河内郡： 古以黄河以北为河内，以南、以西为河外，这是晋国人的观点。楚汉之际置河内郡，辖今豫北的西部，治怀县（今河南省武陟县西南）。西晋移治野王（今河南省沁阳）。隋于野王为河内县。隋唐河内郡即怀州。元，怀庆路。明清，怀庆府。河内县之名不变，常为治所。民国政府时，改河内县为沁阳县。

【堂号】

三贤堂：因孔门七十二大贤中有秦祖、秦商、秦非、秦冉四位。这里的"三"是指多数的意思。

乐善堂：孔子因为看到七十二大贤中姓秦的竟占了四位，便夸奖秦氏好道乐善，所以又叫乐善堂。

养真堂：秦氏好道乐善，能注重养真（本性的善），所以又叫养真堂。

忠孝堂：后人因为秦琼是唐朝开国元勋，既忠且孝，因名忠孝堂。

淮海堂：秦少游的后人因为秦少游著有《淮海集》传世，所以叫淮海堂。

五礼堂：清刑部尚书秦蕙田，立朝三十年，刚介自守，著有《五礼通考》，因名五礼堂。

此外，秦姓的主要堂号还有"敦余堂"等。

秦 氏 家 谱 与 字 辈

【家谱】

日照上元秦氏是在明初从山东海曲县（东海）迁至日照。最早记载于康熙五十五年（1716年），继刻于嘉庆十六年（1811年），三刻于咸丰元年（1851年），据秦氏十四氏秦志屏和十五氏秦福辰（上元人）在咸丰五年（1855年）记载，那时的秦氏家族已经从海曲迁到上元并发展为近千人。

从一世到四世，已经没有详细名字的记载。四世祖生二子为秦宽和秦荣。从五世祖开始，有记载为秦嘉兆、秦嘉祥、秦嘉佐、秦嘉乐、秦嘉和、秦嘉佑。此次，家祖繁盛。

秦氏的六世祖为秦允晋，他生有八子。其一子叫秦舆（七世），从他开始被皇帝敕赠文林郎，任湖广郧阳府郧西县知县，后为福建布政使司的布政使。他有一子叫秦国龙（号淑人），生于康熙八年（1669年），十二月二十一日，在康熙三十九年（1700年）庚辰年考中进士，任湖广郧西县知县，后任云南监察御史，后历任陕西、山西、山东、浙江粮仓监察御史，在雍正元年（1723年）考科道居第一名。后被任命为福建按察使，最后升任为布政使。其为人廉政，为民做事，被皇帝赐进士出身，文渊阁大学士兼礼部尚书。卒于乾隆元年（1736年），享年68岁。所以湖北和福建都留有日照秦氏后代。

还有一位祖先叫秦公远，其妻为丁氏，在道光二十年（1840年），中科举，后为末科进士，并任命为户部主事。

第九世中有一位叫秦纯，雍正丙午年（1726年）中科举，乾隆丁巳年（1737年）进士，任山西平阳府知县及岳阳县知府。

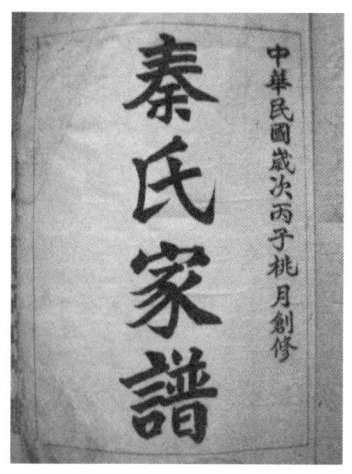

秦氏家谱

十二世中有一位秦德源，任四品中书。

记载中从六世祖的后四支中，从十二世开始，有一支徙居日照二朱草。他们是从上元搬出的。

【字辈】

秦氏先祖为避免后代人重名，便规定了辈分统用字为：伯、福、鸿、裕（玉）、嗣、续、丕、昌、其、懋（茂）、修、为、以、陪、本、元。在伯字辈以上，统用：福、惟、聿。

浙江：继、宏、山、思、林、永、步、风、德。

山东：启、右、显、贞、世、泽、永、震。

湖北宜昌：炎、神、世、尚、文、明、道、利、开、本、月。

山东淄博：元、玉、怀、志。

湖北随州：长、寿、宣、传、学、文、世、礼。

安徽庐江：天、水、明、宗、竹、山、继、正、佳、习、传、芳。

山东：贞、元、承、立、昌。

甘肃武威市：大、生、长、山、国。

安徽临泉：希、云、洪、连、志、子。

江苏省宿迁市沭阳县：兴、诗、立、礼、守、义、官、仁。

湖北恩施：大、世、万、代、兴、永、历、传、家、宝。

江苏南京：文、锦、传、家、绍。

青海：发、昌、武、盛、建、邦。

山东省桓台县陈庄镇南郭村：佩、茂、善、纪、克。

山东东营广饶：凤、居、同、道、修、景（永、恩）、志、福、兴、延、耀。

辽宁黑山：一、文、似、国、大、自、如、百、洪、凤、树、玉。

湖北：辉、基、钜、泽。

山东菏泽成武：汝、宗、传、敬、恩、昌。

贵州：延、明、文、武、荣。

江苏连云港赣榆县黑林镇秦埠地村：绪、同、继、德、广、永、华、大、吉、长。

江苏：淮、安。

江西九江：绍、隆、永、克、窗、书。

河南濮阳：亿、贵、洪、道、永、中、心、言、庆、良。

贵州遵义：才子重文字，佑秀宗祖泰，富贵鳌头建，久占立三台，世朝登良佐，相贤国运开，君臣传万代，明高德厚培。

湖南岳阳：中、和、本、四、西。

湖北宜昌：科正文长远，昌龙万世兴，光宗耀祖德，发达永恒生。

贵州：少、林、国、军。

重庆石柱：大本从天绪，文定自成章。

四川内江：光、忠、师、宇、地。

湖南岳阳：秉、玉、以、易、士、钟、和、本、世（希）、孝、友、家、声、大、明、良、国、运、长。

广西博白：礼、永、华、丕、振。

山东郓城：益、宝、清、廷、瑞、余、福、庆。

山东成武：先、明、冠、汝、宗、传、敬、恩、仓。

浙江鄞州区：锡、嗣、廷、元、开、运、际、伟、会、永、言、寿、思、文、宗、天、启、奋、仕、隽、英、辅、治、有、采、勋、策、鼎、铭、奕、世、绍、美、行、敦、修、齐、钦、扬、道、撰、丕、建、嘉、读、孚、通、汝、尔、礼、教、远、惟、能、作、了、叡、哲、肃、端、万、方、颂、载、德、积、致、祥、寿、乃、康、履、本、大、支、蕃、聿、介、福、祉、麟、凤、来、仪、怀、其、若、水、荣、达、高、标、显、章、勉、承、悠、久、恒、在。

　　重庆秦氏家规的雏形来自秦良玉父亲秦葵的庭训"执干戈以卫社稷"。正是这一句庭训成就了秦良玉这位彪炳青史的巾帼英雄和秦氏满门忠烈的传奇。

　　经查证，秦氏"家规家训"的成型，始于明朝嘉靖庚寅年（1530年）秦弁所编修的《秦氏家乘》。秦弁生于明朝正德年间，具体生卒年失考，早年就学于其堂兄秦葵所办的私塾，字白岩，明朝正德丙子（1516年）岁贡生，旋即授湖广武昌县令。秦弁是秦葵堂弟、秦良玉堂叔。《秦氏家乘》原序作者为黄景星（赐进士第出身，授山西河东盐运使）。序中对秦弁编修《秦氏家乘》的初衷、秦氏"家规家训"的提炼成型，都有较为详实的记述。之后，《秦氏家乘》分别于清道光庚子年（1842年）、咸丰己未年（1859年）、光绪戊子年（1888年）、民国二十九年（1940年）、1996年等多次续修。所有续修《秦氏家乘》除对相关族谱世系内容续修外，"家训家规"均因袭相承，殊无变更。

　　《秦氏家乘》中，分别有"家规"十条，"家训"则为三言八句，也可以说有八条。与其他姓氏家规的"耕读传家"，要求子孙"休养生息"不同的是，秦氏家规强调的核心理念是"遵纪守法""寓兵于农""忠贞爱国"和"勿越规矩"。而"家训"则进一步要求秦氏族人在遵循"家规"的基础上，必须做到"崇祖德，守邱墓；重家塾，敦人伦；守恒业，正心术；端风俗，示激劝。"

　　秦氏家规的主要特色在于强调和体现了国和家的关系：即"国大于家""先国后家"。其最大的亮点在于：秦氏家规教育出了满门忠烈——秦良玉一家兄弟子侄（包括自己的独生子）前后七人为国捐躯，战死沙场；而秦良玉本人则多次为国建"首功"，且终以战功封侯拜将，从而在华夏五千年文明史上，以女子身份独享"太子太保""太子太傅""忠贞侯"的至尊荣耀。秦氏一门，尤其是秦良玉的历史事迹，对后世影响极其深远：一是清朝皇帝钦点，由有"千古名臣"之称的张廷玉主持编撰的《明史》，将高举抗清大旗的秦良玉单人传记载入史册，对她的忠贞爱国予以盖棺定论；二是抗战时期的重庆，通过秦良玉文物展览、文艺作品等形式，用秦氏忠贞爱国、满门忠烈的核心价值观动员全国人民一致抗日；三是清末民初著名民主革命家陈天华、秋瑾等人在他们慷慨激昂的革命著述中，反复用秦良玉的事迹号召全国人民；四是秦良玉的事迹至今仍在海内外被广为传颂。

以下为秦氏家规的内容：

秦氏家规

（一）子孙遵国家法制，正赋当及期而供。即正赋外随时所议征输，亦上供须早，勿听浮薄子言，不知忠爱，以惜财误公，自干罪戾。

（二）和睦宗族，言理兼立情。勿持富欺贫，勿挟贵凌贱，又勿贫不自守，贱不自安，听珥笔民无端起诉，有事则质明智者排解之，以息诉端而保田业，违者凭公议罚。

（三）冠婚为礼，经所自重；习俗相沿，长幼相当。若嫁娶不及时而变端出，以及趋富厌贫，与浪来无籍者为婚，皆吾族所戒，此古人以六礼告成，厚人伦而蕃育子孙也。

（四）丧乃人子终天大恨，务内尽哀，外尽炉。称家有无，以办附身棺。诸事剧贫，则有力者恤之、助之，以之劝孝，而厚宗族。惟恪守葬礼为重，勿徒以分帛、索酒饰其仪文也。

（五）子孙承嗣，当遵循守则。子孙无嗣者，许亲伯叔房立继，如亲伯叔房无嗣，则于堂叔伯依嫡庶序承祧，无得越次，致违继绝礼，倘有暗继异姓以乱宗者，以后断不准入谱。

（六）子孙姓氏有变，应循例可考。子孙有赘他姓，即于本名下书赘其某氏，勿因赘他姓而易本姓；又有过继外姓者，日后归家的收录入谱，并依行派以书。

（七）古者寓兵于农，有守望相助谊。今族中子弟强有力者，宜于农闲时练武艺。如有奸宄偶发，则鸣锣为号，远近接联响应，执器互相救援，庶几御防，有法子孙，长保无虞，违者罚。

（八）凡不知来历人，切禁留寓此地。以杜渐防微，各家父兄，严训恪守，四民正业庶几合族风享。

秦

（九）族中鳏寡孤独养不无人，有则均宜周恤。凡遇新年及殁后无葬费，随时酌资助也。

（十）子孙不得有辱门楣，言行出处勿越规矩。子孙切忌奸、娼、盗、淫、赌、毒等败坏家风、家门及社会风气行为。违者依家法、律例严惩。

古代名人生平

春秋战国

秦冉，孔子弟子。姓秦，名冉，字开，春秋末年人。唐代开元年间封"彭衙伯"，宋封"新息侯"。

秦非，孔子弟子。姓秦，名非，字子之，春秋末年鲁国人。唐代开元年间封"汧阳伯"，宋封"华亭侯"。

秦商，孔子弟子。姓秦，名商，字子丕，春秋末人。唐代开元年间封"上洛伯"，宋封"冯翊侯"。

秦堇父，春秋时鲁国大夫，勇力过人，后孟孙氏用之为戎右，为春秋战国时期名人。

秦越人，即战国时名医扁鹊。渤海郡鄚州（今河北省任丘）人，亦为燕人，他治病以诊脉为名，创立了望、闻、问、切"四诊法"，用"针""石""熨"等简单的医具治疗，并通内、妇、儿、五官各科。

秦始皇，即嬴政。战国时秦国国君，秦王朝的建立者，曾统一六国，统一度量衡、钱币、文字，为推动历史向前发展做出巨大贡献。

两汉、三国

秦袭，扶风茂陵（今陕西省兴平东北）人，西汉时任太守，被称为"万石秦氏"。其后几代均在当朝为高官。

秦嘉，陇西（今甘肃省临洮东北）人，东汉著名诗人，因去洛阳赴任与妻不能面别，便作诗以赠而传为美名。

秦宓，广汉绵竹（今四川省德阳北）人，三国时蜀汉大臣，累官至大司农，其文词藻壮美，惜作品多佚失。

唐朝

秦琼，字叔宝，齐州历城（今山东济南市）人。唐时名将，以骁勇善战，志节完整而闻名。曾追随唐高祖李渊父子为大唐王朝的稳固南北征战，立下了汗马功劳。因其功居于凌烟阁二十四功臣之一。民间与尉迟恭为传统门神。

秦宗权，秦姓在历史上唯一称帝者，唐末蔡州上蔡（今属河南省）人，曾任节度使，后战败投降黄巢，黄巢起义失败后称帝。

宋、元

秦观，字太虚，又字少游，北宋高邮（今江苏省高邮市）人，并称"苏门四学士"，别号邗沟居士、淮海居士，世称淮海先生。被尊为婉约派一代词宗，官至太学博士，国史馆编修。代表作品：《淮海集》《淮海居士长短句》。

秦桧，字会之，宋建唐（今江苏省南京）人，南宋投降派代表人物，初谥忠献，改谥谬丑。

秦九韶，今四川省人，南宋著名数学家，对大衍求一术和正负开方术等均有较深入的研究，为具有世界意义的创造。著有《数学九章》。

秦简夫，元代大都（今北京市）人，著名戏曲作家。

明朝

秦纮，明中期名臣。字世缨，山东单县人。

秦良玉，明代著名女将，其夫石砫宣抚使马千乘死后，代领其兵，所部号"白杆军"，被封为"忠贞侯"，是古代著名巾帼英雄。

清朝

秦蕙田，清代江苏金匮（今江苏省无锡）人，曾历任礼部侍郎、工部尚书，翰林院掌院学士等职。其专著《五礼通考》为研究中国古代礼制的重要参考资料。

秦祖永，字逸芬，号楞烟外史，清代梁溪（今江苏省无锡）人，著名的书画理论家。

秦仪，字凤冈，号梧园，江苏省无锡人，清代著名书画家，人称"秦杨柳"，名噪一时。

秦日纲，广西贵县人。太平天国将领，后被封为燕王。由于参与天京事变，被处死并被革除封号。

秦越人

秦越人即扁鹊，战国时医学家。姓秦，名越人，齐国渤海郑（今河北任丘）人，一说齐国卢邑（今山东省济南市长清区）人。扁鹊是中国传统医学的鼻祖，对中医药学的发展有着特殊的贡献。

扁鹊

扁鹊，学医于长桑君，有丰富的医疗实践经验，反对巫术治病，总结前人经验，创立望、闻、问、切的四诊法。他遍游各地行医，擅长各科，在赵国为"带下医"（妇科），至周国为"耳目痹医"（五官科），入秦国则为"小儿医"（儿科），医名甚著。后因医治秦武王病，被秦国太医令李醯妒忌杀害。在《史记·扁鹊仓公列传》《战国策·卷四秦二》里载有他的传记和病案，并推崇为脉学的倡导者。据《汉书·艺文志》载，扁鹊有著作《内经》和《外经》，但均已失传。

济南北郊鹊山西麓有扁鹊墓，墓前石碑署"春秋卢医扁鹊墓"，并有清乾隆十八年（1753年）重整字样，保存较好。

扁鹊把脉图

扁鹊墓

秦观

秦观

秦观，字少游，一字太虚，江苏高邮人，别号邗沟居士，学者称其为淮海居士。北宋文学家、词人，被尊为婉约派一代词宗。宋神宗元丰八年（1085年）进士。代表作品：《鹊桥仙》《淮海集》《淮海居士长短句》。

秦观的感伤词作形成了词史上影响巨大的抒情范式。在他之前，晏殊、欧阳修以珠圆玉润之笔写作名臣显宦的闲雅之词，晏几道以空灵悠缈之笔写作没落公子的感伤之词，柳七郎风味失之浅俗，苏东坡豪宕不羁又非"本色"，皆不被广大文士所理解和接受。秦观的出现，则成为人们普遍学习的对象。他出身于下层，在官场上受到沉重打击，屡遭流放贬谪之苦，几乎是封建社会众多下层文士悲剧命运的缩影。秦观以其婉约凄美的优秀词作，传递出广大文士共同的悲哀，因此受到普遍的推崇和赞誉。

在词体演进的过程中，秦观作出了突出的贡献。秦观、柳永填制慢词，受到苏轼的讥嘲。秦观在柳永以赋法入词的基础上，更多精研和锤炼，使得慢词的创作走向成熟。《四库全书目提要》亦称秦词"情韵兼胜，在苏、黄之上"。秦观词章法、句法相对疏朗，而字法尤显典雅精致。这种努力发展到周邦彦那里，则更加注重章法上的雕琢、勾勒，意象组接的密丽以及大量化用前人诗句。这让慢词创作体制更加完备，手法更加繁复，也越发蒙上一层浓重的文人化、技艺化色彩。这也引导着宋词由天然之美向人工之美转化。同时，这种技艺的进步也消解了词体内在的生机活力。秦观用疏朗流畅的章法，连接精致典雅的词句，使得词句既较柳永高雅，又不似周邦彦那般凝涩晦昧、难以理解，而是融入技艺又不逞弄技艺，获得了广大欣赏者的普遍喜爱，取得了词史上突出的成就。李调元《雨村词话》卷一甚至推誉其"首首珠玑，为宋一代词人之冠"。

秦琼

秦琼，字叔宝，齐州历城（今山东济南市）人。隋末唐初名将，初为隋将，先后在来护儿、张须陀、裴仁基帐下任职，因勇武过人而远近闻名。

秦琼

秦琼母亲去世后，来护儿派人前往吊唁，其他军士对此感到奇怪，问道："将士们家里有丧的很多，为什么偏偏吊唁秦琼家里？"来护儿说："秦琼骁勇彪悍，而且有志向，人品又好，将来肯定能取得富贵，不会永远都卑微。"

隋大业八年（612年），卢明月于下邳造反，众有十万，秦琼跟随齐郡通守张须陀率领数万人前往征讨。张须陀在离卢明月六七里处扎营，与卢明月相持了几十天，粮草不足。张须陀对将士们说："卢明月见我军撤退，必定前来追击，这时他们大本营必然空虚，若是我们能有人率领一千人前去袭击，一定能出奇制胜。但是这种行动非常凶险，你们谁敢去？"众将没人敢去，只有秦琼和罗士信请战。张须陀于是让秦琼和罗士信各领兵千人在芦苇间埋伏，自己率领大军撤退。卢明月果然率军来追，秦琼、罗士信率兵趁机偷袭，纵火烧掉卢明月军三十多个营寨。卢明月得知大本营被偷袭，率军回去救援，张须陀又率领大军转头反击，大破卢明月。卢明月仅率领百余骑兵逃亡。秦琼和罗士信因此战而远近闻名。

秦桧

宋徽宗政和五年（1115年）进士。秦桧是南北宋期间的一个传奇人物。据闻他本来是一位知名的抗金义士，但后来随同徽、钦二宗被掳之后，与金廷和议，并于建炎四年（1130年）戏剧性地陪同高宗"逃返"南宋。此后，他一方面不断扶助宋高宗，官至宰相，另一方面不断打压国内抗金的势力。当中最为世人所知的，是"十二金牌召岳飞"的故事。宋高宗绍兴十一年（1141年），宋高宗与秦桧解除了岳飞和韩世忠等人的军权，并以"莫须有"的谋反罪状杀害岳飞父子，为与金廷再次签订和约铺平道路。相传平民为解秦桧之恨，用面团做成他的形象丢入油锅里炸，并称之为"油炸桧"，并演变成今天的"油条"。

秦纮

秦纮，是明中期名臣。字世缨，山东单县人。景泰二年举进士，授南京御史。因弹劾宦官诸不法事，遭权贵忌恨，受中伤，谪降为湖广驿丞。天顺初任雄县知县，宦官杜坚捕杀天鹅，他杖其随从，被逮下诏狱。宪宗继位后，先后任葭州、秦州知州，继升为巩昌知府，再升为陕西右参政。因镇压岷州小股农民起义有功，进俸一级。成化十三年（1477年）升为右佥都御史，巡抚山西。因弹劾镇国将军奇涧，奇涧之父庆成王反诬，致被逮下狱。宦官尚亨籍没秦家，仅得敝衣数件。成化帝深受感动，赐钞万贯，夺奇涧等三人爵，令其复职为河南巡抚，不久调任宣府。因抵御敌寇有功，进左佥都御史，仍兼宣府巡抚。不久，奉召回京任户都右侍郎，受万安所诬，降为广西右参政，不久又升为福建左布政使。孝宗即位后，受大学士王恕推荐，升任左副都御史，督理漕运，翌年进为右都御史，总督两户军务。上任不久即弹劾总兵官安远侯柳景，以贪暴罪被逮下狱。柳景与周太后有亲，反诬秦纮。经廷讯，秦纮无罪，柳景被夺职，秦纮亦被罢职。廷臣连疏请留，数月后复起为南京户部尚书。弘治十一年（1498年）引疾回乡。弘治十四年（1501年）以蒙古诸部扰边，奉召为户部尚书兼右副都御史，总制三边军务，练士卒、易守将、兴屯田、申明号令，军声大振。经奏准，修筑诸边城堡14000余所，垣堑6400余里，固原遂为边防重镇。弘治十七年（1504年）加太子少保，召还理户部事，以年老辞归。翌年死，赠官少保，谥"襄毅"。

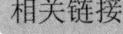

日本秦氏

秦氏为日本一个古代的氏族，传说先祖是中国秦始皇的子孙弓月君（融通王）于东汉时渡海来到日本，但没有明确的记载。根据《日本书纪》的记载，公元3世纪，应神天皇在任时，他们经由百济到达日本。他们的主要驻地在山背国葛野郡。在雄略天皇以后，开始受到朝廷的重用。秦氏最为有名的人物是秦河胜，是圣德太子的宠臣，负责建设广隆寺。

在平安时代部分人以惟宗氏为名，岛津氏亦以秦氏先祖而自称。另外，四国的长宗我部氏和香宗也自称是秦氏后裔。姓羽田者与其有关，日本前首相羽田孜公开承认自己是秦姓人之后。

1. 当你看到秦姓的时候，你第一个想到的历史名人是谁？

2. 当你看到秦姓的时候，你想到了哪些秦姓中的传奇（故事）？

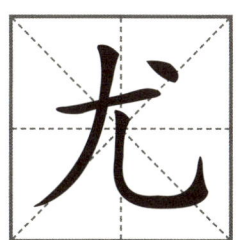

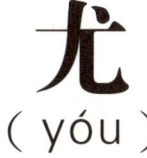姓，是我国南方的姓氏，始自10世纪，在宋版《百家姓》中排第19位，在当代姓氏中排第124位，约占汉族人口的0.75‰，多生活在我国南部一带。

尤
（ yóu ）

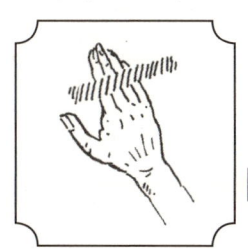

甲骨文"尤"字是在"又"（手）字的上方加上一个短横来构成的，表示这是不应该做的事，本义是"罪过""过失"。《诗经》："莫知其尤。"引申为"责怪""归咎"等。

甲骨文　金文　篆文　隶书　楷繁体　简体

【尤姓来源】

源流一：源于沈姓

源于沈姓，出自五代十国时期闽国的沈氏族人，属于因谥改姓。按照目前大部分尤氏观点：五代之初，后梁皇帝朱温于909年册封武威军节度使、福建观察使王审知为闽王，因审、沈二字同音，闽国境内的沈姓族人为了避讳，将沈姓去掉三点水改为"尢"姓（即尤的繁写）。宋代李纲于《梁奚谷漫录》指出："系出沈姓，五代王审知据闽，闽人沈姓者，避沈音，去水改尤氏"。

根据因讳改姓这一说法，尤姓的祖源与沈姓相同。《元和姓纂》指，沈姓为黄帝后裔，源自周文王第十子聃季载，因为食邑于沈国（今河南汝南）得姓。

源流二：源于仇姓

出自春秋时期宋国大夫子仇牧之后，以先祖名字为氏。周庄王姬佗六年（公元前691年），宋国传位至第五任君主子共，即宋缗公。到周庄王十五年（宋缗公十年，公元前682年）夏，宋国在攻打鲁国时，宋军猛将南宫万被鲁国俘虏，后来经过请求，鲁国才把南宫万放回宋国。在史籍《史记·宋微子世家》中记载："南宫万遂以局杀愍公于蒙泽。大夫仇牧闻之，以兵造公门。万搏牧。牧齿着门阖死。"后来，宋国用金钱贿赂陈国国君，陈国君主见钱眼开，又怕南宫万之勇，遂使计让妇人与南宫万饮酒，待南宫万醉了，以皮革裹之紧缚而归于宋国。回到宋国后，宋国人乱刀相向，把南宫万剁成了肉酱。

此事件之后，仇牧的后裔子孙中有以先祖名字为姓氏者，称仇氏。在春秋战国时期，"仇"与"尤"二字音义相通，都是怨愤之意，因此亦有称尤氏者，读音作qiú，今读作yóu亦可。

源流三：由他族改姓而来

清满洲人姓，世居沽河、辽阳等地；赫哲族尤可勒氏，汉姓为尤；今满、蒙古、佤、苗、羌等民族均有此姓。

【尤姓始祖】

据传，尤姓始祖尤宗原姓沈，原名沈诚，号思礼，885年随闽王王审知自河南固始到福建。他初始几年滞留在尤溪，后到泉州进入闽王麾下，才华出众成为闽王幕僚，掌管海路营，开肇甘棠港，功勋卓著。902年，他成为王家婿和闽王亲信，竭力辅助闽王靖国宁疆，发挥了举足轻重的"定鼎安邦"作用。924年10月，思礼护送闽王到京进万寿节，被唐庄宗封为唐驸马都尉。沈诚尊崇其岳父威望，避讳闽王名字"审""沈"的谐音，他把沈字三点水去掉，改名尤宗。今福建省南安市南厅有尤（沈）思礼与夫人王郡主的陵墓，俗称"驸马墓"。

但据史料记载，王审知自885年入闽至925年离世，终身未返战乱多事之中原。1981年出土的王审知墓志铭记载了他的4名女婿，其中亦无尤思礼。尤思礼为王审知女婿因讳改姓一说，始于距五代600年之后的明代尤氏族谱，之后流传甚广，目前大部分尤氏皆奉尤思礼为得姓始祖。

迁徙与分布

【历史迁徙】

尤姓在今天的大陆未列入前100名大姓。但在我国台湾，尤姓是第84大姓。

据《后汉书·卷七十七》和《傅山全书·六卷》等所载，东汉时有尤来、鄯善王尤还、龟兹王尤利多。三国吴有鄱阳（今江西省波阳）贼首尤突。这些均为五代前见诸史册之人物，但其后无世系可考。

907年，王审知被后梁封为闽王，尤姓始盛于世，闽立国近40年，945年被后唐所灭，尤姓不复本姓似乎有悖常理，但无论如何，北宋之前的尤姓寥若晨星。宋真宗之后，尤姓始光芒四射，却是不争史实。沈姓郡望有二：吴兴和汝南，而吴兴地处闽地，沈改尤后，吴兴郡顺理成章成为尤姓郡望。

南宋时都城为临安（今浙江省杭州），由于仕宦等原因，浙江也成为尤姓大批涌入之地。五代至两宋，尤姓除继续繁衍于福建外，已开始播迁于福建周边省份。

宋末，元兵大举南侵，宋赵王朝丧师失地，节节败退。尤姓或仕宦，或逃难，于是广东、江西、湖北、湖南等地均有尤姓人落籍。而一些大胆的尤姓人则举家北上，因为当时北方已由夷族统治多年，不会发生你来我往的拉锯战，相对稳定。宋末至元，尤姓在北方繁衍兴旺。

明初，山西尤姓作为明朝洪洞大槐树迁民姓氏之一，被分迁于北京、江苏、安徽、湖南等地。郑和下西洋，表明中国造船水平的提高，福建等沿海地区的尤姓时有渡海赴台、扬帆东南亚者。因此尤姓进入我国台湾的前100位大姓，也就不奇怪了。另外，尤安礼随父由江苏省长洲（今苏州）徙居武昌，尤求由长洲移居太仓。清代尤萃由浙江嘉兴徙居平湖。

【尤姓分布】

如今，尤姓在全国分布较广，尤以福建最多。根据近年全国人口普查统计，福建户籍尤姓人口有近6万，比例约占全国尤姓的6%。河北、河南、江苏、北京等省市亦多此姓。

文 化 精 粹

【尤氏宗祠】

泉州尤氏大宗祠

泉州尤氏大宗祠，故址在泉州城内魁星堂即龙头山。明初宗祠倾圮旧址为豪家湮没，清朝乾隆丙寅年（1746年）由锡兰公等聚集族亲同心共济，各处捐题白金重建于郡东鹦鹉山何衙埕。一祠立三龛，中奉唐驸马都尉开基始祖考思礼尤公暨唐郡主始祖妣王氏及泉州各处12房开基祖与遵例得从祀者。大宗祠按以上12房地支对应轮年值祭祀，依序轮流，周而复始。

南安南厅卿田尤氏宗祠

南安南厅卿田尤氏宗祠，坐落在始祖封地。明正统年间，尤氏三房后裔尤毅为守护尤氏始祖驸马墓奉"玄天上帝"神像，回南厅卿田扎根定居，而后建立宗祠，至今已有数百年历史。堂号：卿田。

永春桃园尤氏宗祠

永春桃园尤氏宗祠，以尤氏始祖尤宗为一世祖。北宋年间，尤氏二房后裔尤杨、尤柳两兄弟从始祖封地迁入永春桃园开基魁源与蓬莱。堂号：江左。

罗源鉴江尤氏家庙

罗源鉴江尤氏家庙，以尤氏三房后裔尤宜中为一世祖。尤宜中系南宋礼部尚书尤袤季子，庆元二年（1196年）进士，南宋嘉泰年间（1201—1204年）任罗源县尉而迁居罗源。尤宜中孙尤欹始迁邑东鉴江，其后子孙繁衍，远播福建宁德、浙江、河南等地。堂号：遂初。

强蛟镇尤氏宗祠

尤氏宗祠位于浙江省宁波市宁海县强蛟镇峡山村，建于民国年间。尤氏宗祠坐东朝西，稍偏南。依中轴线平面布局依次为：仪门、戏台、天井、正厅。仪门面阔7间，设3门，用栌斗网拱。戏台为歇山顶，藻井呈螺旋形，厢房各3间2弄，正厅面阔5间，单檐硬山顶，7架梁，抬梁穿斗混合结构，柱头刻作精美。2007年9月5日公布为宁海县第三批文物保护单位。

尤氏宗祠

尤姓宗祠通用联

●四言

系承晡季，源起汝南
　　　——佚名撰尤姓宗祠通用联
全联典指尤姓的起源和源流。

艮斋名士，文度清操
　　　——佚名撰尤姓宗祠通用联

上联典出清代文学家、戏曲家尤侗，字同人，号艮斋、西堂老人，长洲人。举博学鸿词科，授翰林院检讨，参与修《明史》，后辞官归家。工诗文词曲，著有传奇、杂剧多种，另有诗文集，收入《西堂全集》。下联典出明代长洲人尤安礼，字文度，历官兵部郎中，贵州参议。为人尚义轻利，以清节闻名。晚年住在穷巷中，房屋十分狭窄，知府况钟划地让他扩建，他坚决推辞。

氏源沈姓，望出吴兴
　　　——佚名撰尤姓宗祠通用联
全联典指尤姓的起源和源流。

秘书才识，退翁优游
　　　——佚名撰尤姓宗祠通用联

上联典出南宋诗人尤袤，字延之，无锡人，绍兴年间进士，历官泰兴令、江东提举常平、礼部尚书兼侍读等。博学多识，诗风淡雅，与杨万里、范成大、陆游齐名，并称"南宋四大家"。任秘书丞时，孝宗曾说他："如卿才识，世所罕有。"下联典出宋代安溪人尤台，字公辅，八岁能写文章，曾应童子试，举中书。不求做官发达，优游山林间，自号"退翁"。

●五言

御封真才子，府藏石铫图
　　　——佚名撰尤姓宗祠通用联

上联典出清代文学家、戏曲家尤侗，清世祖称他为"真才子"。下联典出清代诗画家尤荫。

●七言

伤寒贯珠传万世，金匮要略救千家

——佚名撰尤姓宗祠通用联

全联典出清代医学家尤怡，著有《伤寒贯珠集》和《金匮经略心典》等。

功高固原独目将，名列南宋四大家

——佚名撰尤姓宗祠通用联

上联典出明代固原总兵尤继先，因少一目，人称独目将军。下联典出南宋诗人尤袤，与杨万里等合称"南宋四大家"。

●八言以上

矢志清贞，怡然自若；力崇道学，近世所无

——佚名撰尤姓宗祠通用联

上联典指明代尤文，永乐中征孝廉，以养亲固辞，八荐不出。卒后其门人私谥他为恭靖先生。下联典指南宋诗人尤袤。

清持自恃，芳声著江左；威惠兼济，令闻播淮西

——佚名撰尤姓宗祠通用联

上联典出明代尤鲁。下联典出汉代尤育。

依然锡麓书堂，南渡文章，上跨萧杨范陆；允矣龟山道脉，乐林弦诵，同源濂洛关闽

——佚名撰尤姓宗祠通用联

此联采用南宋诗人尤袤祠联。

郡望堂号

【郡望】

尤氏渊源，系承晡季，源起汝南。尤氏得姓于后唐，郡望观念基本淡出社会生活，因而尤氏的郡望采用的是沈氏的郡望。

尤氏发源地要追溯到三千年前的沈国。古代沈国位置在今天的河南省汝南县一带，秦汉时称汝南郡。沈氏郡望有二，一是得姓沈国所在地

河南汝南郡沈氏，二是沈氏一支后裔出走到楚国再次兴旺的浙江吴兴郡沈氏。

　　根据闽王入闽史料以及福建现存三个地方最早尤氏族谱，思礼公来自于河南光州固始沈氏，尤氏郡望是汝南郡沈氏。

【堂号】

遂初堂：天子御笔。

吴兴堂：以望立堂。

南阳堂：以望立堂。

太原堂：以望立堂。

长安堂：以名立堂。

汝南堂：以望立堂。

尤氏族谱与字辈

【尤氏族谱】

　　安徽黟县栢川尤氏支谱，一卷，清尤永顺纂修，清同治五年（1866年）木刻活字本印本。注：始祖为尤文度，先祖为尤永顺。现被收藏在湖南省图书馆。

　　江苏苏州、常州、镇江尤氏宗谱，二十八卷，清朝尤文浚总纂，清光绪十七年（1891年）木刻活字印本。始迁祖为宋代尤叔保。现被收藏在江苏省图书馆。

　　江苏常州、无锡尤氏常锡宗谱，十四卷，民国尤浩鹏纂修，民国四年（1915年）木刻活字印本。始迁祖为宋代尤叔保。现被收藏在湖南省图书馆。

　　江苏宜兴阳羡溪西尤氏宗谱，十二卷，首一卷、末一卷，民国尤福堂纂修，民国九年（1920年）木刻活字印本。注：始祖为宋代尤叔保，始迁祖为明代尤衡。现被收藏在湖南省图书馆。

　　江苏无锡尤氏宗谱，民国尤桐纂修，民国二十五年（1936年）铅印本。始迁祖为宋代尤叔保。现被收藏在湖南省图书馆。

湖南浏阳泥湾尤氏三修族谱，十卷，民国尤贤秋等主修，民国二十八年（1939年）木刻活字印本。始祖为明代尤兴荣，始迁祖为明代尤汝富。现被收藏在湖南省图书馆。

江苏盐城尤氏宗谱革新版，九卷，首一卷，尾一卷，尤怀燕修，2003年计算机排印本。始迁祖为明代尤臻皋。现被收藏在湖南省图书馆。

【尤氏字辈】

福建罗源鉴江尤氏二十一世起讳字辈：

讳：泰永庆昌荣望世裔兴隆广绍功修安善景，初学名讳照此；

字：康华昭益盛观宗支蔚起长传道学治平时，长大立字照此。

河南栾川尤氏字辈："中文世榜三振步永长安"。

河南信阳尤氏字辈："启乃学士光其宝鼎万事道明国朝之庆"。

河南尤氏字辈："大元金花凤，熙克守宗，永树其升"。

湖北荆州尤氏字辈："光启大明国清开太运何顺永占祥忠德传家远纯绪世克昌"。

湖北松滋尤氏字辈："昌光中兴国运万年兆祥"。

湖北襄樊尤氏字辈："俊休士明德文光昌裔以学尚志立朝纲不偏常永远在宗祖絜自有平安乐家祥"。

湖北枣阳尤氏字辈："心丹兆嗣"。

山东济南尤氏字辈："文广书忠金"。

山东威海、荣成尤氏字辈："培学全华宗"。

山东临沂尤氏字辈："宗维从步文培元祥"。

山东潍坊高密尤氏字辈："盛明世传久"。

内蒙古奈曼旗白音昌尤氏字辈："建景庆姿乐，俊世凤泽增"。

江苏连云港尤氏字辈："宗振帮传永康"。

江苏盐城东台尤氏字辈："长昌维俊东"。

福建泉州卿田、洛江尤氏字辈："公侯伯子开基茂奕世传芳祖泽长锡畴祉大吉祥孙谋贻厥克寿（守）永（道）昌"。

福建福州、长乐尤氏字辈："兆振德光杰"。

安徽泾县、繁昌尤氏字辈："仁德本良善"。

安徽五河、泗县尤氏字辈："风胜登本茂修培基起良"。

重庆万盛尤氏长房一支派字辈："天赐嘉祥运兆洪芳（章）春（坤）广（雷）延殿发达时长"。

重庆万盛尤氏长房二支派字辈："为文嘉祥能重书香勤敦善举建树超常"。

重庆万盛尤氏长房二支派字辈："为文嘉贤以志绍联共遵成宪富贵成全"。

重庆万盛尤氏二至五房支派字辈："为文光大贤才学振名元辅佐开周治新法定宗传"。

河北阜城尤氏字辈："风万振兰"。

浙江云和尤氏字辈："昌茂丁贤信"。

广东湛江尤氏字辈："德绍宗永传兴家裕"。

辽宁岫岩尤氏字辈："美（伦）炳震启德泽广"。

贵州遵义尤氏字辈："禄永康正思朝廷云忠太"。

贵州安顺尤氏字辈："启梦应天大，文武国光高。金玉荣贵美，世代奉朝鲜"。

贵州望谟尤氏字辈（麻山、乐旺一带尤姓使用）："崇祯国登，天赐嘉祥，福禄永昌"。

贵州望谟尤氏字辈（新屯羊玉尤姓使用）："启大兴国，登天万盛，永远太平"。

天津尤氏一支字辈："德福尚开宝兆光洪（才）"。

四川宜宾尤氏字辈："璇绍仕志大，光天德正明。永敦长春府，世代显昌荣"。

古代名人生平

历代尤姓名人甚多，不能一一列出，在此略举一些名望：

唐朝

尤思礼，尤姓得姓始祖，闽王王审知的女婿，唐庄宗册封为驸马。今福建省南安市南厅有唐都尉驸马尤氏、郡主王氏墓（俗称驸马墓）。

宋朝

尤叔保，常州无锡（今属江苏）人，宋代书画家、富翁。为人正直，以书画名世。晚年颇雄于财，其园亭池馆，为一时绝胜。

尤概，尤袤子，宋代官吏、诗人。孝宗时进士，历任建康府推官、左朝奉郎、太常博士。惜未耆而殁。有《绿云寮诗草》。

尤文献，又名鹅津，讳元。宋朝绍圣元年（1094年）进士，官至兵部尚书知枢密院事及观文殿大学士，因善于绘图，皇上曾题词"尤图"。

尤九龙，宋绍兴进士，官至工部侍郎。

尤时泰，常州无锡人，宋代名士，为太学士。曾举博学鸿词，授予国子监主簿，其拒绝赴任。后遍游祖国名山大川。寿命长达120多岁。

尤袤，字延之，号遂初居士，无锡人，南宋诗人、大臣。绍兴进士。任泰兴令时有政绩。累官至礼部尚书兼侍读。诗与杨万里、范成大、陆游并称"南宋四大家"。清尤侗辑有《梁溪遗稿》。

尤平，讳既，宋朝淳熙二年（1175年）进士，从小不想当官，筑起书屋，深居简出，著有《绿云寮诗草》。

尤率斋，讳棟，宋朝景定三年（1262年）进士，当过广德太守。

明朝

尤光被，字子辉，号鉴峰，罗源县人。明万历元年（1573年）举人，万历四年（1576年）进士。任信阳刺史，迁户部尚书郎，出为和阳太守，有善政。和阳为交通要道，往来行旅甚多，光被常自出薪俸接济病、困行旅。有吏献分外收入三百金，光被怒而痛斥。和阳多诉讼，光被明于察访，善于辨析，毫无积案。公余之暇，常到学宫为诸生授课，和阳文风大盛。后卒于任上，《和阳县志》称其"威行惠流"。著有《敝箧存言》。

尤瑛，常州府无锡人，明代官吏。嘉靖年间进士。留心韬略，绘《九边图》，著论三十余篇。任广东按察金事期间，数平地方骚乱。官至江西布政使参议。

尤世功、尤世威、尤世禄，陕西榆林卫人，明末将领。长兄世功出身武举，累官至总兵，清兵破沈阳时战死。次兄世威与清作战屡立战功，累官至左都督，李自成破西安后，世威被俘杀。弟世禄为宁夏总兵官，李自成攻榆林时，世禄守城死。

清朝

尤侗，字同人，号悔庵，晚号艮斋，江南长洲（今江苏苏州）人，明末清初文学家、戏曲家。康熙年间举博学鸿词科，任翰林院检讨，参与修纂《明史》，三年后辞官回乡。诗词古文俱佳，被康熙称为"老名士"。有《艮斋杂记》《鹤栖堂文集》《西堂杂俎》及传奇《钧天乐》、杂剧《读离骚》《吊琵琶》等。

尤怡，江苏吴县人，清代医学家、诗人。家道中落，好为诗。晚年医术益精。著有《伤寒贯珠集》《金匮心典》《医学读书》《静香楼医案》等。

尤珍，尤侗子，号沧湄，清代官吏、诗人。康熙年间进士，由编修累擢右赞善。工诗，每作一诗，字字求安。有《沧湄类稿》《日卒示录》。

尤澹仙，江苏长洲人，清代学者。工词赋及骈体文。年十八，名列吴中十子。有《晓春阁诗词》。

尤维熊，字祖望，号二娱，江苏长洲人，清代官吏、诗人。拔贡出身，官蒙自知县。工诗词。有《二娱小庐诗词钞》。

尤荫，江苏仪征人，清代书画家。山水、画鸟、兰竹皆入逸品，尤长写竹。其作苍古浑厚，如挟风雨之势，书法从画竹中来，有金错刀遗意。有《出塞诗钞》《出塞集》《黄山集》。

尤渤，甘肃武威人，清朝将领。第一次鸦片战争时，任安徽寿春镇总兵，他率部猛烈反击，将进犯松江府的英军击退。旋升江南提督。

尤锦，江苏太仓人，清代画家。工山水，擅花卉翎毛。

古代名人事迹

尤袤

尤袤（读mào），字延之，小字季长，号遂初居士，晚年号乐溪、木石老逸民。南宋著名诗人、大臣、藏书家。祖父尤申，父尤时享，治史擅诗。

尤袤的成就在于他的诗歌创作。元朝的方回曾谈到，南宋"中兴以来，言诗者必曰尤、杨、范、陆"。尤袤、杨万里、范成大、陆游并称为南宋四大诗人。可惜，尤袤的大量诗稿和其他著作以及3万多卷藏书，在一次火灾中全被焚毁。目前仅存他的59首诗，表明他与其他三位诗人一样，都对当时南宋小朝廷一意偏安、屈膝投降流露出不满的情绪，对山河破碎、人民遭受异族压迫十分忧愤。如从《落梅》一诗中就可以看出诗人对国事

尤袤

的忧虑，对南宋朝廷不思恢复、陶醉于歌舞升平之中的愤懑："清溪西畔小桥东，落叶纷纷水映红。五夜客愁花片里，一年春事角声中。歌残玉树人何在？舞破山香曲未终。却忆孤山醉归路，马蹄香雪衬东风。"

尤袤的诗歌写得平易自然，晓畅清新，没有华丽的辞藻，也没有生僻的典故。《青山寺》算是他现存诗歌中的代表作："峥嵘楼阁插天开，门外湖山翠作堆。荡漾烟波迷泽国，空蒙云气认蓬莱。香销龙象辉金碧，雨过麒麟驳翠苔。二十九年三到此，一生知有几回来。"

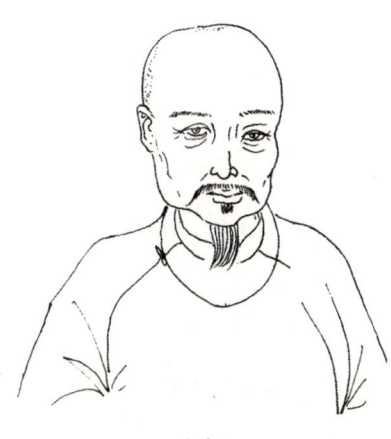

尤侗

尤侗

尤侗明末清初著名诗人、戏曲家，曾被顺治誉为"真才子"；康熙誉为"老名士"。

字展成，一字同人，早年自号三中子，又号悔庵，晚号艮斋、西堂老人、鹤栖老人、梅花道人等，苏州府长洲（今江苏省苏州市）人。于康熙十八年（1679年）举博学鸿儒，授翰林院检讨，参与修

《明史》，分撰列传300余篇、《艺文志》5卷，二十二年（1683年）告老归家。康熙四十二年（1703年）康熙南巡，得晋官号为侍讲，享年87岁。侗天才富赡，诗多新警之思，杂以谐谑，每一篇出，传诵遍人口。著述颇丰，有《西堂全集》。

尤侗才情敏捷，文名早著。曾以《怎当他临去秋波那一转》制义以及《读离骚》乐府流传禁中，受顺治帝赏识；在史馆时进呈《平蜀赋》，又受康熙帝赏识，所谓"受知两朝，恩礼始终"（潘耒《尤侍讲艮斋传》）。

他的诗文多新警之思，杂以谐谑，每一篇出，人所传诵。所撰《西堂杂俎》盛行于世，但辞赋、铭赞、应俗、游戏之作，十之八九格调不高。自序说："雕虫之技，悔已难追；鸡肋之余，弃复可惜"，故名"杂俎"而不以"文集"标目。但他所撰的《艮斋倦稿》，在评文论学方面，却写得比较认真而扎实。

尤荫

尤荫，清代画家，字贡父，一作贡夫，号水村。晚居白沙之半湾，自称半湾诗老，后得痼疾，又称半人，江苏仪征人。名所居曰石铫山房。

山水、花鸟、兰竹皆入逸品，尤长写竹。其苍古沈厚，如挟风雨之势。书法从画竹中来，有金错刀遗意。家藏苏轼石铫一个，曾进内府，因广写石铫图以赠人，得者珍之。乾隆时尝客和硕礼亲王邸，授汲修主人画法。乾隆三十年（1765年）随王出塞，著《出塞诗钞》。卒年八十一。

尤荫画作

1. 当你看到尤姓的时候，你第一个想到的历史名人是谁？

2. 当你看到尤姓的时候，你想到了哪些尤姓中的传奇（故事）？

尤

姓，中华姓氏，属颛顼帝姬姓子孙衍生姓氏，是一个多民族、多源流的姓氏。在宋版《百家姓》中排列第20位。近年人口普查统计的数据显示，许姓在姓氏排行榜上名列第35位。人口898.4万余人，占中国人口总数的0.56%左右，以江苏、山东、云南、广东、河南、安徽、浙江等省居多，这7个省的许氏约占中国许氏人口的55%。

许
（xǔ）

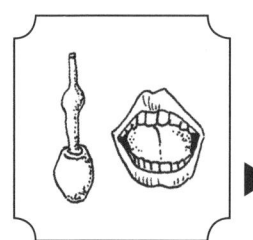

形声字。本义是允许。金文的"许"，左边是"午"，表示声旁；右边是"言"，表示形旁，代表与说话有关。后来引申为期望。

金文　篆文　隶书　楷繁体　简体

162

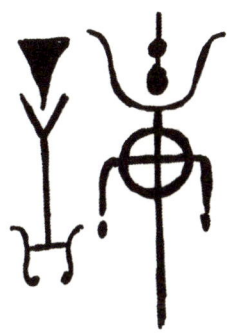

许姓图腾

许是炎帝族一支的族称。由"言"和"午"组成。午就是玄鸟又是天干重仪。"言"代表天的使者所传达的天的规律。这些规律是巫觋用天干重仪观测太阳在中午日高天的日影晷迹的变化。以这种发明和职司为特长的氏族称为"许"。始祖伯夷，太岳裔族。许本字作"𣂏"或"舞"。舞阳、许昌为邑地。

溯源寻根

【许姓来源】

源流一：出自姬姓，为颛顼后裔吴回生陆终。

陆终生子六人：长子曰樊，樊为己姓，封于昆吾，即古帝丘颛顼之虚，为昆吾氏，尧舜时期昆吾氏首领许由为当世大贤，死后葬于箕山，后人多以许由为许氏始祖。夏之昆吾为商汤所伐灭，后人迁徙至河南许昌。

源流二：出自姜姓，以国为氏，是炎帝神农氏的后裔。

许氏与齐氏同祖，为上古四岳伯夷之后。"四岳"（尧舜时四方部落首领）是由姜姓发展出来的四支胞族，他们和姬姓部落结成联盟，跟"子姓"商族平行发展。以姬姓和姜姓部落为主的盟军打败了商纣王，建立了姬姓国——西周。周成王时，大规模地分封诸侯，其中商的旧地也分封了一些姬姓诸侯国和姜姓诸侯国，许国正是被周分封的姜姓诸侯国之一，其始祖为文叔，也称为许文叔。春秋时，许国成为楚国的附庸，战国初期被楚所灭。许国亡国后，子孙以国为氏，称许氏，史称许姓正宗。该支许氏族人以高阳（今河北高阳旧城）为郡望。

源流三：源于姬姓，出自春秋时期卫文公之子姬其浒。

春秋时期。卫国君主文公姬毁生有公子姬其浒，亦作姬其许，后出任卫国大司徒，主管征发徒役，兼管田地耕作与其他劳役。姬其浒辅佐父亲卫文公实施减赋税、少刑罚，与民共苦的政策，使卫国经济逐渐繁荣起来，并迅速强大。姬其浒的哥哥就是著名的卫成公姬郑，曾被大夫元咺一度废黜，后在春秋霸主晋文公姬重耳的帮助下恢复君位。卫国大司徒姬其浒留给后世最称道的，就是从他开始有了"司徒"这一复姓。在姬其浒的后裔子孙中，有以先祖名字为姓氏者，春秋战国时期，"浒"与"许"二字通假，故而亦称许氏，但读音作hǔ；而更多的姬其浒后裔则以其官职称谓为姓氏，称司徒氏。

源流四：源于满族。

属于汉化改姓为氏。顺布鲁氏多冠汉姓为许氏；伊拉哩氏在清朝中叶以后多冠汉姓为许氏。

源流五：源于其他各少数民族，属于汉化改姓为氏。

清朝以后，在广西泗城府（今广西凌云）土司、黎族、瑶族、彝族、土家族、阿昌族以及北方地区的回族、蒙古族、朝鲜族等少数民族中，均有许氏族人分布。其来源大多是在唐、宋、元、明、清时期中央政府推行的羁縻政策及改土归流运动中，流改为汉姓许氏。

【许姓始祖】

得姓始祖

传说尧帝时许由的后代称许氏。相传许由是尧舜时期的高士贤人，居住在箕山。他死后被葬在箕山，后人称为许由山。四千多年前活动于颖水流域的箕山之下，正是当年许国之地。

许由，字道开，号武仲，出生于阳城槐里，是上古时代一位高尚清节之士，许姓始祖。

相传许由不营世利、讲道义、守规矩，史书记载："尧知其贤德，欲禅让于许由。许由坚辞不就，洗耳颍水，隐居山林，卒葬箕山之巅，尧帝封其为'箕山公神，配食五岳，后世祀之'。"许由曾做过尧、舜、禹的老师，因此，后人称他为"三代宗师"。

许由

各支始祖

湘西许氏始祖：许必珍

字席儒，原籍江西南昌县，明洪武间官湖南省，有政声。明永乐二年（1404年）占籍于湖南长沙县旧善邑八都，后建家庙于此，士人遂呼许家湾，至今称巨族公，葬家庙后上首园山癸山丁兼丑未向有碑有图说。子三。

湘潭许氏始祖：许君柏

原贯吴西吉安府吉水县民籍，元初游学于楚爱，其山水秀丽风俗淳美，因徙居于潭之姜畲黄泥井（今永陂沱黎塘桥田山），墓庐俱在即其下屯处也，传流至今是为许族之始祖，生殁葬地旧谱未详。子一。

湘潭颜家坝许氏始祖：许通一

字觉富，原籍豫章吉水，元至正年间游于楚，爱潇湘山水秀丽风俗淳美因携妻絜子来长沙府湘潭县地名洙洲白石港，明洪武元年（1368年）徙居新康五十八都（即今宁邑四都九区长冲社路）遂入籍焉。元顺帝元统年[即至元二年丙子（1336年）]正月十六日辰时生，明建文三年辛巳（1401年）二月初四日辰时殁，葬宁邑四都九区长冲尾南岳冲住屋上首雷打岭龟形山亥己向有碑墓华表。清乾隆乙丑年（1745年）许江有业售崔惊伯契批，其有许宅觉富坟山田塅中两小蕊上齐横沟左右下齐田边为界，同治七年（1868年）又价买崔寅楼加丈禁一契在横沟上加插二丈五尺周围砌石为界契存祠。元配：鲁氏，元元统三年即至元元年乙亥（1335年）八月初六午时生，明洪武三十一年戊寅（1398年）七月十八日未时殁，葬合夫冢丑山未向共碑。生子一：颜。是为湘潭颜家坝许氏始祖。

【历史迁徙】

许氏的发源地在今河南省许昌东。

春秋战国时期，许国为郑、楚等国所逼，曾多次迁都今河南及安徽北部一带。许国被楚灭后，除部分迁居今湖北荆山及湖南芷江等地外，多数许姓就地繁衍或北上迁徙。许姓最初北上迁徙之地是冀州高阳（今河北高阳），后有许氏复迁回河南宝丰等地。

秦汉之际，许姓已遍布今河南、河北两省的大部分地区。此后，北方许姓主要分布于今河南、河北、安徽、陕西、山西等广大地区。

许姓南迁始于魏晋南北朝之时。唐初，陈政、陈元光父子奉命入闽，有河南许姓随同前往，在福建安家落户。唐代以后，许姓已大举南迁繁衍于今江苏、浙江、湖北、福建、广东等地。

宋末元初，许氏有一支徙居广东。明代，福建人许冲怀、许申移居台湾，此后许氏又多次向台湾迁徙，进而又有移居海外者。迁至湖南、广东、广西、福建的许氏，有的融入侗、壮、布依、土家等少数民族。

【许姓分布】

在苏浙闽台、粤桂滇大部、海南、皖赣大部、山东南部、甘肃西部、黑吉蒙三省区交界地区，许姓占当地人口的比例一般达到0.66%以上，有的地方可达2.5%以上。这一地区覆盖面积大约占了全国总面积的19.2%，居住了大约60%的许姓人群。在广东西北部、广西北部、云南西北和东北、四川南端、贵州南部、湘鄂大部、江西西部、冀京津晋豫、山东北部、辽吉黑大部、内蒙古大部、陕肃大部、青海东部、新疆西北，许姓一般占当地人口的比例在0.44%～0.66%，覆盖国土总面积的34.8%。

文 化 精 粹

【历史文化村落碛头村】

碛头村建村于明洪武二年（1369年），"新安许氏"始祖许儒（居安徽省歙县许村）第二十二世孙许泰来相中了这块"云山拱秀，川水漾洄"的"风水宝地"，便从离这里五里之地的云川大桥头杏梅园下（即"下许村"谐音"霞水村"）迁来，开基建祠，繁衍人口。磡头村山环水抱，景色精美绝伦，村中有文笔墩、狮子墩、塔岭墩、八卦墩、东山营墩五墩散布；村边有寿山屏、阳和屏、平顶山屏三屏鼎立；村外围有饭甑尖（海拔1349米）、黄茅尖（海拔1278米）、门前岩（海拔1109米）、山云尖、台炮尖、磨刀石山，六山环峙，势若擎天。发源于荆磡岭的云川溪（又称"涧洲"，俗称"磡头河"）呈"S"形穿村而过，造就了这条于1859年初夏建成的"水街"。

"水街"长约1公里，村头村尾落差约30米，用花岗岩条石铺成，街道随溪流落差而设台阶，10座桥（其中6座石拱桥）将村两岸融为一体，两岸相对应的28处取水的石磡，不仅方便了村人的取水和洗涤，也形成磡头村的一大特色。沿河而建的老村区约1公里长，500米宽，中间大两头小，形似金龟。沿川溪两岸依山筑舍，就势修房，石阶奇多，于是也就有了"磡头磡上床三档磡"之说，这也许就是磡头村的由来。

村内古建筑90%以上为明、清和民国初年所建，鳞次栉比的民宅均粉墙黛瓦，古貌依旧。沿溪岸的两条街道名为水街，全部用花岗岩石条铺就。水街有14古巷、10古桥、10古祠、5古庙、5古碾（即旧时舂米的水碓）、4古坊、2古第、1古楼。沿水街的溪中还筑有28处取水石磡，进村但见道道跌水似溅瀑，满耳但闻流水声。

绩溪磡头村

古朴的小桥流水

　　村中民宅多为内开"四水归明堂"（俗称天井）式的两层楼房，三间两过厢，结构合理实用。斗拱飞檐，窗棂隔扇均雕花，雕刻手法细腻，图案丰富多彩。厅堂摆设条桌、八仙桌，悬挂匾额、对联，鲜明地体现了古徽州的理学传统。古巷纵横交错，羊肠百折，曲径通幽。有的古巷从民宅楼底穿过，别具特色。三座石雕精美（多为高浮雕）的古牌坊矗立水街，令人景仰。

　　位于许氏宗祠旁的听泉楼更是别致显眼。清咸丰九年（1859年）仲夏，县令王峻题赠的匾额至今依然挂在楼上。楼角悬有四串风铃，随不同风向而发出不同音响，可以听铃声而知天气变化。夜晚登楼，能听到楼底溪边泉水汩汩而出，有如击佩之声。

许氏宗祠

听泉楼

该村已列为安徽省历史文化保护区，被古建专家赞为"徽州古村落的明珠"，被日本友人誉为"中国古民居、古村落的主体教材"。

磡头村现在已成为宣城市绩溪县的著名景点之一。

郡望堂号

【郡望】

汝南郡：汉高帝时置郡，治所在上蔡（今河南上蔡西南）。此支许氏，其开基始祖为秦末隐居不仕的高逸之士许猗。

汝南郡

高阳郡：东汉桓帝时置郡，治所在高阳（今河北高阳县东）。此支许氏为汝南许氏分支，是十六国许据的五世孙高阳太守许茂之族所在。

高阳郡

河南郡：汉高帝时改秦三川郡置郡，治所在雒阳（今河南洛阳市东北）。此支许氏为文叔直系后裔。

太原郡：战国时秦庄襄王置郡，治所在晋阳（今山西太原西南）。此支许氏为汝南许氏分支，是东汉末年大名士许劭之后。

会稽郡：秦始皇时置郡，治所在吴县（今江苏苏州市）。此支许氏，其开基始祖为东汉著名文学家许慎之后。

河内郡：河内郡是秦朝实行郡县制时始置，治所在今河南省焦作市。此支许氏开基始祖为元初大学者、理学家、集贤大学士许衡之后。

【堂号】

洗耳堂：尧帝时有一位高士叫许由。尧老时，想把天下禅让给他，他不肯接受，跑到箕山脚下去种地；尧又请他出任九州长，他就跑到颍水边去洗耳朵，认为尧说的话污了他的耳朵。许氏因以"洗耳"为堂号。

得仁堂：伯夷、叔刘在周灭商后，耻食周粟，饿死在首阳山。孔子夸他"求仁而得"。许氏因以"得仁"为堂号。

　　训诂堂：汉代时有许慎字叔重，博览经籍，当时人夸他说"五经无双许叔重"。他著有《说文解字》，集古今经学和训诂的大成，到现在还是研究文字学必备的工具书。

　　鲁斋堂：在泰安徂徕山南麓乳山下有著名的"竹溪佳境"，东南峭石壁立，上有篆刻"贫乐岩""演易斋"遗迹，元初大学者、理学家、集贤大学士许衡避世居此，演习《易经》，其室匾"鲁斋"，学者因称其为"鲁斋先生"，许衡及其后裔自此以"鲁斋"为堂号。

许氏族谱

　　许氏家谱如下所列：

　　湖南湘潭颜家坝许氏五修族谱，十六卷，首一卷，民国许维梧等主修，民国三十年（1941年）木刻活字印本。现被收藏在中国家谱网站。

　　浙江余姚勒赐余姚潘许同宗济美宝堂谱牒，八卷，首一卷，清代潘传林等续编，清光绪十三年（1887年）木刻活字印本八册。现被收藏在中国国家图书馆、中国社会科学院历史研究所图书馆、河北大学图书馆、四川省图书馆。

　　上海青浦许氏家乘，民国许玄谷著，民国三十二年（1943年）手写本四册。现被收藏在中国社会科学院历史研究所图书馆。

　　江苏南京许氏宗谱总谱两卷，分谱三卷，副本一卷，民国许定基纂修，民国十六年（1927年）木刻活字印本。现被收藏在华东师范大学图书馆。

　　江苏泗阳许氏家谱，四卷，民国许祥珍等重修，民国二十五年（1936年）说文堂石印本四册。现被收藏在日本东京国立博物馆、美国犹他州家谱学会。

　　江苏淮安淮山许氏宗谱，十卷，著者待考，清光绪十六年（1890年）纯安堂木刻活字印本。现被收藏在江苏省宝应县图书馆。

　　江苏扬州维扬许氏族谱，四卷，清代许金栋等修，清道光二十六年

（1846年）木刻活字印本四册。现被收藏在中国科学院图书馆。

江苏江都维扬江都许氏重修族谱，四卷，清代许忠书等修，清光绪二十二年（1896年）月旦堂木刻活字印本四册。现被收藏在中国国家图书馆。

江苏镇江润州开沙许氏六修宗谱，十卷，清朝许明焱主修，清宣统元年（1909年）高阳郡木刻活字印本十册。现被收藏在中国社会科学院历史研究所图书馆。

江苏武进许氏宗谱，八卷，民国许元寿主修，民国十四年（1925年）惜阴堂木刻活字印本十册。现被收藏在中国社会科学院历史研究所图书馆。

江苏武进毗陵许氏宗谱，八卷，民国许振基、许伯荣等纂，民国三十五年（1946年）追远堂木刻活字印本八册。现被收藏在哈尔滨师范大学图书馆。

江苏无锡锡山许氏宗谱，清朝许文松重修，清乾隆五十六年（1791年）方湖草堂木刻活字印本三十六册。现被收藏在吉林大学图书馆。

江苏无锡锡山许氏宗谱，十一卷，首一卷，清朝许德埙纂修，清同治十三年（1874年）木刻活字印本三十册。现被收藏在中国社会科学院历史研究所图书馆。

江苏无锡锡山许氏宗谱，六卷，首一卷，民国许培善修，民国十五年（1926年）木刻活字印本四十册。现被收藏在中国社会科学院历史研究所图书馆、河北大学图书馆。

江苏无锡许氏宗谱，四卷，清朝许华法主修，清光绪十一年（1885年）享叙堂木刻活字印本。现被收藏在江苏省常州市图书馆。

江苏无锡迁锡许氏支谱，两卷，清朝许绍渊修，清宣统元年（1909年）既翕堂木刻活字印本两册。现被收藏在美国犹他州家谱学会。

江苏无锡迁锡许氏世谱，八卷，首一卷，清末许同莘、许同莱纂辑，民国时期石印本。现被收藏在中国国家图书馆、首都图书馆、中国社会科学院历史研究所图书馆、中央民族大学图书馆、河北大学图书馆、辽宁大学图书馆、吉林大学图书馆、复旦大学图书馆。

江苏无锡许氏谱述，三卷，清末许同莘撰，民国九年（1920年）无锡石印本。现被收藏在中国国家图书馆（有两部）、首都图书馆、北京师范大学图书馆、吉林大学图书馆、江苏省南京市博物馆、南京大学图书馆。

江苏江阴暨阳花山许氏宗谱，两卷，清朝孙承天续辑，清嘉庆九年（1804年）木刻活字印本两册。现被收藏在中国国家图书馆（有两部）。

江苏江阴暨阳许氏宗谱，十卷，首一卷，清朝许子铭等修，清同治十一年（1872年）诒燕堂木刻活字印本十六册。现被收藏在美国犹他州家谱学会。

江苏江阴暨阳许氏宗谱，十四卷，首一卷、末一卷，民国许仕成、许子贞等续修，清宣统三年（1911年）澄江缀锦阁木刻活字印本二十二册。现被收藏在哈尔滨师范大学图书馆。

江苏江阴暨阳许氏宗谱，十六卷，民国许启堂辑，民国九年（1920年）麟振堂木刻活字印本十四册。现被收藏在中国社会科学院历史研究所图书馆、南开大学图书馆、江苏省常州市图书馆（第二部残）。

江苏宜兴阳羡许氏宗谱，三十四卷，清朝许柳编，清同治十年（1871年）木刻活字印本三十七册。现被收藏在上海市图书馆。

江苏宜兴缪渎许氏宗谱，十卷，首一卷、末一卷，民国许洪德修，民国二十五年（1936年）庆余堂木刻活字印本。现被收藏在中国国家图书馆、河北大学图书馆。

江苏常熟高阳许氏东唐墅支谱，清朝许廷诰重修，清嘉庆二十四年（1819年）木刻活字印本四册。现被收藏在日本东京国立博物馆、美国犹他州家谱学会。

江苏常熟高阳许氏东唐墅支谱，清朝许廷诰述，清朝时期木刻活字印本三册。现被收藏在中国国家图书馆。

江苏常熟高阳许氏常熟东唐墅支谱附录八卷，清朝许廷诰纂修，手写本。现被收藏在江苏省南京市图书馆。

江苏吴县许氏族谱，清朝许永镐续修，清康熙五十二年（1713年）木刻活字印本两册。现被收藏在中国国家图书馆。

江苏吴县许氏旧谱，著者待考，清朝末期手写本一册。现被收藏在江苏省苏州市图书馆。

江苏吴县高阳许氏族谱，清朝许俞晟修，清同治十年（1871年）写本四册。现被收藏在美国犹他州家谱学会。

江苏许氏支谱，著者待考，清朝道光年间木刻活字印本。现被收藏在江苏省宿迁县图书馆，今仅存第二卷。

江苏许氏族谱，著者待考，木刻活字印本，今仅存第一卷。现被收藏在江苏省泗洪县公共安全专家局档案室。

浙江杭州武林城东许氏宗谱十卷，清朝许承基纂修，清乾隆二十五年（1760年）木刻活字印本四册。现被收藏在中国社会科学院历史研究所图书馆。

浙江杭州高阳许氏宗谱，著者待考，清朝许乃安修，清道光二十九年（1849年）木刻活字印本两册。现被收藏在日本东京国立博物馆、美国犹他州家谱学会。

浙江杭州高阳许氏家谱两卷，清朝许乃钊纂，清同治二年（1863年）木刻活字印本。现被收藏在中国社会科学院历史研究所图书馆、中央民族大学图书馆、四川省图书馆。

浙江杭州高阳许氏家谱，四卷，茔图二卷，民国许之璟、许之琛等修，民国十年（1921年）铅印石本。现被收藏在中国国家图书馆、中国社会科学院历史研究所图书馆、辽宁省图书馆、辽宁省大连市图书馆、吉林大学图书馆、上海市图书馆、江苏省苏州市图书馆。

浙江杭州钱塘许氏支谱，清朝许享诗修，清同治八年（1869年）木刻活字印本，民国时期墨笔续修本两册。现被收藏在浙江省图书馆。

浙江杭州钱塘许氏家谱，著者待考，木刻活字印本。现被收藏在辽宁省图书馆。

浙江杭州钱塘许氏宗谱，著者待考，民国时期木刻活字印本六册。现被收藏在浙江大学图书馆。

浙江余杭许氏宗谱，六卷，著者待考，清光绪七年（1881年）木刻活字印本。现被收藏在浙江丝杭县文物管理局。

浙江富阳富春灵峰许氏宗谱，四卷，著者待考，清朝时期木刻活字印本，今仅存第一、二卷。现被收藏在中国国家图书馆。

浙江萧山子胡许氏宗谱，四卷，清朝许小齐等修，清光绪八年（1882年）聚顺堂木刻活字印本四册。现被收藏在美国犹他州家谱学会。

浙江萧山许氏宗谱，四卷，清朝许步云撰，清咸丰九年（1859年）孝思堂木刻活字印本。现被收藏在中国国家图书馆、中国科学院图书馆、日本东京国立博物馆、美国犹他州家谱学会。

浙江萧山许氏宗谱，四卷，清朝许咏修，清光绪二十二年（1896

年）孝思堂木刻活字印本四册。现被收藏在中国国家图书馆、中国历史博物馆、吉林大学图书馆、日本东京国立博物馆、美国犹他州家谱学会。

浙江萧山许氏宗谱，八卷，民国许德圣等修，民国十七年（1928年）孝思堂铅印本八册。现被收藏在日本东京国立博物馆、美国犹他州家谱学会。

浙江萧山桃源许氏宗谱，八卷，民国朱慰堂纂，民国四年（1915年）木刻活字印本。现被收藏在浙江省萧山县档案馆。

浙江余姚姚江云柯许氏宗谱，二十卷，首一卷，清朝许生荣总纂，清光绪二十八年（1902年）怀义堂木刻活字印本十册。现被收藏在中国社会科学院历史研究所图书馆。

浙江余姚姚江云柯许氏宗谱，二十卷，首一卷，民国许先斋等修，民国二十年（1931年）怀义堂木刻活字印本。现被收藏在南开大学图书馆。

浙江鄞县集士港许氏支谱，五卷，首一卷，民国许德祺、许成锺等纂，民国二十四年（1935年）月旦堂木刻活字印本一册。现被收藏在浙江省宁波市天一阁文物管理所。

浙江海宁许氏历代宗谱，四卷，清朝许承祖、许飞鹏等续修，清乾隆十八年（1753年）木刻活字印本。现被收藏在河北大学图书馆、辽宁省图书馆、浙江省图书馆、美国犹他州家谱学会。

浙江海宁洛塘许氏宗谱，十二卷，清朝许惟权纂，清乾隆二十一年（1756年）木刻活字印本。现被收藏在四川省图书馆。

浙江海宁灵泉许氏重纂家谱，十二卷，首一卷、末一卷，清朝许德元重编，许僖续订。清乾隆五十七年（1792年）木刻活字印本十册。现被收藏在中央民族大学图书馆。

浙江海宁灵泉许氏宗谱，十二卷，首一卷、末一卷，清朝许克勤等纂，清光绪十一年（1885年）木刻活字印本。现被收藏在中国人民大学图书馆、上海市图书馆、浙江省图书馆（残本）、浙江省临海市博物馆（残本）、美国犹他州家谱学会。

浙江德清许氏族谱，清朝许祖京辑，清朝年间石印本一册。现被收藏在浙江省图书馆。

浙江长兴许氏宗谱，八卷，民国许仁初主修，许振朝协修，民国六

许

年（1917年）敦睦堂木刻活字印本，今仅存第一至二卷、第六至七卷。现被收藏在浙江省长兴县白阜乡评家村。

浙江绍兴山阴碧山许氏宗谱，二十三卷，首一卷，补遗一卷，附谱四卷，清朝许守伦初辑，许在衡重编，清光绪十四年（1888年）希范堂木刻活字印本。现被收藏在中国国家图书馆、中国社会科学院历史研究所图书馆、辽宁省图书馆、浙江省图书馆、浙江大学图书馆、日本东京国立博物馆、美国犹他州家谱学会。

【海宁许氏家训《德星堂家订》】

许氏家族名人辈出，海宁历史上366名进士中，许氏家族占30多人。许氏精神传承仁、忠、廉。千百年来，许由的"仁让"、伯夷的"坚毅"、许远的"忠义"、许汝霖的"清勤"，伴随许氏家族的延绵发展，许氏家族不管做官还是做人，都传承着这一精神命脉。在海宁许氏家族有过不少家训，最著名的要数许汝霖的《德星堂家订》。该家训与《颜氏家训》《朱子家训》等中国著名家训一起，被选入《中华家训》。

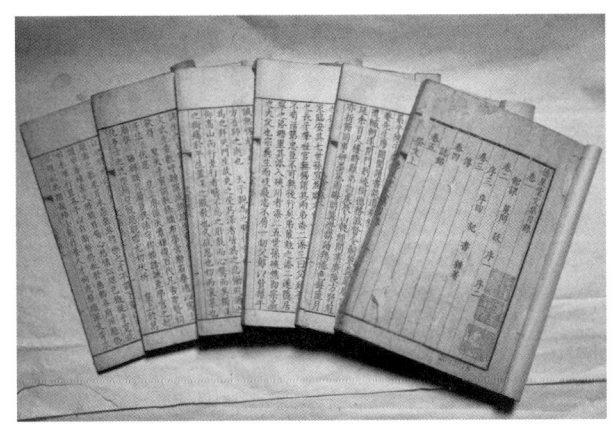

《德星堂文集》中的《德星堂家订》

德星堂家订（节选）

序篇

窃闻学贵治生，谊先敦本，维风厉行，宁俭毋奢。方今物力惟艰，人情不古，竞纷华于日用，动辄逾闲，勉追报于所生，事多违礼，习而不返，长此安穷？不揣迂疏，谬抒臆见，黜浮崇雅，敢云率俗于淳庞，慎始虑终，聊欲饬躬于轨物。爰陈数则，用质同心。

——许汝霖《德星堂家订·序篇》

宴会篇

酒以合欢，岂容乱德！燕以洽礼，宁事浮文？乃风俗日漓，而奢侈倍甚。簋则大缶旧瓷，务矜富丽；菜则山珍海错，更极新奇。一席之设，产费中人；竟日之需，瓶罄半载。不惟暴殄，兼至伤残。

尝与诸同事公订：如宴当事，贺新婚，偶然之举，品仍十二。除此以外，俱遵五簋，继以八碟。鱼、肉、鸡、鸭，随地而产者，方列于筵。燕窝、鱼翅之类，概从禁绝。桃、李、菱、藕，随时而具者，方陈于席。如此省约，何等便安！

——许汝霖《德星堂家订·宴会篇》

衣服篇

流风易溺，积习难回。居官者，章身不惜夫重价；服贾者，耀富亦羡乎轻裘。朱邸高朋，冠裳济济；青油幕客，裘马翩翩。习以相沿，归而不改。每见贵豪游子，返温和之地，虽暖如寒。致令富厚少年，睹灿丽之陈，趋新忘故。金貂玉鼠，南服偏多；白狸青狢，炎乡不少。偶焉寓目，辄为惊心。

吾辈既已读书，自当毅然变俗。旧衣楚楚，素履可钦。襆被萧萧，高风足式。传前人之清白，不坠家声；贻后嗣以廉隅，永遵世德。抚躬自较，所得孰多？

——许汝霖《德星堂家订·衣服篇》

嫁娶篇

伦莫重于婚姻,礼尤严于嫁娶。古人择配,惟卜家声;今则不问门楣,尚求贵显。女家未嫁之先,徒争赇币;男家既娶之后,又责妆奁。彼此相尤,真可浩叹!

亦思古垂六礼,文公家训,合而为三,可知事贵适宜,何烦缛节?但求允问名,原无浮费。如职居四民,产仅百亩,聘金不过十二,绸缎亦止数端,上之六十、八十,量增亦可。下则十金、八金,递减无妨。度力随分,彼此俱安。而亲迎之顷,舟车鼓乐,仪从执事,一切从简,总勿徇时。

若夫女家嫁赠,贫富虽殊,而荆布可风,总宜俭约。纵有厚资,不妨助以田产,资以生息,使为久远之谋。切勿多随臧获,厚饰金珠,徒炫耀于目前,致萧条于日后。至于宗亲世胄,丰俭自有尊裁,赠遗岂敢定限?但求有典有则,可法可传。则所裨于风俗固厚,所贻于儿女亦多矣。不揣葑菲,敢献刍荛。

——许汝霖《德星堂家订·嫁娶篇》

·················古代名人生平

战国

许行,楚国,最早出现于史籍的许姓著名人物。

汉朝

许平君,昌邑(今山东)人,皇后,汉宣帝刘询结发夫妻,汉元帝母,被毒死。

许娥,昌邑人,汉成帝皇后,许平君的侄女,被逼服毒自杀。

许扬,不详,水利专家,曾修复鸿隙坡。

许慎,汝南人,经学家、文字学家,著《说文解字》。

三国魏

许劭,汝南人,名士。好评论人物,每月更换一名,时称汝南"月旦评"。

许褚，亳州人，万岁亭侯，迁武卫将军，故号曰虎痴。

许攸，南阳人，本为袁绍帐下谋士，官渡之战时其家人因犯法而被收捕。

唐朝

许敬宗，杭州人，秦王府十八学士之一。

许天正，豫州汝阳人，漳州第一任别驾，官至泉漳团练使兼翊府记室。

许浑，润州人，诗人。其诗作中有"山雨欲来风满楼"之句为世人传唱。

宋朝

许申，海阳县人，北宋大中祥符三年状元，潮州八贤之一。著《高阳集》。

许道宁，长安人，画家。以擅写林木、平远、野水三景闻名。

许衡，怀洲河内人，中国13世纪政治家、教育家、思想家和天文学家。

元朝

许夫人，莆田人，元初畲民起义女英雄。

许有壬，汤阴人，政治家。历官七朝，官至中书参知政事、集贤殿大学士。

明朝

许天赐，闽县人，弘治年间进士，为官刚直不阿，著有《黄门集》。

许孚远，浙江德清人，官至南京兵部左侍郎，著有《敬和堂集》。

许自昌，吴县人，好奇文异书，作传奇《水浒记》《灵犀佩》等。

许国，歙县人，明代政治人物，官至吏部尚书、建极殿大学士。

许维新，山东聊城人，文章高古，力尤工书。

清朝

许伯政，湖南巴陵人，历擢山东道监察御史。

许鸿磐，山东济宁人，历任安徽同知、泗州知州，有《方舆考证》等。

许宗扬，广西人，太平军将领。随韦昌辉杀杨秀清，后不详。

许景澄，浙江嘉兴人，出使法、德、意、奥、荷等国，后任总理各国事务衙门大臣。

许德珩，台湾人，实业家，世界许氏宗亲总会发起者、理事长。

许行

许行

许行（xíng），东周战国时期著名农学家、思想家。

许行生于楚宣王至楚怀王时期。依托远古神农氏"教民农耕"之言，主张"种粟而后食""贤者与民并耕而食，饔飧而治"，带领门徒数十人，穿粗麻短衣，在江汉间打草织席为生。

滕文公元年（公元前332年），许行率门徒自楚抵滕国。滕文公根据许行的要求，划给他一块可以耕种的土地，经营效果甚好。大儒家陈良之徒陈相及弟、陈幸带着农具从宋国来到滕国拜许行为师，摒弃了儒学观点，成为农家学派的忠实信徒。同年孟轲游滕，遇到陈相，展开了一场历史上著名的"农""儒"论战。

许慎

许慎，东汉经学家、文字学家，汝南召陵（属今河南漯河市召陵区）人，字叔重。师事贾逵，曾任太尉南阁祭酒等职。性情淳笃，博学经籍，马融常推敬之，有"五经无双许叔重"之誉。精文字训诂。历经21年著成《说文解字》十五卷，收文9353个，重文1163个，均按540个部首排列，是我国第一部说解文字原始形体结构及考究字源的文字学专著。推究六经之义，分部类从，至为精密。唐以后，科举考试规定要考《说文解字》。另著有《五经异义》《淮南鸿烈解诂》等书，已佚。另有《孝经孔氏古文说》和《说文解字》十四卷，其他著作多佚，仅存《说文解字》。清陈寿祺辑有《五经异义疏证》，辑注较备完。

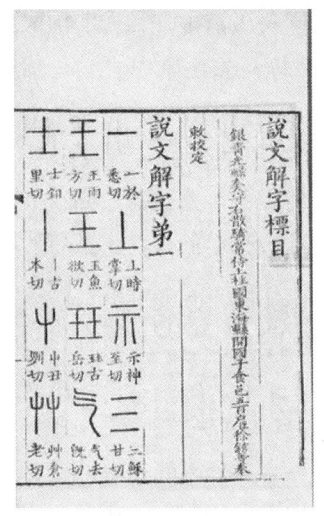

说文解字古籍目录页

许慎

许衡

许衡，字仲平，号鲁斋，世称"鲁斋先生"。怀庆路河内（今河南省焦作市中站区李封村）人。金末元初著名理学家、教育家。自幼勤读好学，之后为避战乱，常来往于河、洛之间，从姚枢得宋二程及朱熹著作，与姚枢及窦默相讲习。至元二年（1265年），命其议事中书省，"不为利用""不为势屈"，故有"元代魏徵"之称。至元八年任集贤大学士兼国子祭酒主持国子监。因耿直，于政受阻，辞职归乡。至元十三年（1276年），召回主持历法，历五年编成《授时历》，为我国历史上实际时间最长的历法。

许衡家族世代务农，自幼勤读好学，天资聪颖，七岁时入学，曾问老师为何要读书，老师答曰："为了考科举。"许衡又问："仅仅是这样？"老师大为惊异。以后每次讲书，许衡都要问个究竟，以至老师对其父母说："令郎聪敏过人，我不能胜任，请别求名

许衡

师。"辞馆而去。像这样连换了三位老师。长大后更加好学，因家贫无钱购书，常涉百里借书抄书。他曾在一个算命先生家中看到一部解释《书经》的书，便去手抄回来细读，后来逃难到祖徕山才得到一部王弼注释的《易经》。当时虽兵荒马乱，许衡仍坚持日读夜思，且身体力行。

许衡任职27年中，曾因刚正不阿，不附权势，八次辞官归里，又八次被召回。是游历云台山名人中辞官被召次数最多的一人。卒后，葬于云台山下李封村南3公里处。

许自昌

许自昌，字玄祐，号霖寰，又号去缘居士、梅花主人、樗斋道人，又署高阳生，长洲县甫里人。明代戏曲家、文学家、藏书家。万历三十五年（1607年），父亲许朝相为他出钱，选授文华殿中书舍人，后以养双亲为由告归故里，在甫里"筑梅花墅以娱亲"。许自昌能诗善文，又能作传奇，家中蓄养戏班子，戏曲创作及其家乐戏班，在当时名闻江南。创作了《水浒记》《橘浦记》《报主记》《弄珠楼》《临潼会》《百花亭》《灵犀佩》等传奇10余种，又改订汪廷讷的《种玉记》及许三阶的《节侠记》传奇。还著有《秋水亭草》《吐馀草》《捧腹谈》《樗斋诗草（钞）》《樗斋漫录》等。

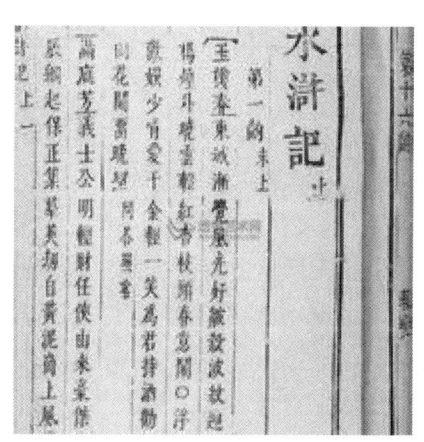

水浒记

许汝霖

许汝霖，字时庵，号且然。浙江海宁人。唐睢阳太守许远后裔。清代名臣、文学家、教育家、水利工程专家。康熙二十一年（1682年）进士，殿试二甲。历任翰林院编修、江南学政、工部侍郎、礼部尚书等职。康熙五十九年（1720年）卒，终年81岁。

许汝霖为官清正廉洁，勤于政务，治学有法有度，治水亲力亲为，深得康熙皇帝及朝野士民称赞。

主持江南学政时，许汝霖大力改革，整顿学风，清理积弊，颇见成效。为国举才，不遗余力，犹如伯乐。

任工部侍郎时，奉旨前往河北治理水患，康熙皇帝曾传谕："许汝霖学问好，居官亦好。必能尽力筑治，以纾朕忧。"对其信任有加。

以礼部尚书兼理户部时，康熙皇帝有减免全国农民钱粮之议，群臣各持己见，以为不可全免，唯恐减少国库收入，在许汝霖全力争取之下，朝廷降旨各省轮流全免农业粮税，造福百姓无数。

70岁时，许汝霖以年老为由请旨退休，康熙皇帝挽留再三，准其告老还乡，并御赐亲书"清慎勤"匾额予以嘉奖，并传谕："卿居官三十年，并无小过，此去可称完人矣！"

许汝霖著述甚多，所著《易经说》《四书大成》《钝翁文钞》《课士条约》《河工集》《也园诗文集》《德星堂家订》等结集为《德星堂文集》行世，后被收入《四库全书》。

许汝霖

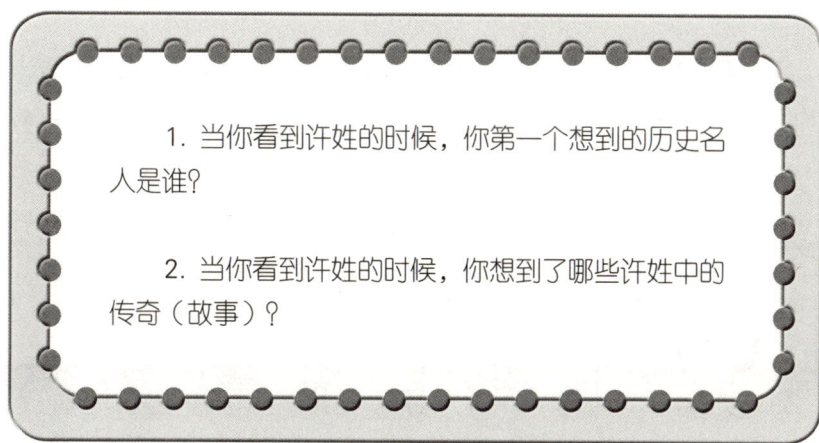

1. 当你看到许姓的时候，你第一个想到的历史名人是谁？

2. 当你看到许姓的时候，你想到了哪些许姓中的传奇（故事）？

中华百家姓之

彭

百家姓

彭姓，是一个典型的多民族、多源流的姓氏群体，在宋版《百家姓》中排第47位。在当今姓氏排行榜名列第39位，属于大姓系列，人口588万余人，占全国汉族人口总数的0.49%左右。

彭字解读

彭
（péng）

本义是形容鼓声的象声词。字的一边是鼓形；一边是三条斜线，表示击鼓时发出的声音。又通"澎"，如《汉书》："汹涌彭湃"。

甲骨文　金文　篆文　隶书　楷繁体　简体

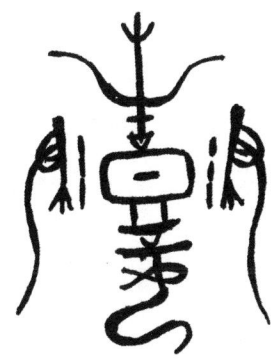

彭姓图腾

彭姓图腾，彭由鼓、敲鼓的人和击鼓发出的声音组成。下面跪着的女人代表女姓的祖先安登，所以彭姓又是安登的后代，在彭姓的族徽中就有安登的"登"的"文化基因"。下为"龙"，左右为击鼓之二人。是三军鼓气之族。

溯源寻根

【彭姓来源】

源流一：出自篯姓

彭姓出自颛顼帝玄孙陆终的儿子篯铿的封地大彭，属于以国名为氏。据《通志·氏族略》和《姓氏寻源》所载，颛顼帝有玄孙陆终，陆终第三子姓篯名铿，受封于彭地（今江苏省徐州），建立大彭国，称为彭祖，大彭国在殷商末期被商王武丁所灭。《国语·郑语》记载"大彭、豕韦为商所灭矣"。其后，大彭国子孙以国名为氏，称彭氏。史称彭祖是所有彭氏的受姓始祖，是为江苏彭氏。

彭氏族人大多尊奉彭祖为得姓始祖。

源流二：出自妘姓

为帝喾时的火官祝融之后，八姓之一有彭姓。据《国语》所载："祝融之后，八姓，己、董、彭、秃、女、斟、曹、芈。"此说是讲彭姓为祝融之后，为八姓之一。

源流三：出自有商

老彭，即师挚，为商巫师。彭为商的卜官，甲骨文中多见。

源流四：由他族改姓而来

据《姓氏考略》所载，有胡、西羌、南蛮，清时满、蒙、回、苗、白、瑶、土家、苦聪、彝、拉祜等民族有彭姓。

【得姓始祖】

得姓始祖为彭祖。

彭祖，姓籛（即"籛"，古读jiān，今读jiǎn），彭氏，名翦，也称籛铿、钱铿、彭铿。上古帝王颛顼的四世孙（黄帝的六世孙："黄帝生昌意，昌意生颛顼，颛顼生称，称生老童（即卷章），老童生吴回，吴回生陆终，陆终生彭祖"）。父亲是吴回的长子陆终，母亲是鬼方首领之妹女嬇，因擅长烹饪野鸡汤，受帝尧的赏识，后受封于大彭，是彭姓的祖先。

自尧帝起，历夏朝、商朝。商朝时为守藏史，官拜贤大夫，周朝时担任柱下史；娶妻四十九人，生子五十四人。史传彭祖寿高880岁，乃古时彭山一带"小花甲计岁法"的结果。小花甲计岁法源于"六十甲子日"，就是古代所传六十个星宿神挨次值日一圈的时间。民间崇拜上天星宿，凡人寿命皆与星宿对应，便以六十个星宿神轮流值日一周的时间为一岁，按此计算，彭祖实际寿数合140岁。

因其长寿，经历了夏、商两

彭祖像

代，所以又称他为彭祖。他的子孙就按照当时习惯，以国命姓，称为彭姓，他们尊彭祖为彭姓的得姓始祖。

先秦时期，彭祖在人们心中是一位仙人。到了西汉，刘向《列仙传》把彭祖列入仙界，并称为列仙，彭祖逐渐成为神话中的人物。

【历史迁徙】

殷商时诸侯国大彭，即今天的江苏徐州铜山境内是彭姓的发源地，其后彭姓的繁衍播迁，均是出自此支。商末时，大彭氏失国，此时已有彭姓人迁居河南南阳一带，其中有位名叫彭仲爽的人由南阳去楚为大夫，是为彭姓徙居湖南、湖北的开始。秦末时楚汉争霸，位于楚国都城的徐州处于战乱状态，有一支彭姓为避战乱而离彭城远迁陇西。汉时有长平（今河南西华）侯彭宣，举家迁居河南淮阳，后于淮阳发展成为望族。魏晋时，由于战乱及官职升迁等原因，彭姓人大举南迁。有史料表明，今山东、陕西、甘肃、江西、四川、福建等省均有彭姓人在活动。南北朝北齐时，彭宣八世孙彭景直徙居瀛洲（今河北河间），九世孙中有一支迁居安定（今甘肃泾川县北）。

唐玄宗时，为避安史之乱，彭景直之子彭构云迁居袁州宜春，彭姓开始繁盛于江西省境，彭构云五世孙彭轩因仕宦而落籍庐陵（今江西吉安）吉水之山口村，并有江西其他彭姓辗转迁徙至福建。其中彭士然的后裔迁湖南西部。唐末时，彭轩六世孙彭嗣元迁居分宜县。

宋神宗时，嗣元的九世孙彭延年因被任命为潮州刺史，遂定居于广东揭阳之浦口村，是为彭姓广东始祖。后又于此派分出福建漳州、泉州等支派，在闽粤发展成为望族。其中彭延年的第三子彭锐的裔孙彭君达，于明洪武十六年（1383年）迁入广东梅州，是为梅州彭姓始祖。

另据载，彭姓亦为明朝洪洞大槐树迁民姓氏之一，有145人分迁于河南、甘肃、山东、河北、湖北、湖南等地。

自清代开始，闽粤彭姓有部分移居台湾，并有部分移居东南亚及欧美。

【彭姓分布】

当代彭姓在全国的分布目前主要集中于湖南、四川、湖北三省，大约占彭姓总人口的44%。其次在广东、江西、云南、贵州、河南，这五省的彭姓又占了30%。湖南居住了彭姓总人口的21%，为彭姓第一大省。全国形成了长江中下游川鄂湘的彭姓高密度聚居区，从明朝至今600年中，彭姓人口流动的程度和方向与宋朝明朝期间有了很大的区别，由东南向华中、西部的强劲回迁已超过了由北向东南的迁移。

彭姓在人群中分布在湘赣、川渝黔、湖北大部、粤东大部、福建西端、云南北部、川甘青交界地区，彭姓一般占当地人口的比例在0.81%以上，其中中心地区可达2%以上。以上地区覆盖面积大约占了国土总面积的18.4%，居住了大约55%的彭姓人群。在粤桂南部、海南、福建大部、皖苏浙台、湖北北部、河南南部、陕甘宁南部、青海东部、山东南端、辽宁大部、内蒙古东南和东北、新疆西北，彭姓在当地人群中的分布比例在0.27%～0.81%，其覆盖面积约占了全国总面积的25%，居住了大约35%的彭姓人群。

文 化 精 粹

【彭氏民居】

"彭氏民居"位于重庆巴南区南温泉，"彭氏民居"俗称"彭氏庄院"或"彭家大院"，始建于清道光二年（1822年），迄今已有195年历史。四面由5至7米高的围墙环抱，构成履合四廊式四合庭院。院内有一百多年的桂花树（金桂、银桂）3株，国家二级保护黄桷古树2株。

庭院楼厅廊廊，雕梁画栋，保存十分完好，现为重庆市市级重点文物保护单位。

彭氏民居

彭氏民居内的大树

　　彭氏祖籍江西，后迁入四川。经过两百多年的繁衍，族内子孙发展壮大。宗族出现过礼部尚书、吏部御史、军部元帅、将军等朝廷重臣。彭氏后裔彭瑞川依其族权，被特许专营盐业，销往巴县、重庆，远销四川、贵州、云南等地。嘉庆年间先后在重庆南泉界石、鹿角等地修建民宅，后选址白鹤森，道光二年（1822年）始建"彭家大院"。清末民初，彭氏家庭内部斗争激烈，加上鸦片大量进入彭宅，食用后耗志损体，从而致使彭氏家族逐渐走向没落和衰亡。

现在，彭氏民居是全国的重点影视拍摄基地之一，如《延安颂》《张伯苓》《双枪老太婆》《傻儿师长》《一双绣花鞋》《记忆之城》《周恩来在重庆》等近30部影视剧均在此拍摄。

彭氏民居内东厢房

彭氏民居内西厢房

【郡望】

彭城郡： 大彭国都城名为彭城，即今江苏徐州市。战国时期，彭城为宋国都城。西汉宣帝地节元年（公元前69年）置彭城郡。彭城为彭姓起源发祥之地，彭姓后裔中一些环彭城而居的宗支都以彭城郡为郡望。

陇西郡： 战国秦昭襄王二十八年（公元前279年）始置陇西郡，治所在狄道（今甘肃临兆南）。秦时迁楚国望族到关陇，彭氏便是其中的一支望族。许多彭姓后裔因避中原之乱而迁至陇西。之后构云公五世孙玕公，唐文宗开成元年（836年）生，后唐明宗长兴四年（933年）卒，累官至太尉，封安定王，初爵陇西郡。加上其长子彦武与其侄晞又相继封爵陇西郡开国侯伯。宋神宗三年，户部侍郎彭思永亦诰封陇西郡开国侯，彭族在陇西成为当地最有影响的望族之一，陇西郡也成为彭姓最重要也最古老的郡望。彭之陇西与王之太原、刘之彭城等郡望齐名。

淮阳郡： 汉献帝十一年（200年）置淮阳国，都于陈（今河南淮阳）。隋大业及唐天宝时改陈都为淮阳郡。汉长平侯彭宣定居淮阳，因其德高望重，在彭氏名人中首屈一指，子孙也以他为荣，彭姓族人逐渐在淮阳聚居成为望族。

宜春县： 汉置宜春县，晋朝时改为宜阳县，隋朝时复改为宜春县，治所在今江西本部。东汉献帝时彭翼曾居建平太守，封宜春侯。唐玄宗时彭构云由河间迁居袁州宜春（今江西宜春县）。玄宗三次征召他，均辞官而归，终以宜春作为隐居地，轰动朝野。其下世系规整，后裔繁多，名门辈出，称盛江西，宜春彭姓逐渐成为当地最具影响力的望族，构云公也被尊为中兴彭氏的迁吴始祖。宜春的郡望对后世彭氏影响最大。宋朝迁往潮州揭阳的广东始祖延年公，分支广东、福建，后裔又迁往台湾及东南亚各地，遂成彭姓巨族。

【堂号】

长寿堂、可祖堂： 长寿堂、可祖堂都是因彭姓始祖彭祖（彭铿）而来。彭铿封于彭，古人说"其道可祖"，后来称之为彭祖。相传他活了800多岁。在商朝末年，他当了守藏史，到了周朝又当了柱下史。于

彭

是，彭姓后人以"长寿"为堂号。

彭城堂：北宋末年原籍江西吉安的彭延年告老辞官后定居于揭阳，是彭氏进入广东的始祖。其子孙除留居揭阳外，先后迁居丰顺、大埔、兴宁、五华、梅县等地。迁居丰顺县人数最多，有"彭半县"之称。

此外，彭姓主要堂号还有："陇西堂""淮阳堂""述古堂""尚贤堂""敦本堂""光裕堂""雉封堂""思敬堂""衣言堂""述信堂""奎聚堂""三召堂""三瑞堂""商贤堂""柱下堂""明经堂""孝睦堂""雍睦堂""春福堂""积厚堂""博士堂""曹斐堂""敦伦堂""深远堂"等。

彭 氏 族 谱 与 字 辈

【彭氏家谱】

彭氏家谱的状况如下：

四川绵竹彭氏宗谱，三卷，民国彭正官纂，民国二十七年（1938年）铅印本三册。现被收藏在中国国家图书馆。

江苏丹阳云阳东门彭氏重修族谱，四卷，清朝彭士珽等重修，清乾隆五十七年（1792年）木刻活字印本四册。现被收藏在日本东京国立博物馆、美国犹他州家谱学会。

江苏丹阳云阳东门基庄彭氏重修族谱，六卷，清朝彭志质等重修，清道光二十九年（1849年）木刻活字印本六册。现被收藏在日本东京国立博物馆、美国犹他州家谱学会。

江苏丹阳云阳大泊彭氏重修族谱，四卷，清朝彭道亭等重修，清咸丰四年（1854年）木刻活字印本四册。现被收藏在日本东京国立博物馆、美国犹他州家谱学会。

江苏溧阳南门彭氏宗谱，十四卷，著者待考，清光绪二十二年（1896年）木刻活字印本四十四册。现被收藏在美国犹他州家谱学会。

江苏溧阳南门彭氏宗谱，四十六卷，民国彭启运等八修，民国十三年（1924年）思敬堂木刻活字印本四十六册。现被收藏在日本东京国立博物馆、美国犹他州家谱学会。

江苏吴县彭氏宗谱，四卷，清朝彭慰高重修，清同治六年（1867年）衣言堂木刻活字印本两册。现被收藏在中国国家图书馆、南开大学图书馆、日本东京国立博物馆、美国犹他州家谱学会。

浙江三门亭旁彭氏宗谱，两卷，民国彭大巧、彭道芳等重修，民国三十四年（1945年）木刻活字印本。现被收藏在浙江省三门县彭赖乡彭家村。

浙江云和彭氏宗谱，著者待考，民国三十年（1941年）木刻活字印本三册。现被收藏在浙江省云和县文管所。

安徽彭氏宗谱，二十五卷，首一卷、末一卷，清朝彭荣恩等纂，清同治六年（1867年）述信堂木活字印本二十八册。现被收藏在中国国家图书馆。

安徽彭氏宗谱，十一卷，著者待考，民国六年（1917年）木刻活字印本。现被收藏在安徽省石台县贡溪椰塘湾村。

安徽桐城彭氏世谱，四十二卷，末一卷，清朝彭元照重修，清同治五年（1866年）奎聚堂木刻活字印本六册。现被收藏在中国人民大学图书馆。

安徽潜山彭氏族谱，二十卷，首一卷、末一卷，著者待考，民国十年（1921年）述信堂木刻活字印本。现被收藏在安徽省安庆市图书馆。

江西南昌彭氏族谱，十卷，首一卷，民国彭元端等六修，民国十三年（1924年）手写本五册。现被收藏在日本东京国立博物馆、美国犹他州家谱学会。

江西萍乡古学前彭氏续修族谱，清朝彭金钰等纂修，清咸丰三年（1853年）木刻活字印本三册。现被收藏在江西省图书馆。

江西萍乡古学前彭氏三修族谱，清朝彭启等纂修，清光绪二十四年（1898年）木刻活字印本两册。现被收藏在江西省图书馆。

江西萍乡竹溪彭氏四甲宗谱，五卷，首一卷、末一卷，民国彭为宗等纂修，民国五年（1916年）木刻活字印本。现被收藏在江西省图书馆（缺第一卷下册，另有一部仅存三卷）。

湖北新洲彭氏宗谱，三卷，民国彭仲甫、彭彩轩续修，民国三十五年（1946年）铅印本。现被收藏在湖北省新洲县和平乡富兴村。

湖北黄冈楚黄彭氏宗谱，三十七卷，首七卷，民国彭清泉、彭扫鹿等纂，民国三十七年（1948年）述古堂木刻活字印本。现被收藏在湖北省武汉市图书馆。

湖北江陵彭氏族谱，四卷，首一卷，著者待考，民国七年（1918

年）木刻活字印本。现被收藏在湖北省江陵县档案馆。

湖南长沙彭氏续谱，五卷，清朝彭学懋纂序，清乾隆四年（1739年）木刻活字印刻本一册。现被收藏在湖南省图书馆。

湖南长沙彭氏六修族谱，十一卷，首两卷，清朝彭第槐纂序，民国十九年（1930年）述古堂木刻活字印本三册。现被收藏在湖南省图书馆。

湖南浏阳浏南沙溪河口彭氏支谱，清朝彭文馨修，彭万成纂，清咸丰五年（1855年）三瑞堂木刻活字印本，今仅存第一卷。现被收藏在湖南省图书馆。

湖南宁乡宁邑彭氏族谱，六卷，清朝彭显相纂序，清乾隆二十四年（1759年）木刻活字印刻本，今仅存第六卷。现被收藏在湖南省图书馆。

湖南江永彭氏家谱，三卷，著者待考，清宣统三年（1911年）陇西堂石印本。现被收藏在湖南省江永县档案馆。

广东中山象角彭氏族谱，十卷，民国彭炳佐等编纂，民国二十二年（1933年）铅印本十册。现被收藏在美国犹他州家谱学会。

广东东莞县彭塘石背岭彭氏族谱，著者待考，民国元年（1912年）手写本一册。现被收藏在美国犹他州家谱学会。

广东陆丰彭氏族谱，清朝彭云际序，民国八年（1919年）木刻活字印本。现被收藏在台湾。

广东陆丰彭氏族谱，清朝彭金秀抄，清光绪初年（1875年）木刻活字印本一册。现被收藏在台湾。

广西桂林彭氏四修宗谱，清朝彭递珪续修，清同治九年（1870年）敦伦堂木刻活字印本十册。现被收藏在吉林大学图书馆。

上湘谷水彭氏续修族谱，五十四卷，首两卷，民国彭依庸等修，民国十四年（1925年）敦本堂木刻活字印本五十六册。现被收藏在中国家谱网站档案馆。

中湘彭氏六修族谱，十六卷，民国彭肇兴修，民国二十六年（1937年）光裕堂石印本十九册。现被收藏在中国家谱网站档案馆。

彭氏宗谱，三卷，首一卷，清朝彭钟模纂修，清宣统三年（1911年）木刻活字印本一册。现被收藏在中国家谱网站档案馆。

鹤庆彭氏宗谱，清朝彭坤纂修，清朝末期木刻活字印本一册。现被收藏在中国家谱网站档案馆。

【字辈排行】

清顺治七年（1650年）彭而述修、1919年彭有康总修的《彭氏七修族谱》中记载：

湖南衡山彭姓保公房辈分字行是：祖宗培植厚，兰树立庭芳。立德通经学，诗书绪以长。

本房辈分字行是：光承选缔泽，代有士名扬。忠孝维国政，相传继永昌。

濠头房是：智勇仁为达，福从大德生。前卿共自远，继善必其诚。

贺家仲房是：友子大曰鼓，芳应均思成。世启家庐远，名扬祖宗荣。

湘潭中路铺房是：友子大曰鼓，芸应均思成。世应家庐远，名扬祖宗荣。

杨子坪房是：江右贻谋远，秋堂继起兴。后来宜萃芳，各位振而升。

林子冲房是：盛世明良会，忠臣起若云。衡湘金玉秀，积庆肇元勋。

清光绪七年（1881年）彭杰圭纂修的《彭氏四修族谱》中记载，湖南湘潭彭氏辈分字行为：思祖惟文太，宗兴伍百年。念征有杰士，述信继商贤。

续修辈分字行是：安福源流远，中湘世泽绵。诗书昌令绪，孝友绍家传。

清乾隆十八年（1753年）彭城述修、宣统三年（1911年）彭钟模总纂的《彭氏宗谱》记载，四川简阳彭姓乾隆十八年连续辈分派语10字：钟国家良彦，育君亲手臣。

同治二年（1863年）续修50字：

元善成正远，大德定光乾。朝廷尚进举，荣华富贵先。有为增学宪，其才在尔全。志士兴万美，怀道安邦权。天开文远日，宗功永久传。

家训族规是一家一族先行制订的同姓共同准则、行为规范，其宗旨首先为了防范族人的越轨，破坏家族和社会安定，引起混乱，从而带来惩罚，伤害家族全体成员的社会名声和经济利益。以下介绍各地彭氏的家规族训。

开派广东潮州的彭氏始祖、宋代彭延年留下的家训代代相传，现在还记载在彭氏族谱中，以下是其原文：

诰尔子孙，诫尔子孙：原尔所生，出我一本。虽有外亲，不如族人。荣辱相关，利害相及。宗谊为重，财器为轻。危急相济，善恶相正。为父者当慈，为子者当孝。为兄者宜爱其弟，为弟者宜敬其兄。士农工商，各勤其事。冠婚丧祭，必循乎礼。乐士敬贤，隆师教子。守分奉公，及人推己。闺门有法，亲朋有义。立行必诚而无伪，御下必恩而有礼。务勤俭而兴家庭，务谦厚而处乡里。毋事贪淫，毋习赌博。毋争讼以害俗，毋酗酒以丧德。毋以富欺贫，毋以贵骄贱。毋恃强凌弱，毋欺善畏恶。毋以下犯上，毋以大压小。毋因小愤而失大义，毋听妇言以伤和气。毋为亏心之事而损阴骘，毋为不洁之行以辱先人。毋以小善而不为，毋以小不善而为之。毋谓无知，冥冥见晓。毋谓无人，寂寂闻声。依我训者，是其孝也，我其佑之。违我训者，是不肖也，我其覆之。不惟覆之，令其绝之。子子孙孙，咸听斯训。

这道家训内容很丰富，涉及社会生活、社会关系的重要方面。真能身体力行，必定非同一般。难就难在子孙良莠混杂，后天的环境和自我选择至关重要。因而，同是一人传递的骨肉同胞，也要抓紧教诲，才能有所成就，上对得起先辈，下对得起自己的子孙后代。否则，也要严加惩罚。

清湘乡《福亭彭氏三修族谱》在已有族规13则的基础上，新增家戒13则：

重祠墓，急国课，崇孝顺，敦友爱，慎交游，专本业，去奢华，禁淫荡，严法阃，戒健讼，绝异教，保祖茔，严继嗣。

其新增家训特别注意伦理教育，在"伦常浅说引"中谈到八方面内容：

君臣浅说第一，父子浅说第二，兄弟浅说第三；夫妇浅说第四，朋友浅说第五，五常说章第六，伦常台沦章第七，伦常勉言章第八。

乾隆四年（1739年），长沙《彭氏续宗谱》有祠堂条约，由乾隆二年（1737年）奉旨考举约正、准授正八品顶戴荣封、27世裔孙彭从荥同侄必炯、侄孙胜仁敬梓。他擅长讲解乡约，当然要注重本家族的族约了。显然，他的要求与政府的精神完全一致：

尊敬祖宗，孝顺父母，友爱兄弟，和顺天要，教训子孙，和睦宗族，胴恤孤贫，蓄养仆婢，严正家法，定派昭伦。

家规与家训可以并行，内容略有差别，但精神实质无二。

咸丰五年（1855年）浏阳《浏南沙溪河口彭氏支谱》的家谱约束规条凡14则：

承宗祀，重坟墓。祭祖先，重谱牒。

报丁口，正名字。建祠宇，保世系。

尊遗像，奖学生。敬耆老，治丧事。

严赌博，禁非行。

另立彭氏家训14则：

忠君上，孝父母。和兄弟，敬长上。

端闺闻，重教读。戒奢侈，慎交游。

立墓碑，谨杂居。戒争讼，慎婚娶。

恤孤贫，务正业。

咸丰七年（1857年），邵阳《大冲彭氏续修族谱》家规有16条：

孝道宜敦，兄弟宜和。祠墓宜重，宗族宜睦。

交友宜慎，非法宜禁。勤俭宜守，输将宜急。

教读宜严，争讼宜戒。言语宜慎，刻薄宜戒。

姻睦宜敦，溺女宜戒。闺门宜谨，杀生宜戒。

同治三年（1864年），湖南善化（今长沙）坪山彭氏宗谱有宗规10条：

孝友宜敦，宗族宜睦，耕读宜勤，日用宜节，子孙宜教，父兄之责宜专，妇言宜慎，国课宜早完，争讼宜戒，赌博宜戒。

另家戒诗10首，分别是：

人伦戒悖逆，闺门戒渎乱，存心戒险恶，待人戒刻薄，教子戒放纵，保家戒赌博，养身戒鸦片，居乡戒花姑，在官戒贪墨，从戎戒嗜杀。

另立祠规18条，涉及详细的管理祠堂、祭祀祖宗、保管公产、管教子弟、奖励上进、延续子嗣、入祀灵位等办法。

光绪衡阳《彭氏族谱》由彭玉麟纂修，他亲定家规20条：

族长宜正，家法宜严。孝弟宜敦，九族宜睦。名分宜正，耕读宜勤。

国课宜输，闺门宜肃。节义宜重，勤俭宜崇。争讼宜息，嫖赌宜戒。

强暴宜禁，盗役宜戒。婚姻宜慎，家庙宜修。贤老宜敬，功名宜重。

塾师宜敬，坟墓宜培。

他还拟定彭氏赐福堂家训，有以下内容：

1. 父母必要孝敬。

2. 祖宗为子孙本根，必要敬重。

3. 祠堂若被破坏，即行修葺。

4. 祖宗坟墓必须保护。

5. 兄弟必须友爱。

6. 房分有亲疏，必要和睦。

7. 夫妇一体平等，要和睦爱敬。在妇当敬顺其夫，在夫当克己善教其妇，切勿恣行己意，拳打足踢，毁伤身体，妻子也是人家子女。

8. 闺门最要严肃。无论淫污秽德，败坏家风，就是男妇杂处，言笑无忌，纵闺阃肃清，亦非大家规范。

9. 重一忍字，由些读书、力田、起家。

10. 居家必要早起。

11. 力田全在勤苦。

12. 衣食是最要紧的。要勤于生计。

13. 子弟须要从小时教训。无论经书课读，就是一粥一饭，当训以来处不易，切勿听其放肆。恐怕日后长大游荡，甚至为非作害，习惯成性，就管不住了。

14. 教子必有专业。根据情况，教子用心读书，或竭力务农，不能一事无成。立身无本，祸害终生，败坏家声，是教不严之过。

15. 字纸尤宜敬惜。

16. 为人要端正廉洁，切勿损人利己。作干证，变是非，纵让你使巧图算银钱，烈烈轰轰于一时，终必受天谴，招人之怨。每见如是之人，转眼成空，妻儿流荡，人人骂笑，以为当然可鉴也。

17. 替人干事要尽心力，切勿埋头露脚，贻误他人。

18. 择交无论读书与不读书之人，俱要拣取老成忠厚，而后可与共事。切勿与巧诈善诿之人肝胆相交，恐怕诱你嫖赌，诱你借贷。一入他圈套，不惟吃他之亏，且使你成不得人。不可不慎其始。

19. 摊牌聚赌最是下流。无论倾家荡产，玷辱祖宗，就是蛊惑心志，荒废事业，亦即为害终身。吾族子弟若遇这般不肖之人，虽至亲旧戚，亦必绝而远之。

20. 切勿见色而起淫心。无论寡妇处女，违条犯法，就是三姑六婆，青楼妓馆，亦王法有所不容。语曰："近报在自己，远报在儿孙。"我每念及，便觉悚然汗下。

21. 出纳宜吃人亏，切勿使人吃我亏，占他人便宜。语曰："刻薄成家，理无久享"，可畏也。

22. 积金以贻子孙，子孙未必能守。积书以贻子孙，子孙未必能读。不如积德，以为子孙长久计。此是司马光贻谋，愿吾族从勉之。

彭玉麟尽量用白话、俗话，综合少量的先贤警语，写下自己体认感悟的最紧要的"人生大法"，成功法宝，希望子孙谨受于心，族从熟读日省，减少人生误区，少走弯路，用心良苦。这些就是彭氏家风、彭门规范形成的最重要的根基。

在经过严格选择之后，从前家训很多，有一条最为警醒人心：

存敬畏以对圣明，竭忠孝以事君亲，修礼让以笃宗族，仗忠信以睦乡邻，择师友以教子孙，剂宽猛以御奴婢，去骄侈以下贤能，量施予以恤孤独。

民国三十六年（1947年）湘乡《松江彭氏族谱》宗规规定：

乡约当遵，祠堂当展。族类当辩，名分当正。

宗族当睦，谱牒当重。闺门当肃，蒙养当豫。

姻里当厚，职业当勤。赋役当供，争讼当止。

节俭当崇，守望当严。邪亚当禁，四礼当行。

潮州迁湖南彭氏立有劝言：

孝悌，积德，读书，勤俭。其4条。

家规有12款，即：

序尊卑，须务各业，减子弟，戒赌博，戒健讼，戒酗酒，戒贪淫，戒斗狠，戒溺女，禁无故不出故，禁为匪僻，禁癖僧道。

还有纯修堂家范12条：

孝友，忠信，礼义，廉耻，正家，学问，

省存，勤俭，济施，谦恭，保身，丧祭。

安徽太湖宜春彭氏家训大意可以概括为16点：

谨治家必以身教为本，敬父母，尊祖宗，近孝义勤俭为四宝，远酒色财气为四贼，女子守妇德，坟山祭扫保护，励贞节，合族睦，教子，宜室，敬长，恤下，禁忍心溺女，禁子弟赌博，禁盗葬坟山，禁造呈词颠倒是非。

宣统三年（1911年）四川简阳彭氏谱卷内恭录圣谕16条，然后以家规10则次之，禁例16条又次之，目的是要本族子孙遵奉王道，施行祖宗家法，共勉为孝子贤孙。它的族规10则是：

和乡邻，敬天地，礼神明，奉祖先，孝双亲，

守王法，重师尊，爱兄弟，信友朋，笃宗亲。

禁例16条是：

禁轻慢先灵，禁违逆父母，禁屈礼申情，禁恃强凌弱，

禁紊乱尊卑，禁同姓为婚，禁骨肉乱伦，禁轻贱儿女，

禁异姓承祧，禁贫贱则移，禁假公济私，禁婚丧失礼，

禁丧祭不慎，禁游手好闲，禁宠妾贱妻，禁偏爱子女。

萍城彭征君祠彭氏家约有：

重本原，睦宗族。兴学校，守职业。

慎婚配，广嗣续。遵正教，谋公益。

1942年，沔阳彭进之专作《彭氏家训初稿》，篇幅极大。分衣食住行人生日用四则，勤俭、生计、卫生、教育、婚嫁、丧祭、立户、卜居共承家立业八则，敬老、慈幼、友爱、睦邻、雇佣、择交、尊卑有序、男女有别、奉公、守法共躬行实践十则，治学、处世、修己、安人共阃中肆外四则。从生活起居到社会交游、待人接物、提升人品、成功事业，苦口婆心，教诲子孙，通俗易懂，体现了武汉、沔阳的地理、人文环境演变和彭氏人家因势立法的进取精神。

　　现将清代彭玉麟家训中之名言名句选录如下：

修养方面

　　贫不足羞，可羞是贫而无志。贱不足恶，可恶是贱而无能。是以立言立行之外，尚须立德、立功。人有一技之长以自养，不求人以取辱、便是大丈夫。依赖成性，仰人鼻息，最可耻。吾起身贫窭，近高位，但知守缺而不敢求全，常引"日中则昃，月盈则亏"之理以自警。

　　须知居高势危，盛极必衰，享大名者，或且得奇祸也。德行方面德不进，业不修，则是忧之。贫不廉，懦不立，则足忧之。贤否不明，仁惠不施，悲天命而悯人穷，此皆天下之隐忧，我宜独先其忧者也。若夫微名之得失世俗之荣辱，君子固未暇及此也。

　　古圣人之道，诲人以善言，熏人以善德，日善与人同。……人有善则取以益我，我有善则取以益人，彼此尽陶冶感化之功，故善端无穷而善源不竭。致用方面居累卵之危而图泰山之安，为朝露之行而思传世之功，难矣哉。吾人做事，但求实浮于名，劳浮于赏；吾人居位，但求安以思危高以思卑，其虚妄之心不可存。患有患失者，取辱之由也。

　　读书之道，只有两件事，一为进德，一为修业。进德以诚正修齐为归宿，修业以谋生自卫为正鹄。农人竭耕耘之勤，虽岁荒必有所获，商贾尽运输之谋，虽积滞必有所通。士果能黾勉其所学，何患不食禄于朝，教授于乡哉！

从政方面

　　曾帅（按：指曾国藩）尝以居官四败、居家四败垂示于僚属。

其居官四败曰："昏惰任下者败，傲狠妄为者败，贪鄙无忌者败，反覆多诈者败。"居家四败曰："妇女奢淫者败，子弟骄怠者败，兄弟不和者败，侮慢客者败。"余得之，书绅铭座，藉以自儆惕。时时且劝导同曹，亦望吾弟于听讼理案牍之时，刻刻凛之。

位高望重，当常存临渊履冰之念。战兢默察，总冀无负于民。大抵一二人之谤毁不足忧，千万人之清议良可畏。清议所不容，虽鼓四簧之舌，灿生花之管，一口一疏，必不能换回之矣。

临难不畏，逢敌不惧，故能不亢不卑而成大事业；余性素刚强，每喜与京都名公巨卿之作威作福者寻仇，亦未尝无卓立坚毅之精神。不畏强御，各使欲心敛迹而后已。

治家贵严，严父常多孝子，不严则子弟之习气日就佚惰，而流弊不可胜言矣。治军何独不然！威信不立，军心日弛。即弛矣，虽加鞭箠而不乐于就羁勒，必损其群。故严父之于子，慎始克终；主将之于勇，杜微防渐。其敬畏之道，又非以身作则不为功。

一旦握政柄，请托之函牍盈数尺，最足可叹可怜事。用之，则引私人结朋党，无补于国事，徒糜国库，且有横行乡间，擅作威福，害及官声。此事余所切戒，是以余之戎幕，不容有一亲故，恐其违法而有私情屈逆吾心，不能正法。

处世方面

世间惟笃实一路人跌不倒，机巧变诈，徒自苦耳。吾向来自命是笃实人，自入仕途后，觉处处艰危，多峻峨而少康庄，办事每跋前踬后，一时想不出道理来。后悟人都趋诈，吾太率真，想亦参些机变，总觉苦恼万分。不徒精神上烦剧，便是心底里难安。乃悟笃实之好处，是良心安定妙法。

以势交者，势倾则绝；以利交者，利穷者散；惟道义之交，乃足与共患难、共安乐。

理财方面

余生平崇尚清、廉、慎、勤，对于买山置屋，每大不为然。见名公巨室之初，独惜一敝袍而常御之。渠寻见余，辄骇叱何贫窭如此。余非矫饰，特不敢于建功立业，享受大官大名之外，一味求田问舍，私图家室之殷实，常思谦退，留些有余不尽之福分待子孙享受，莫为我一人占耳。对于开支用度，亦不肯浪费多金，是以起屋买田，视作仕宦之恶习，己身誓不为之。

应领收之俸给及一切饷银，未尝侵蚀丝毫，未尝置一新袍。屣、米、衣、草，御之而心舒泰，中怀澄清无滓，可以明彻天地，俯仰无愧怍，是以历。劝家中，幸廉义为要义，不可妄制一衣，妄用一钱也。

守财不通，谓之钱奴。为人一世中，不过衣、食、住三者最不可少。然而衣求温暖，食求果腹，夜眠六尺地，入梦便似死人然。何必衣必锦绣，食必膏粱，起造高大房屋，美轮美奂矣，亦享受微几。……从未富人有几辈留存齿类，标明青史？倒不及穷酸力学，一篇文章，不覆瓿便笼纱，流传来得永久。即是要钱多，善意得不肖子孙狂嫖滥赌，挥霍无度纵有铜山亦可倾。所以吾但望子孙贤能，不望金镥富饶。子孙不肖，积衣、积谷、积银、积钱、积产、积收，都无用处。

古代名人生平

先秦

彭祖，尧的臣子篯铿。陆终氏第三子，帝颛顼之孙，历虞夏至商，相传活了七八百岁。因封于彭城，故称为彭祖。后世用以比喻长寿者。

彭蒙，战国时齐国的隐士，田骈之师，思想与庄子的"齐是非"说相近。

汉朝

彭越，西汉初昌邑（今山东省金乡西北）人，字仲。常渔钜野湖泽中。秦末聚众起兵。楚汉战争时，将兵三万余归刘邦，攻占梁地（在今河南省东南部），屡断项羽粮道。不久率兵从刘邦击灭项羽于垓下（今安徽省灵璧县南）。封梁王。后因被告发谋反，为刘邦所杀。

彭宣，淮阳郡阳夏（今河南省太康）人，汉哀帝时官至大司马，封长平侯。

彭

宋朝

彭俞，宋代进士，宜春（今属江西省）人，少隐集云峰，学邃于易，官至终朝散郎。著有《君子传》《循吏龟鉴》等传世。

彭龟年，字子寿，号止堂，南宋清江人，文学家。少好学，喜深思。读程氏《易》，至废寝忘食。主要门人为子彭钦、彭铉。崇尚儒家的仁政，强调君主应当审明"用心有义利，主德有诚伪，用人有邪正，听言有是非"。著有《止堂集》传世。

明朝、清朝

彭孙，浙江省海盐人，明代进士，工诗，才华横溢，与王士祯齐名，号称彭王。

彭春，清朝将领。满洲正红旗人，栋鄂氏。康熙时历任太子太保、副都统、都统等职。康熙二十四年（1685年），统兵驱雅克萨沙俄侵略军。后参与准噶尔部平叛，败噶尔丹于昭真多（今属蒙古）。

彭孙贻，浙江省海盐人，字仲谋，清代诗画家，以贤孝著称，善诗，工墨兰。与同邑吴仲木同时受到贤士推崇，当时人称"武原二仲"。

彭兆荪，江苏省镇洋（今太仓）人，清代诗人，龚自珍曾以其与舒位并举，赞其所作"清深渊雅"。

彭启丰，字翰文，号芝庭，长洲（今江苏省吴县）人，清代书画家。雍正五年（1727年）状元、授翰林院修撰、充南书房行走。从雍正七年（1729年）起，历任河南、云南、江西及顺天等乡试考官。累迁至右中允，官至兵部尚书。

彭绍升，长洲（今江苏省吴县）人，清代著名学者、居士。曾用禅学精神解释儒书，企图调和儒佛两家的思想。著有《二林居集》。

古 代 名 人 事 迹

彭越

彭越，别号彭仲，昌邑（今山东菏泽市巨野县）人。西汉开国功臣、诸侯王，秦末聚兵起义，初在魏地起兵，后率兵归刘邦，拜魏相国、建成侯，与韩信、英布并称汉初三大名将，西汉建立后封为梁王。

后因被告发谋反，被刘邦以"反形已具"的罪名诛灭三族，枭首示众。

彭越是世界战争史上第一个正规使用游击战战术的军事家，可以说是游击战的始祖。论军事谋略与指挥才能，他不如韩信，但论功绩，他却有过之而无不及。在楚汉战争中，正是由于他率部在楚军的后方开展游击战，打击楚国的补给，用敌进我退，敌退我追的战术，使项羽两面作战疲于应付，使楚军的粮食装备得不到补

彭越

给，也给了前线汉军不被项羽歼灭的机会，楚汉战争正是在刘邦的正面防御，韩信的千里包抄，和彭越后方游击战的基础上，才在最后的垓下之战中有机会歼灭项羽麾下疲惫的部队，并取得了最终的胜利。

彭绍升

彭绍升

彭绍升，法名际清，字允初，号尺木，长洲（今江苏省吴县）人。祖父名定求，字勤止，号南畇，康熙二十五年（1686年）状元，官至侍讲。父亲名启丰，字翰文，号芝庭，又自号香山老人，雍正五年（1727年）状元，官至兵部右侍郎。绍升自幼聪颖，年十六就考中秀才，十七岁就考中举人；十八岁考中进士。

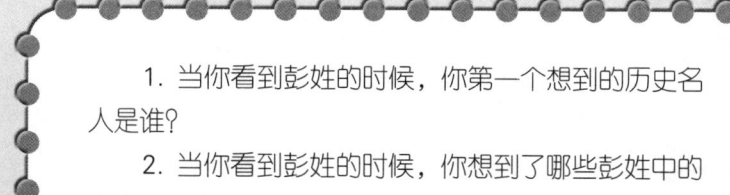

1. 当你看到彭姓的时候，你第一个想到的历史名人是谁？
2. 当你看到彭姓的时候，你想到了哪些彭姓中的传奇（故事）？

彭

张姓，在宋版《百家姓》中位列第24位。根据近年全国人口普查统计，张姓人口在中国姓氏中排在第3位，共有8750万人，占汉族人口总数的6.83%。

张字解读

"张"字有两说。一指拉开弓，准备发射，俗称开弓；二指将弦挂上弓，故张有紧，绷紧义。《说文》："张，施弓统也。"无论开弓或挂弦，均须将弓拉长。故问答张字时，多说"弓长张"。

金文　篆文　隶书　楷繁体　简体

张姓图腾

张姓图腾是炎帝共工氏创造的图腾标志。它的本义并不是长长的弓箭。"弓"实际上代表盖天图（像伞盖一样的天象图），一般作天穹的"穹"，"钺"是模仿其形状而来。

共工氏是张氏的始祖，远古三苗之一柯乌耶劳的嫡传后人。张像一个人手持盖天图。他手中所握的"弓"表示日升汤谷，经中高天落入禺谷的形象符号；"弦"为地平线，代表日夜的分界线。日夜两个盖天图合起来就是浑天图，代表一整天。因为炎帝是魁隗氏的一个分支，魁隗氏又是三青鸟弇（读淹）兹氏风姓的分支，其族人身材高大，头上用三根羽毛代表三青鸟，象征着博山天齐。把头戴"三毛"的三苗人称作"长翟"。这是"张"姓图腾由"弓"和"长"组成的本义。

溯 源 寻 根

【张姓来源】

张姓，中华姓氏之一，是一个典型的多民族、多源流姓氏，主要源自姬姓及少数民族改姓等。

源流一：源于姬姓

（1）出自上古黄帝之孙挥，属于以官职为氏。这一支张姓以青阳（即清阳，在今河北清河县东面）为发源地，是为清河张氏。民间有"天下张姓出清河"的说法。

（2）出自黄帝姬姓的后代，属于以字为氏。春秋时，晋国有大夫解张，字张侯，他的后代以其字命氏，也称张氏。

源流二：源于改姓

（1）出自聂姓。三国魏将张辽原姓聂，其家族为了避怨而改张姓，其子嗣便以张为姓。

（2）出自赐姓。世居云南的南蛮酋长龙佑那，于三国时被蜀相诸葛亮赐姓张，以后其子孙便以张为氏。

（3）源于古奚族。张忠志，奚族人，居住在范阳，因善骑射，被范阳守将张锁高收为义子，遂从义父姓张。后张忠志屡立战功，官至礼部尚书，封赵国公。

（4）由少数民族改姓而来。古代的乌桓、女真、羯、鲜卑、匈奴、契丹等少数民族，有改姓为张姓的。今阿昌族、纳西族、傈僳族、瑶族、壮族、黎族、高山族、藏族，以及赫舍里氏、扎拉里氏、章佳氏、章锦氏、扎库塔氏、爱义氏等十几个满族姓氏，都有人改姓张。

【张姓始祖】

张挥，号天禄，青阳之子，是古代重要武器弓矢的发明者。因弓箭的诞生对社会影响大，所以黄帝封挥为弓正，职掌弓矢制造。后又取弓长之意，赐姓张于濮阳，封地清河。后逝葬于帝丘（今河南省濮阳县）。因此，张挥成了张姓人的始祖。

张挥

张挥陵园

 迁 徙 与 分 布

【历史迁徙】

张姓氏族最早活动于"尹城青阳",古地在今河南濮阳和河北清河一带。直至西周宣王时期,在陕西地区出现了张姓的踪迹,西周青铜器皿上铭有张伯、张仲,他们是西周的贵族。张仲辅佐周宣王,使西周得以中兴。

春秋时晋国是张姓发展历史上最重要的地区,河东"解邑张城"是张姓重要的聚集地和发祥地,古张城在今山西临猗西的黄河东岸。张氏世代事晋,晋灭后事韩。张老、张侯(即解张)均是晋国的大夫,张老的后代韩国贵族张良成为汉朝开国第一功臣,张侯也被一部分张姓后裔奉为先祖。在西周、春秋战国时期,张姓人群主要活动于山西、陕西、河北、河南、山东等地区。

秦汉是张姓向四周发展和繁衍的重要时期,张姓在秦初就进入了"天府之国"四川。张姓族人多为三晋贵族的后裔,在反秦战争和随后的楚汉之争中,政治倾向明显,英勇善战,足智多谋,在这场战争中纷纷建功立业,封侯赐爵。张姓迅速蔓延到齐鲁燕代,由关中闯入四川,西进甘肃纵深,奉旨出使西域,贯通丝绸通道,安定宁夏、守边卫疆。张姓人群活动地区迅速发展到整个北方、西北和四川地区,其发展之迅猛是其他姓氏所不可比拟的,事实上是当时北方地区的第一大姓。同时，西汉留侯张良的后裔从陕西出发，从河北入江苏，渡过天堑长江，首次进入江南。西汉末，张姓已经到达浙江、江西和福建了。

进入魏晋南北朝之后，由于北方的战乱和少数民族的大批进入中原，张姓随其他的原华北居民一起向南方和东南迁移，同时继续向有雄厚张氏基础的西北发展。西晋末年，张姓族人通过渤海湾首次涉足东北，渤海湾地区成为张姓人群重要的聚集中心。唐宋时，张姓开始向湖广和云贵地区移民，明朝永乐年间由广东始入台湾地区。

【张姓分布】

当代张姓的人口已达到8750万人，为全国第三大姓，大约占全国人口的6.83%。自宋朝至今1000年中张姓人口的增长率呈上升的态势。在全国的分布主要集中于河南、山东、河北三省，大约占张姓总人口的27.5%，其次分布于江苏、四川、安徽、辽宁、黑龙江、湖北六省，集中了28.5%的人口。河南居住了张姓总人口的10.1%，为当代张姓第一大省。全国形成了以长江为界之高比率的北方张姓区和低比率的南方张姓区。

文 化 精 粹

【六尺巷】

张英是清代名臣、文学家，安徽桐城人。康熙二年（1663年）中举人，康熙六年（1667年）中进士，选庶吉士。累官至文华殿大学士兼礼部尚书，桐城人俗称"老宰相"。大学士张英的相府与吴姓相邻。吴姓盖房欲占张家地，双方发生纠纷，告到县衙。因两家都是高官望族，县官难以定夺，连称凭相爷做主。相府家人遂驰书京都。张英阅罢，立即批诗寄回，诗曰："一纸书来只为墙，让他三尺又何妨。长城万里今犹在，不见当年秦始皇。"家人得诗，旋即拆让三尺；吴姓深为感动，也让出三尺。于是，便形成了一条六尺宽的巷道。

六尺巷

对于张氏后人而言，张英所著的一部《聪训斋语》家训熏染了代代家风，被奉为张氏子孙的传家宝。他在家训中告诫子女，"种田不饥，读书不俗""书卷乃养心第一妙物""毋贪多，毋贪名，但读一篇，必求可背诵。"正是本着这种思想，张氏家族创造了"父子大学士""三世得谥""四世江苏学政""六代翰林"等辉煌的家族奇迹，且都留下了为官清廉、人品端正的美名。

郡望堂号

【郡望】

清河郡：汉时置郡，治所在清阳（今河北省清河县东南）。此支张氏，世居武城，其开基始祖为汉留侯张良裔孙张歆。张氏的宗祠、院落、门头也常冠以"清河"之名，如"清河高风"等。

范阳郡：三国魏黄初七年（226年）改涿郡置郡，治所在涿县（今属河北省）。此支张氏，其开基始祖为东汉司空张皓之子张宇。

太原郡：战国时置郡，治所在晋阳（今太原市西南）。此支张氏，其开基始祖为北魏平东将军、营州刺史张伟。

京兆郡：汉时置郡，治所在长安（今陕西省西安市西北）。此支张氏，其开基始祖为西汉御史大夫张汤。

敦煌郡：汉武帝从酒泉郡分置，治所在敦煌县（今甘肃省敦煌县西）。治河西走廊西端。

安定郡：西汉置郡，治所在高平（今宁夏回族自治区固原县）。东晋移至安定（今甘肃省泾川县北）。这支张氏为西汉赵王张耳之后。

襄阳郡：汉始置襄阳县，东汉末始置襄阳郡。治所在襄阳（今湖北省襄阳市）。其后襄阳历为郡、州、道、府之治所。此支张氏始祖为张安之。

洛阳郡：秦始终置县，东魏置郡。汉、魏时治所在今河南省洛阳市白马寺东洛水北岸；隋、唐代移治汉城西十八里。

河东郡：秦时置郡，治所在安邑（今山西省夏县西北）。治今山西省黄河以东、夏县一带。

始兴郡：三国吴由桂阳郡分置，治所在曲江（今广东省韶关市南）。治辖相当于今广东省连江、曲江、韶关一带。

冯翊郡：汉武帝置左冯翊，三国魏改为冯翊郡。治所在临晋（今陕西省大荔县）。

吴郡：东汉末年分会稽郡置。治所在吴县（今江苏省苏州市）。治辖今江苏省长江以南一带。

平原郡：西汉初置，治所在平原（今山东省平原县西南）。治辖相当于今山东省西北部平原县一带。

河间郡：原为战国时赵地。汉高帝置郡。治所在乐城（今河北省献县东南）。治辖在今河北省中部河间县一带。

中山郡：战国时为中山国，汉高帝置郡。治所在卢奴（今河北省定州）。治辖相当于今河北省北部地区。

魏郡：汉高帝初置。相当于今河北省魏县、河南省浚县、山东省冠县之间地区。治所在邺县（今河北省临漳西南）。

蜀郡：战国时秦置，治所在成都（今属四川省）。治辖今四川省成都市一带。

武威郡：西汉置。相当于今甘肃省黄河以西，武威以东地区。治所在武威（今甘肃省民勤县东北）。

犍为郡：西汉建元六年（公元前135年）置。属益州，在今四川省宜宾县西南。治所在敝邑县（今贵州省遵义市西）。

沛郡：汉高帝将泗水郡改为沛郡，东汉时改为沛国。治所在相县

（今安徽省濉溪县西北）。

梁郡：汉高帝置梁国，南朝宋改为梁郡。相当于今河南省商丘至安徽省砀山一带。治所在睢阳（今河南省商丘南）。

汲郡：西晋泰始二年（266年）置，不久即废。治所在汲县（今河南省卫辉市西南）。

河内郡：楚汉之际置。相当于今河南省黄河北岸武陟县一带。治所在怀县（今河南省焦作市武陟县西南）。

高平郡：西晋泰始元年（265年）将原山阳郡改为高平郡，在今山东省巨野县一带。治所在昌邑（今山东省巨野县南）。

上谷郡：战国燕设置，秦时治所在沮阳（今河北省怀来县东南）。

【堂号】

张氏的堂号主要有百忍、清河、报本、金鉴、孝友、冠英、宗岳、亲睦、燕贻、敦睦、敬谊、源流等。

百忍堂：张姓堂，唐代时号。据史书记载，当时的郓州有人曰张公艺，九代同居，竟和和睦睦，相安无事，唐高宗甚是好奇便问其故，张公取出一张纸写下了一百个"忍"字，唐高宗十分赞誉便赐号"百忍堂"，从此各地张姓大都以"百忍"为堂号，并列为祖训。其后人以此为堂号。

百忍堂

百忍堂张姓后人主要分布于山东、河南等省，其中又有许多的分支。

其一，分布在鲁南苏北烟台等地分支，为马山张，其辈排序为："修善则昌敬先继长心存忠厚礼义增光传茂嘉运庭化玉方凤伯明臣振启兴邦。"

其二，河南台前桥北张（张公艺）遗址支系，其辈排序为："兴玉传继广，兆宪庆繁祥。兰秀桂荣茂，逢春生贤良。忠信孝友让，正道振家邦。宏福昭耀久，作善修德常。"

现在百忍堂遗址在河南省濮阳市台前县桥北张村，张公艺墓位于台前县桥北张村南约二百米处，坐北朝南，共有墓冢12个，其主墓是张公艺之祖父，左为公艺之父，向前是其兄弟十人，分列东西两行，张公艺墓是西边的第三座。从前历代官府每年的春秋到此祭奠，因此叫"御祭林"。该墓地方志有记载，《兖州府志》卷二十三陵墓志"寿张县张公艺墓在县城南十里，正德六年（1511年）参政史学立石志之。"墓地原有石坊三座，碑碣多耸，石马石羊等，松柏参天，仰视不见天日。由于濒临黄河，堤防屡有决口，每次带来大量泥沙，逐渐淤垫，深深埋于地下，后人又重修坟墓，筑起约一米高，直径二米，呈圆锥形的砖石墓冢。

张公艺墓

该村原属山东省寿张县，1956年山东省公布该墓为省级重点文物保护单位。1964年4月4日撤销寿张县，该县的一部分区域划归河南省，该墓又被河南省定为省级重点文物保护单位。1973年12月7日建台前工作委员会，1978年12月28日建立台前县。台前县人民政府于1982年4月在墓前立了"省级重点文物保护单位张公艺墓"石刻标记。

百忍家风

百忍流芳

清河堂： 皇帝封少昊氏于青阳（今河北省邢台市清河县），少昊子挥为张氏始祖，后人追思清河，故有"清河堂"。

历史典籍记载，张氏的根在清河。翻阅张氏谱书，大多写有"清河堂"字样。如清河张、始兴张（广东曲江）、犍为张（四川宜宾）、吴郡张（江苏吴县）、冯翊张（陕西大荔）、东河张（江西贵溪）、中山张（河北省北部）等。

来清河寻根的中国香港张氏宗亲会及马来西亚分会谱书中，也多标有"清河堂"。首次来清河寻根问祖的马来西亚张氏公会，就称是"沙巴州清河堂张氏公会"。清河之外的海内外张姓人士，其家乘谱书标有"清河堂"，一是说明他们的先祖居清河，二是说明他们这一支族是从清河迁出的。海内外有这么多张氏支族由清河迁出，足可说明张氏的根在清河。如湖南省《张氏宗谱卷首（清河堂）》记载："阅先代著籍江西丰城，来自明初，堂号'清河'。因思天下之姓张者，共出清河一脉，而兹何异焉！"

报本堂：广东省普宁市泥沟乡，是粤东地区一古老村落，置寨至今七百余春秋。乡中有多姓集聚，现以张姓人口最多。泥沟乡张氏先祖张翠峰公，原居于福建道兴化府（莆田市）大菜园村，因避战乱，于元世祖至元二十二年（1285年），同携兄弟七人及妹翠娥来到潮州府，另创基业。以张翠峰公为第一世，自以第四世为开始，辈序诗为：

　　继子乙大衍天清，腾光上国鸣珂声。

　　伯仲怡和咸济美，夔龙勋业动虞延。

　　张氏宗祠俗称老祠，位于老寨南门侧，建于明正德庚辰年（1520年），距今约五百年，坐北朝南，格局严谨，材料简朴，讲求坚固。雍正三年（1725年）张祖之玄孙御前特等侍卫张灿恭立匾额"报本堂"。

　　张氏宗祠设置龛几，奉祀翠峰公祖考妣及二世祖凤梧、凤雏、凤居之公考妣神位。

张姓族谱

　　在修撰谱牒之风相当兴盛的魏晋南北朝时期，作为张姓这样的大姓氏，也应该有家乘、谱牒的修撰，只是因为时间久远，没有能够保留下来。现在我们可以考知的张姓家乘、谱牒，有唐朝人张太素的《敦煌张氏家传》20卷，此后又有《曲江张氏家谱》一卷。

　　宋元明清诸代，各地的张姓家谱不断被修撰，以至于在全国范围内统一修续家谱。明朝嘉靖年间（1522—1566年），张浚等人修纂的《张氏统宗世谱》有18卷，后来又扩展到21卷，并附有《文献》17卷，卷帙极为丰富。这部谱书将当时全国各地的张姓家族的有关情况全部收入，书中还附有《张氏古今迁居地理图》17幅。这是张姓的一部极为重要的谱书。清朝和民国时期，张姓聚族修续家谱之风方兴未艾，新中国成立后一些地方也有续修家谱的情况。

　　张氏三修族谱，十卷，清朝张梓元主修，清光绪二十三年（1897年）木刻活字印本。现被收藏在中国家谱网站。

　　江苏扬州交台张氏分迁邵伯支谱，六卷，清朝张庆堂、张春雷等重修，清嘉庆十六年（1811年）上海居易堂木刻活字印本十册。现被收藏在日本东京国立博物馆、美国犹他州家谱学会。

江苏扬州张氏族谱，四卷，清朝张薰等修，清咸丰四年（1854年）木刻活字印本四册。现被收藏在中国国家图书馆。

江苏扬州维扬浦头张氏族谱，清朝张客修，清同治八年（1869年）木刻活字印本。现被收藏在中国国家图书馆、中国人民大学图书馆。

长沙坳上张氏族谱，十二卷，民国张远选主修，民国三十六年（1947年）木刻活字印本。现被收藏在中国家谱网站。

湖南浏阳金冈段张氏二修家谱，十四卷，首一卷，末一卷，清朝张永嵩等纂修，清光绪十八年（1892年）木刻活字印本。现被收藏在中国家谱网站。

湖南湘潭南轩张氏会文房六修支谱，八卷，民国张承宗等纂修，民国三十八年（1949年）木刻活字印本。现被收藏在中国家谱网站。

张氏族谱，六卷，首两卷，末一卷，民国张万友等主修，民国二十四年（1935年）木刻活字印本。现被收藏在中国家谱网站。

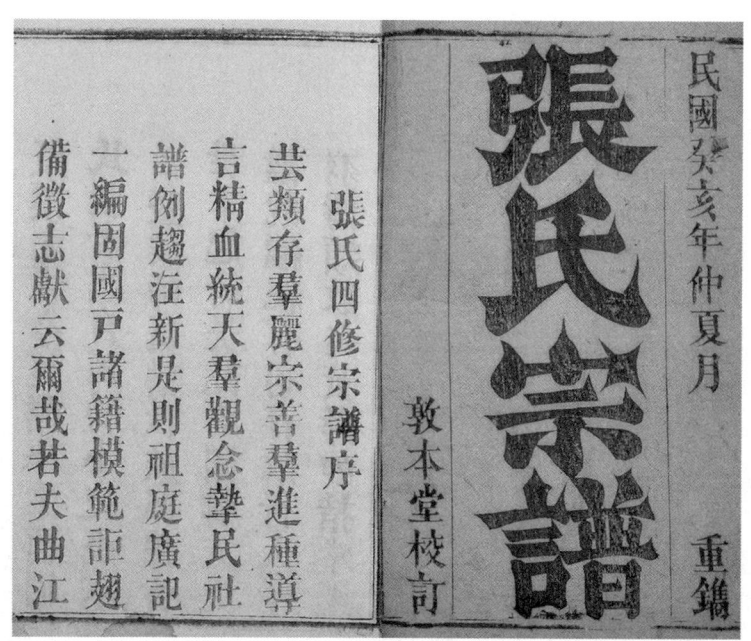

民国张氏宗谱

张氏祖训

笃忠敬言，急公守法。完粮息讼，营生业言。士农工商，各执其业。慎丧祭言，慎终追远。宜尽诚敬，慎婚姻言。娶媳嫁女，咸宜配择。严内外言，治内治外。不可易位，敦孝悌言。事事亲敬，敦宗睦族。笃教学言，养不废教，作养人才，厚风俗言。吉凶庆恤，孤寡有体。敦和睦言，捍忠御灾。协力同心，严杂禁言，奸盗赌博，占欺谋吞。

继承祖德

清河张氏，广居丁旺，黄帝赐姓，源远流和。缅怀先辈，精忠善良，圣贤众多，功高德望。劝我族人，继承发扬，效郡报国，雍泽民心。孝敬父母，弟恭兄让，族和邻睦，遵纲守常。礼信仁义，嫉仇豪强，慎婚传嗣，家教有方。读书习文，勤为农桑，禁戒非为，习武自强。

忠效国家

国家与民，关系互相。民忠国盛，国富民康。国泽黎民，民增国光。天经地义，效国理当。劝我族人，以此为尚。奉事国家，蹈火赴汤。为国稳安，戎马扛枪，为国振兴，农工学商。清政廉洁，不图恩偿。和衷共济，不怨下上。执行政令，遵纪守纲。踊跃赴公，早完税粮。

勤为职业

现代职业，百千万行，择业从事，各有理想。脑力体力，士农工商。贵在勤勉，富在自强。劝我族人，切莫闲浪。必从谋业，或专或广。获耿果实，老奉幼养，欲成大业，地于少壮。从头做起，不惰不旷。勤操苦干，必有报偿。精专计谋，物丰财旺。永不息止，家富业旺。

孝敬父母

身为人子，必有爹娘。生子不易，养更非常。竭尽全力，操碎心肠。恩重如山，情深似洋。劝我族人，必为报偿。父母在世，孝顺敬让。不可凌辱，不可欺诳。遇有要事，应与商量。父母老耄，服侍奉养。问寒问暖，关心痛痒。父母归仙，节礼安葬。

雍和兄弟

兄弟之情，非同寻常。只因缘分，方逢世上。如身手足，根脉一纲。荣辱联结，祸福关相。劝我族人，兄弟莫忘。珍视情义，互尊互谅。雍爱和睦，兄恭弟让。莫记恩怨，免为参操。福禄共享，苦难同当。遇事多商，亲朋礼往。妻室各教，父母共养。团结一致，共拒豪强。

友睦族邻

人之祖先，原本同纲。繁衍生计，迁徙各方。近者是邻，远者为乡。百姓如是，况且族党。劝我族人，友睦乡党。以和为贵，仁厚谦让。缓急通义，庆吊礼往。艺业相扶，困难相帮。邻里之间，互为守望。哀矜孤寡，顾照幼长。不弄是非，多忍多让。莫欺贫弱，勿恃豪强。

慎结婚姻

男婚女嫁，大事一桩。立家之言，门楣之光。夫妻恩爱，欢乐无疆。美满婚姻，地久天长。劝我族人，慎结俪伉。择女选郎，切莫轻盲。德才为先，不偏长相。慕爱淑贤，求取忠良。勤俭能干，品行端庄。性温体健，善有儿郎。情深意笃，莫重财妆。依照法律，鸾凤成双。

训教子女

生育子女，重在教养。启其愚顽，提高智商。德才体能，全面向上。立志成才，以仕栋梁。劝我族人，教子莫忘。从幼抓起，不可疏旷。打骂冻饿，继然不当。溺爱放任，非属良方。家教要严，更需师长。锻炼意志，教导思想。习礼知义，循规遵章。胆识才略，诗书文章。

崇尚节俭

持家之道，勤俭二方。勤则生财，俭为备荒。懒惰之人，好景不长。劝我族人，节俭为尚。居不贪高，房坚宅亮。食不求珍，腹饱口粮。衣不华贵，齐整大方。器质而洁，不图排场。红白好事，不宜铺张。现时富足，当思久长。量入为出，有储有藏。

禁戒非为

为人处世，需求名芳。忌人说短，怕指脊梁。品端行正，受人敬仰。胡作非为，定遭祸殃。劝我族人，正大明光。非理之事，不为不想。不义之财，莫贪莫枉。酗酒吸烟，宜戒不倡。偷抢讹诈，赌博嫖娼，聚众殴斗，诬告诽谤，此事作为，触犯律章。禁之止之，免讼公堂。

新世纪的张姓家训

在新世纪的今天，张姓同宗人的精神风貌也紧随社会发展而更新，为了激励族众奋发向上，使其有一个良好的立身准则，对前辈订立的旧时家规进行了修订、编撰，灌输了新的内容。

一、爱国爱家。国之本在家，家之本在身。一身之荣辱，一家之安危，系于国家之盛衰。国盛则社会稳定，家庭幸福安宁才有保障。我族子弟必须热爱祖国，保家卫国，遵纪守法。

二、续修族谱。族之有谱，犹国之有史。谱所载者，列祖一脉之渊源。先祖谥讳，昭穆之序，亲疏之别与生辰死忌，墓葬山陵咸备于斯。前人既作，后人当续，族内子孙，有能读书明理者，当作修谱为首务也。

三、崇祀祖先。祖宗者，木本水源之谓。入庙思敬，遇墓思哀。春秋享祭，永古勿忘。

四、孝敬父母。父母生我、育我，费尽心血，自当尊重。及至衰老，劳力丧失，自当赡养。古人有言："百善孝为先。"愿我族子弟铭记之、共勉之。

五、夫妻和睦。夫妻是终身伴侣，一家主宰，和则两利，仇则两害。一家之计在于和，夫妻应互敬互谅，互相关心，和睦团结。

六、友爱兄弟。兄弟姐妹，乃同胞所生，手足之情，骨肉之亲。我子弟必须做到兄友弟恭，团结互助，共同进步，共创门庭，从而增强家族的凝聚力。

七、训诲子侄。爱护子侄，当以义方。训教读书，以启成人。范之以规矩，毋沾点染之尘。岂宜姑息放纵，有类于禽犊之爱乎！

八、敦厚宗族。一族之中，子孙众多。纵然有亲疏之别，实无亲疏之间也。上而伯叔，当行恭敬之礼；中而兄弟，当尽友爱之情；下而子侄，当施爱育之恩。岂宜持富贵而骄傲，欺凌宗族哉！

九、和睦乡里。同乡共邻，缓急相依。切勿以强凌弱，以众暴寡。应紧密团结，和平相处。我族子弟必须善待亲戚邻里，同心同德，共创辉煌。

十、读书明理。当今科学技术日趋发达，我族子弟必须勤奋学习，勇攀科学高峰。

十一、勤俭为本。民生在勤，勤则不匮，一生之计在于勤。我族男女必须做到早起晚息，勤俭朴素，劳动致富。

十二、怜惜孤贫。古有仁人恤孤，君子济急。此处已有阴德，彼处或有阳报，未可知也！为人应当以仁善待人，矜怜孤寡，济困扶危，尽力为之可也。

十三、修身养性。谦虚谨慎，戒骄戒躁。虚心使人进步，骄傲使人落后。我族子弟处世切勿意气用事，要虚心听取别人意见，随时反省自己过错，不断改正缺点。循此上达，方可"齐家、治国、平天下"。功名可期，兴家可望。

第五届亲宗理事会公议
公元二〇一〇年庚寅岁仲秋示

又拟家训补语：

传家两字曰读耕，兴家两字曰俭勤。安家两字曰让忍，防家两字曰盗奸。败家两字曰嫖赌，亡家两字曰暴凶。休存猜忌之心，休听离间之语。休做生愤之事，休专公共之利。吃紧在尽本求实，切要在潜消未形。子孙不患少而患不才，产业不患贫而患铺张，门户不患衰而患无志，交游不患寡而患从邪。

若眼底无几句诗书，胸中无一段道理，则神昏如醉，体倦如痴。败祖宗成业，辱父母家声，必此人也。我族众须努力，自立刻骨铭心。总云：要好儿孙须积德，欲高门第在读书。

古代名人生平

战国

张仪，战国时魏国大梁（今河南开封）人。政治家、外交家、纵横家、谋略家。鬼谷子门生，相秦惠王，以连横之策游说六国，使六国背叛纵约以事秦。惠王卒，六国复合纵以背秦，群臣谗之，乃去秦而为魏相，一年后卒。

汉代

张良，字子房。汉初名臣，政治家、谋略家。汉初三杰之一。本是韩国公子，秦灭韩，良欲为觊觎仇，乃使人击始皇于博浪沙，不中，遂更姓名，隐于下邳，而受太公兵法于圯上老人。后为高祖策划定天下，被誉为"第一谋士"。封留侯，晚好黄老，学辟谷之术。卒谥文成。

张骞，字子文，西汉汉中郡成固（今陕西省城固县）人。武帝时以军功封博望侯，旋拜中郎将，出使乌孙，分遣副使至大宛、康居、大夏等，自此西北诸国方与汉交通，使汉朝能与中亚交流，并打通前往西域的南北两条通路，引进优良马种、葡萄及苜蓿等。

张道陵，道教的真正创教人，第一天师。本名陵，东汉沛国（今安徽省宿县西北）人。以符水禁咒法惑人，从学者须出五斗米，故世称五斗米道。亦称张天师。著《老子想尔注》等。

张衡，东汉建初三年（78年）生，永和四年（139年）卒。字平子，南阳西鄂（今河南南阳市石桥镇）人，汉族。他是我国东汉时期伟大的天文学家、数学家、发明家、地理学家、制图学家、诗人、汉朝官员，为我国天文学、机械技术、地震学的发展作出了不可磨灭的贡献。浑天仪、地动仪、指南车发明人。著述极丰，科研成果极多，有"科圣"之称，有"张衡环形山""张衡星"命名。

张仲景，东汉末年著名医学家，被称为医圣。相传曾举孝廉，做过长沙太守，有"张长沙"之称。张仲景广泛收集医方，写出了传世巨著《伤寒杂病论》。它确立的辨证论治原则，是中医临床的基本原则，是中医的灵魂所在。在方剂学方面，《伤寒杂病论》也做出了巨大贡献，创造了很多剂型，记载了大量有效的方剂。其所确立的六经辨证的治疗原则，受到历代医学家的推崇。这是中国第一部从理论到实践、确立辨证论治法则的医学专著，是中国医学史上影响最大的著作之一，是后学者研习中医必备的经典著作，受到医学生和临床大夫的广泛重视。

东方朔，本姓张，平原厌次（今山东惠民县）人。西汉辞赋家，官至太中大夫，后人辑有《东方太中集》。

张角，号天公将军，钜鹿（今河北平乡县）人，黄巾起义军首领，太平道创始人。张角早年信奉黄老学说，对在汉代十分流行的谶纬之学也深有研究，对民间医术、巫术也很熟悉。

三国、两晋、南北朝

张辽，字文远，三国魏国雁门马邑（今山西朔城大夫庄）人，曹魏著名将领，五子良将之一。官至征东将军。

张郃，字隽义，三国魏国河间鄚（今河北任丘北）人。曹魏名将，五子良将之一。官至征西将军。

张飞，字益德，一作翼德，三国蜀汉涿郡（今河北省涿县）人。少与关羽俱事刘备，号万人敌。官至车骑将军，封西乡侯。刘备伐吴，飞率兵会合，出兵前为部下所杀。谥桓。

张昭，字子布，彭城（今江苏徐州）人，三国时期吴国重臣，著名政治家，著《论语注》，谥吴文侯。

张松，字永年，蜀郡（四川成都人），谋士、官至别驾，助刘备取西川。

张载，字孟阳，西晋文学家、辞赋家、田园诗人，安平人，官至著作郎、中书侍郎。著有《剑阁铭》《榷论》《濠汜赋》等。与其弟张协、张亢俱以文学、辞赋著名，史称"三张"。

张协，字景阳，西晋文学家，诗人，擅长五言诗，与其兄张载齐名，官至中书侍郎，河间内史等。

张亢，字季阳，西晋文学家，辞赋家，诗人，著述颇丰。

张华，字茂先，河北固安人，西晋文学家、诗人、政治家。著《博物志》《张华集》书。

张丽华，南朝陈后主妃，神采艳丽，聪慧强记，后主常抱置膝上，共商军国大事。国亡，与后主俱入井，隋军擒而斩之。后祀奉为十月芙蓉花神。

唐朝

僧一行，本名张遂，邢州巨鹿（今河北邢台市）人，中国唐代杰出天文学家，得道高僧。精天文，通历法。谥一行、大慧禅师。著述颇丰，科研成果极多。是世界上第一位测量子午线的人。

张柬之，字孟将，襄州襄阳人。唐朝著名宰相，以"神龙政变"迫使武则天退位，恢复李唐社稷而闻名。

张九龄，字子寿，又名博物，韶州始兴（今广东韶关始兴县）人。政治家、文学家、诗人。官至平章事（丞相）。有《张燕公集》传世，诗作"海上生明月，天涯共此时"为千古绝唱。

张果老，唐代道士，八仙之一，邢州广宗（今河北省邢台广宗县）人。

张籍，唐代诗人，江苏吴江人。著《张司业集》。

张说，唐代政治家、文学家、诗人，字道济，一字说之，原籍范阳（今河北涿州）人，世居河东（今山西永济），官至宰相，谥文贞。有《张燕公集》《张说之集》传世。

张继，唐代诗人，字懿孙，官至检校郎中，湖北襄阳人，著《张祠部诗集》，代表作《枫桥夜泊》。

张旭，字伯高，唐代吴（今江苏苏州）人，生卒年不详。为著名书法家，以草书最为知名，有草圣之称。其书法逸势奇状，连绵回绕，具有新风格。与李白歌诗、裴旻剑舞并称"三绝"。相传他往往大醉后呼喊狂走，挥洒落笔，有时以发濡墨而书，故世称为"张颠""书颠"。

五代

张契此，五代高僧，明州（浙江奉化）人，人称"布袋和尚"，传为弥勒佛化身。

宋朝

张择端，字正道，又字文友，东武（今山东诸城）人，北宋末年画家。他自幼好学，早年游学汴京（今河南开封），后习绘画。宋徽宗时供职翰林图画院，专工界画宫室，尤擅绘舟车、市肆、桥梁、街道、城郭。后"以失位家居，卖画为生，写有《西湖争标图》《清明上河图》"。是北宋末年杰出的现实主义画家。其作品大都失传，存世《清明上河图》《金明池争标图》，为我国古代的艺术珍品。作品现存北京故宫博物院。

金代、元朝

张元素，字洁古，医学家，金代易州（今河北易县）人，中医易水派创始人。著《医学起源》《医方》《洁古本草》等书。

张士诚，小字九四，元朝泰州（今江苏省泰州市姜堰区）人。元末群雄之一。本从事运盐业，后据吴中，自称吴王，后为明将徐达、常遇春所擒，自杀身亡。

明朝

张居正，字叔大，号太岳，明江陵人。穆宗时入阁，神宗时为首辅，综核名实，信赏必罚，整饬纪纲，推行一条鞭法，为相十年，海内称治。卒谥文忠。著有太岳集、帝鉴图说等。

张煌言，字玄著，号苍水，浙江鄞县人，民族英雄。

张名振，字候服，南直隶应天府江宁县人（令江苏省南京市）。少时刚直豪爽，颇有谋略，心怀壮志。曾和张煌言等领兵三入长江，希图收复明朝失地，但因兵力单弱，无功而返。永历八年（1654年）终因国恨家仇，郁积于心，于十一月二十八日卒于舟山军中。遗言以所属部卒归张煌言统率，继续抗清。

张景岳，又名张介宾，字会卿，别号通一子。明末会稽（今浙江绍兴）人，杰出医学家。有《景岳全书》巨著传世。

张三丰，生卒年不详。武当道士，所创太极拳术，闻名当时。其法传于后世，称内家拳，又称武当派。或作张三峰。另一说张三丰名全，一名君宝，号三丰，明朝辽东懿州（今辽宁省黑山县境）人，生卒年不详。因其不修边幅，又称"张邋遢"。史称其辟谷数月不饥，事能前知，太祖、成祖求之，皆不得，英宗时赠为通微显化真人。

清朝

张廷玉，清朝重臣，三朝元老，保和殿大学士。字衡臣，安徽桐城人。在朝辅政五十年。官至刑部吏部尚书。封三等伯。主撰《康熙字典》《雍正实录》《明史》《清会典》。配享太庙，其母吴氏封一品夫人。

张之洞，字孝达，号香涛、香岩，又号台公、无竞居士，晚年字号抱冰。河北南皮人，人称张香帅，谥号文襄。大学士、军机大臣、封疆大吏。中国民族工业、重工业主要奠基人，为中国高等教育做出了巨大贡献。

古代名人事迹

张骞

张骞，字子文，汉中郡成固（今陕西省汉中市城固县）人，中国汉代杰出的外交家、旅行家、探险家。故里在陕西省汉中市城固县城南2公里处汉江之滨的博望村。

张骞富有开拓和冒险精神，建元二年（前139年），奉汉武帝之命，由甘父做向导，率领一百多人出使西域，打通了汉朝通往西域的南北道路，即赫赫有名的丝绸之路，汉武帝以军功封其为博望侯。

张骞

张骞是丝绸之路的开拓者，被誉为"第一个睁开眼睛看世界的中国人"。他将中原文明传播至西域，又从西域诸国引进了汗血马、葡萄、苜蓿、石榴、胡麻等物种到中原，促进了东西方文明的交流。

汉武帝元鼎三年（前114年），张骞病逝于长安，归葬汉中故里。

张骞不畏艰险，两次出使西域，沟通了中国同西亚和欧洲的通商关系，中国的丝和丝织品从长安往西，经河西走廊，今新疆境内，运到安息（今伊朗高原和两河流域），再从安息转运到西亚和欧洲的大秦（罗马），开拓了历史上著名的"丝绸之路"。史学家司马迁称赞张骞出使西域为"凿空"，意思是"开通大道"。

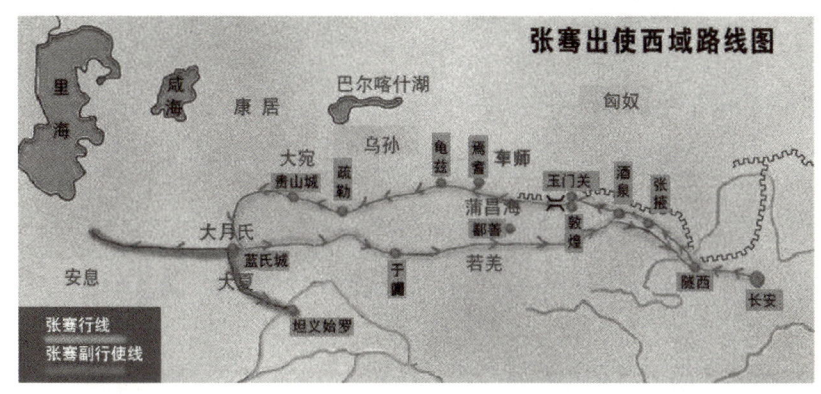

张骞通西域

张衡

张衡

张衡，字平子，南阳西鄂（今河南南阳市石桥镇）人，南阳五圣之一，与司马相如、扬雄、班固并称"汉赋四大家"。

中国东汉时期伟大的天文学家、数学家、发明家、地理学家、文学家，在东汉历任郎中、太史令、侍中、河间相等职。

张衡为中国天文学、机械技术、地震学的发展作出了杰出的贡献，发明了浑天仪、地动仪，是东汉中期浑天说的代表人物之一。被后人誉为"木圣"（科圣）。

由于他的贡献突出，联合国天文组织将月球背面的一个环形山命名为"张衡环形山"，太阳系中的1802号小行星命名为"张衡星"。后人为纪念张衡，在南阳修建了张衡博物馆。

张衡在天文学方面著有《灵宪》《浑仪图注》等，数学著作有《算罔论》，文学作品以《二京赋》《归田赋》等为代表。《隋书·经籍志》有《张衡集》14卷，久佚。明人张溥编有《张河间集》，收入《汉魏六朝百三家集》。

张衡与地动仪

张廷玉

张廷玉，字衡臣，号砚斋，安徽桐城人，清朝雍正年间的大学士，兼任军机大臣，权位之重，一时无人出其右。张廷玉身居高位达数十年之久，兢兢业业，思维严谨、头脑清晰、文思快捷。每当草拟圣旨时，当朝皇上坐在龙椅上口述旨意，张廷玉在一旁提笔记录，话到笔到。皇上话音刚落，张廷玉就能呈上刚才皇上所传达的御旨全文，而且遣词准确，条款清楚、意完神足，皇上可以不作一个字的改动，直接将御旨下发给军机处。因此，张廷玉深得三代皇帝的宠信，尤其是立志改革、勤勉政事的雍正帝。张廷玉任职年久，长期处机要之地，却始终保持清、忠、和、厚的品质。张廷玉死后谥号"文和"，配享太庙，他是整个清朝唯一配享太庙的汉臣。

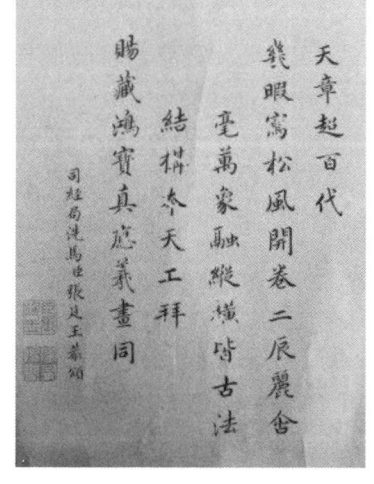

张廷玉墨宝

1. 当你看到张姓的时候，你第一个想到的历史名人是谁?

2.当你看到张姓的时候，你想到了哪些张姓中的传奇（故事）?

张

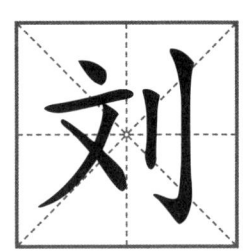

百家姓
中华

刘姓，在宋版《百家姓》中位排第4位，根据近年全国人口普查统计的数据显示，刘姓是第4大姓，人口在6456万人以上，大约占汉族人口的5.38%，在当代《百家姓》之中排第4位。

在中国历史上，刘姓是登基为帝人数最多的姓氏。历史上刘氏称帝者共有500余人。自古有"刘天下、李半边"之说。刘姓主要分布在中国东北、西北、华南地区，在韩国亦有分布。另外，根据日本可查档案记载日本第3大姓高桥氏出自中国刘姓，为刘邦后裔。

刘字解读

刘
（liú）

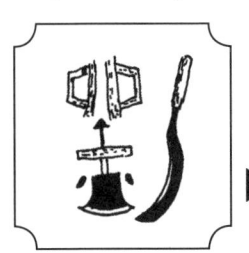

会意字。从卯（表示部分），从金（表示金属），从刀（表示兵器），合起来表示用刀砍杀。简体字从文（文身），从刂（刀），有用刀文身意。本义是杀。现只用作姓。

篆文　　隶书　　楷繁体　　简体

刘姓图腾

"留"由"卯"和"田"组成，后来演变为刘。留的本义是掌管测定春分点的氏族。刘姓图腾是由一位长者手持刻刀刻录春天和秋天天气到达地球的运行规律，简作"留"。"卯"为春天的天门，简称春门，"田"为立主表天竿的天象台"叀"（博、甫、浦、囟皆为其象形），"卯"与天竿建木结合称作"柳"，其氏族称相柳。秋门今作"酉"，由祝融氏的"郑"姓所主管掌握。

溯 源 寻 根

【刘姓来源】

源流一：来自祁姓

相传祁姓是黄帝的后裔所分得的姓氏之一，为帝喾次子帝尧伊祁氏（陶唐氏）的后裔，帝尧初封于陶地，又封于唐地，故又称陶唐氏。其号曰"尧"，史称为"唐尧"。后来，祁氏被封于刘国，亦即今定州唐县。其子孙以国为姓，相传姓刘，史称刘氏正宗，此为祁姓刘氏。

源流二：来自姬姓

为周太王的后裔。相传周武王去世后，周成王继位，封王季的儿子于刘邑，其后裔以邑为氏，世代相传姓刘。东周时，重封王室成员刘康公为刘国国君。此为姬姓刘氏。

源流三：来自他姓，为他族、他姓改嫁或赐姓刘

据史书记载，汉高祖刘邦实行和亲政策，以皇室宗女嫁与单于为妻。依照匈奴的习俗，贵者皆从母姓，单于的子孙于是皆从刘姓。于是便生成这支刘姓。齐人娄敬在洛阳向刘邦献入关中建都之策，得到刘邦的重用。刘邦称帝后，赐姓刘氏，其后保持此姓；刘邦为了感谢项伯在鸿门宴上对他的救命之恩，赐项氏三人为刘姓。北魏孝文帝迁都洛阳后，将归附鲜卑的原匈奴复姓独孤氏改为汉字刘姓，成为当时大姓之一。其他入迁中原的少数民族也有改刘姓的。

【刘姓始祖】

由于年代遥远，史传记载不详，民间传说各异，现存的文献也是众说纷纭，莫衷一是。可以说，到底谁是刘姓的受封得姓鼻祖，至今仍是一个困惑着刘氏族人和姓氏学家的不解之谜。

史书和大量刘姓谱牒都记载，尧帝共生有十个儿子和两个女儿。如《吕氏春秋·去私》载："尧有子十人。"《求人》篇也说："尧传天下于舜，妻以二妇，臣以十子。"《孟子·万章》和《淮南子·泰族训》则都说"尧使九男二妇事舜"，但据汉人高诱和当代著名学者陈奇猷先生的解释，这里说"九男"，未包括早死的监明或嫡子丹朱。

第一种说法认为，当年刘姓的受封得姓始祖，就是尧帝的长子监明。这种说法最早见于宋人罗泌的《路史》。史外，湖南洪田《刘氏族谱》、1995年湖南烟溪《刘氏九修族谱》、1995年湖南新化《刘氏十修族谱》、1996年湖南新化《刘氏知止园族志》、1991年湖南《刘氏吉才公支族谱》等谱牒文献都明确记载：刘姓的受封得姓始祖是尧帝之子监明。

不过，各谱对监明身份排行的记载又互相有异。大部分族谱都说监明是尧的长子，是嫡子丹朱的兄长。但另一些族谱却说，监明是尧的第二个儿子，是嫡子丹朱的弟弟。但长子说可以得到《尚书中候》《庄子·盗跖》崔氏注、《路史·国名记》等传世文献记载的印证，因此笔者认为，监明为尧帝长子一说是正确的。

第二种说法则认为，当年受封于刘邑的得姓始祖不是监明，而是他的儿子刘式。这种说法最早见于汉代流行的纬书《尚书中候》。该书记载："尧之长子监明早死，不得立，监明之子（式）封于刘；朱又不肖而弗获嗣。"清朝姓氏学大家张澍在他的经典著作《姓氏寻源》中明确记载："帝尧娶散宜氏之女女皇，生长子监明。（监明）先死，监明之子式封于刘。"民国七年（1918年），香港《刘氏总族谱》所载宋朝刑部郎中刘梦村的《刘氏源流总序》也说，"我刘氏起自陶唐之冢子曰监明。监明少卒，生子式。式出封于刘，因以为刘氏。此刘氏之所以肇也。"1996年湖南《刘氏知止园族志》和马来西亚《砂罗越刘氏族谱》也有同样的记载。

第三种说法则认为，当年受封于刘邑的尧帝的第九个儿子源明。这一说法很少见于传世的文献，但在刘姓族谱中却最为流行。如广东梅州市《刘氏族谱•源流序》就说："帝尧第九子源明受封于刘，为刘氏。故源明公是刘姓始祖。"同样的记载也见于今人刘恒心先生所编江苏《古丰刘氏族谱》、1995年刘为良主编的江西《中华刘氏通谱》、1994年刘先皇主编的湖南《板桥刘氏五修宗谱》、1996年刘诗晖主编的江西《泰和刘氏宗谱》、1987年《湘黔川刘氏族谱》、1986年《广西刘氏族谱》、刘少卿所编的《刘氏新族谱》等族谱文献。

第四种说法：刘姓的受封得姓始祖就是尧帝的长子丹朱。这一说也见于一些与刘姓同源的唐姓族谱。另外，在《新唐书•宰相世系表》中，唐姓的介绍也采用此说。

第五种说法认为，祁姓刘氏的开姓始祖不是尧帝的儿子或孙子，而是数百年后的尧帝裔孙——夏朝的刘累。在刘姓源流史上，这也是一种比较流行的观点。

第六种说法也可以叫做综合说。这种说法认为，刘姓的受姓初祖是尧帝的儿子源明，并且强调源明与丹朱、监明是同一个人的不同名称。这种说法不见于史传文献，始见于形成较晚的刘氏族谱。

【历史迁徙】

刘氏早期主要是在北方发展繁衍。

公元前300多年前，刘姓开始向河南及江苏传播。战国时有个叫"会"的晋大夫，有子孙留居秦国，称刘氏。至战国后期，秦国灭了魏国，刘氏宗族随秦军进入魏国都城大梁，即今河南开封。他的十世孙在魏国任职，魏灭后迁至大梁，生子刘清辗转到今江苏等地。

汉朝是刘姓的鼎盛和发展时期。汉高祖刘邦建立西汉王朝后，分封同姓于各地，其后支派繁衍，于是彭城、尉氏、临淮、南阳、广平、丹阳等地皆有刘氏。西汉初累计皇子封王30余人，封侯者达400余人。汉王室大封同姓王侯的结果是，刘姓贵族遍布于大江南北。他们各据一方，很快成为各地有权有势的大家族。总之刘姓以皇族为主脉，经历大汉400多年的繁衍发展，人口急剧增加，成为当时的天下第一大姓。但刘姓人口仍主要分布于黄河流域地区，主要集中于河南、河北、山东、江苏北部、安徽北部以及山西太原地区。此外，湖北荆襄地区、湖南长沙地区、江西九江地区也有刘姓望族。

汉末三国之际，中原的刘氏为避"董卓之乱"不断向四方迁徙，主要是向东南投奔孙吴和向西南进入四川投奔蜀汉。

魏晋南北朝时期，中北方又一次陷入战乱，中原刘姓与其他姓氏一样，为避战乱，向南方、东南和西南迁移，部分迁往日本和朝鲜半岛。从东晋到唐朝，中原地区向南方和东南地区的移民从未间断，移民越来越多，地域越来越远。

唐宋时期，刘姓已遍布大江南北，"遍地刘"已初步形成。刘氏开始迁往两广。唐末中原人口大批移民福建，这也包括刘姓人群。南宋宁宗嘉定年间，河南宣抚使刘龙第七子刘开七，在广东潮州任官，子孙遂居于兴邑，人丁兴旺，支派益繁，后又自兴宁分散至许多地方；北宋时的《广韵》列刘氏郡望有25个。

从明末清初开始，闽、粤刘氏陆续有人移居台湾，后又有不少人到海外谋生。

【刘姓分布】

在中国民间，很早以来就有"张王李赵遍地刘"的说法。另外，历史上也有"刘天下，李半边"说法。这些说法都说明了刘姓的人口众多，分布广泛，早已成为中国人的共识。

刘姓主要分布在中国，此外还广泛地分布在世界各地。在海外的刘姓，又主要分布在位于中国南部和东部的周边国家，如东南亚南洋地区，包括新加坡、马来西亚、菲律宾、泰国、缅甸等国；又如韩国、朝鲜、日本；其次则是北美、澳大利亚；再次是欧洲和南美；非洲则是世界上刘姓人口相对较少的地区。

据推算，刘姓在中国的人口总数约有6500万。如果考虑中国人口的实际总数，再加上世界各地的华人、华侨和已完全本地化的刘氏后裔，则世界刘氏人口总数应该在8000万以上。

在中国，据不完全统计，刘姓人口主要分布在北部和中南部。如在北方，刘姓与李、王、张三姓一同为中国北方大姓，约排在第4位；而在东南部，刘姓人口所占比例相对要小于在北方与中南部人口中所占比例，但也排在前20位之内。

有统计表明，刘姓人口在中国北方的北京市排在第4位；在辽宁、陕西二省也均排在第4位；在华东的上海则排在第12位；在广东省排在第19位；在福建省排在第12位；在四川省排在第4位。

如果从人丁繁衍、人口数量来说，现代刘姓是北方强于南方的话，那么从宗族的兴旺发达、繁荣显赫来说，则明显是南方刘姓胜过北方刘姓。而在南方刘姓中，又明显以湖南、四川、湖北、江苏等省的刘姓最为兴盛。

从宗族支派上看，当代刘姓中，除少数成员明确属于少数民族在汉化过程中改姓为汉字姓刘氏之外，绝大部分都自称源于汉代皇族，是由2000年前那支曾创造过两汉文明的古老丰沛刘氏一脉发派繁衍而成，都是汉之子孙、刘邦及其兄弟的后裔。

虽然现代刘姓大都属于"汉室之后"，但具体来说，又分为几大宗派，而且各个宗派所占比例也不一样。

据不完全统计，现代刘姓主要有以下几个较大的支系：

一是楚元王刘交后裔彭城刘氏派，该支刘氏分布范围较广，南北东西都有，但以北方较多。

刘

二是中山靖王刘胜后裔中山刘氏派，这一支刘氏人数众多，但主要分布在南方，以闽粤台地区最多，其次是浙江、江西、两湖、广西、海南、云贵川，另外在东南亚南洋的刘姓，也以源出中山的客家刘姓居多。

三是长沙定王刘发后裔长沙刘氏派，该派刘氏又分为南北两支：南支系当年留在长沙国的一支，如安成侯刘苍的后裔，主要分布在江西、湖南两省，并辐射到邻近的湖北、四川、江浙、两广、云贵等省区；北支则是当年北迁南阳的东汉皇室后裔，主要分布在北方的华中、华北、华东地区，另外还辐射到朝鲜、日本等国。

四是梁王刘武后裔刘氏，这一支刘姓主要分布在北方的山西、陕西和山东、江苏一带，人数较少，如今刘邦故乡汉里堂刘氏就是梁王后裔。

五是代王刘参后裔刘氏，该支刘氏也主要分布在北方的江苏、山东一带，人数较少。

六是淮南王刘安后裔刘氏，这支刘氏主要分布在今安徽省，再辐射到邻近省区，人数也较少。

此外，还有属于荆王刘贾后裔和代王刘仲后裔等派的刘姓。

【西汉帝陵】

西汉帝陵属全国重点文物保护单位，位于陕西省咸阳市、西安市境内。

西汉11个皇帝的陵墓，除汉文帝刘恒霸陵和汉宣帝刘询杜陵位于渭河以南西安市东郊的白鹿原北端及南郊的少陵塬上，其余九位均安葬在渭河北岸的咸阳塬上，西起兴平市（县级市）豆马村，东到咸阳区正阳乡张家湾，依次排列着汉武帝刘彻茂陵、汉昭帝刘弗陵平陵、汉成帝刘骜延陵、汉平帝刘衎康陵、汉元帝刘奭渭陵、汉哀帝刘欣义陵、汉惠帝刘盈安陵、汉高帝刘邦长陵、汉景帝刘启阳陵。

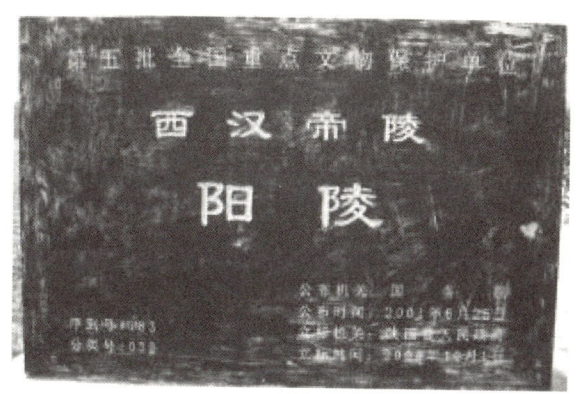

西汉帝陵

【大邑刘氏庄园】

四川大邑刘氏庄园，又称刘氏庄园博物馆，其建筑规模格局宏大，风格独特，建于1958年10月，是国务院批准的国家重点文物保护单位，新中国成立前为川西大地主刘文彩私家宅院，现藏文物数万件，为中国近现代社会的重要史迹和代表性建筑之一。

大邑刘氏庄园博物馆

【凤岗忠贤刘氏宗祠】

刘氏纪念堂

凤岗忠贤刘氏宗祠坐落于福州市仓山区建新镇的刘宅村，是闽省刘氏族人为纪念其入闽始祖刘存、司马参军刘贻孙而建的。初建于后晋天福元年（936年），后历代有过多次重修。

【郡望】

据有关史料记载，刘姓郡望达27个，其中有名的有18个。

彭城郡：西汉时设立，当时将楚国改为彭城郡，后又改为彭城国，治所在彭城（今江苏徐州）。

沛郡：西汉时置郡，治所在相县。相当于今安徽、河南等地。《史记·高祖本纪》，南朝大历史学家裴骃在《史记集解》中说，刘氏世居于沛，移在丰。应邵曰："沛，县也。丰，其乡也。"历史学家颜师古曰："沛者，本秦泗水郡之属县。丰者，沛之聚邑耳，即江苏铜山所属。"西汉初期改泗水郡为沛郡。

弘农郡：西汉置郡，治所在弘农。此支刘姓开基始祖为汉时代顷王

238

刘仲。

河间郡：汉初置郡，治所在河北乐城。此支刘姓开基始祖为东汉章帝之子河间王刘开。

中山郡：汉时置郡，治所在卢奴（今河北定州）。此支刘姓多出自汉景帝之子中山靖王刘胜。

梁郡：汉高帝时置郡，治所在江苏泰安咀阳。此支刘姓为汉文帝之子刘文所开基。

顿丘郡：西汉、西晋两次置郡。此支刘氏多出自匈奴刘氏。

南阳郡：战国时置郡，治所在河南南阳宛县。此支刘姓开基始祖为西汉长沙定王刘发。

东平郡：汉晋置郡，治所在江苏无盐。南朝宋改称东平郡。此支刘氏，其开基始祖为汉宣帝第四子东平王刘宇。

高密国：西汉置国，治所在山东高密。此支刘氏为广陵王之子刘宏所开基。

竟陵郡：西晋置郡，治所在江西石城。此支刘氏为后汉刘焉所开基。

河南郡：汉置郡，治所在河南洛阳市东北。此支刘氏出自匈奴族刘氏。

尉氏县：春秋时郑国尉氏邑，秦时置县。此支刘姓开基始祖为东汉章帝十一世孙刘通。

广平郡：汉置郡，治所在河北广平。此支刘氏出自西汉景帝之孙刘苍之后。

丹阳郡：西汉置郡，治所在安徽宛陵。此支刘氏为临怀刘氏分支，开山始祖为东汉光武帝刘秀七世孙刘会。

广陵郡：西汉改江都国置广陵国，治所在江苏扬州广陵。东汉改为郡。此支刘姓开基始祖为广陵王刘胥。

长沙郡：战国时置郡，治所在湖南临湘。此支刘姓开基始祖为长沙定王刘发。

临淮郡：汉武帝时置郡，治所在今安徽。此支刘姓开基始祖为东汉光武帝刘秀六世孙晋永城令刘建。

【堂号】

彭城堂：这是刘氏使用最普遍的堂号，因为彭城刘氏源出西汉皇族，时间较早，人口、支脉较多，影响较大，因此被刘氏看作郡望堂号的正宗。

彭城堂

黎照堂：是除了彭城堂之外，在刘姓宗族中另一个用得最多的、最为著名的堂号。黎照堂的得名，来自刘向燃藜读经的典故。黎照堂及与此相近的堂号，不只在刘向后裔彭城刘氏宗派中，在中国南北各地各宗派刘氏后裔中都被广泛使用，该堂号已成为刘姓的标志之一。

黎照堂

中山堂：是刘姓中又一个以地域命名的著名堂号。中山是刘姓的著名郡望，也是刘姓的发源地之一。中山刘氏在刘氏各宗派中有一个显著特点，就是人丁极为兴旺，族裔众多。

中山堂

五忠堂：是以祖先名号为堂号。宋朝时期，福建建州、建阳刘氏一门忠烈，有5人死后被朝廷赐谥为"忠"，世人号称"刘氏五忠"，堂号主要在福建刘氏及其分迁到各地的刘氏支派后裔中使用。

墨庄堂：这个堂号主要在江西刘式后代中流行，也有部分由江西外迁他省的刘式后裔仍沿用这一堂号。

刘氏族谱

先秦时期，刘姓是个小姓，特别是出自尧帝后裔的汉家刘氏，在先秦时期更是默默无闻的家族。因此，在当时这个家族有无族谱就不得而知了。但作为刘姓大家族成员之一的姬姓刘氏，因为建立了刘子国，被封为公爵，是当时的王侯贵族之一，因而当时必定有由刘子国自己的史官或周王朝的史官编修的刘氏世系谱。因此，我们认为，刘姓的谱牒最晚在周代就有了。

公元前3世纪末，刘邦建立汉朝后，源出尧帝后裔的祁姓刘氏一跃而成为中华国姓。公元前200年，也就是汉高祖刘邦七年，汉朝廷开始设立九卿一级的机构"宗正府"。宗正府的首脑"宗正"一官，必须由刘姓皇族成员担任，与其他外姓无缘。宗正的职责就是专门负责皇族事务，包括记录皇室世系、编修皇家玉牒、每年修一次《诸王世谱》。

祁姓刘氏家族的谱牒正式开始编纂，是目前所知的祁姓汉家刘氏的最早修谱历史。

纵观两汉时期四百多年，刘姓谱牒应该是当时世界上最完备的谱牒。凡是皇族成员都统一由国家登记在册，其传递世系，昭穆亲疏，一目了然。

东汉末年，天下易帜。刘姓的谱牒大都毁于战火，藏于宫中的玉牒不知去向。两晋南北朝时期，是刘姓开始私家修谱时期。由于当时的风气重视门第和出身，因而像当时的各大士族一样，当年的刘氏世家大姓往往都修有自己的族谱。

见诸文献记载最早的刘姓族谱，是河南南阳《刘氏谱》，当年裴松之在为《三国志》作注时也曾引用。现存最早的刘姓谱牒文献，是相传撰写于南朝大梁普通三年（522年）的一编《刘氏族谱序》。

隋唐时期是中国谱学大发展的时期，也是刘姓私家修谱的第一个高潮时期。唐代的刘姓谱牒，见于文献记载的有5种：刘知几的《刘氏家乘》（一作《刘氏家史》）15卷、《刘氏谱考》3卷、《刘晏家谱》1卷、《刘沆家谱》《刘舆家谱》1卷，都见载于《新唐书·艺文志》。而实际上，当时的刘姓族谱要远比这多得多。欧阳修的《新唐书·宰相世系表》有关刘氏九大房的世系，就是在参考了唐代刘氏族谱的基础上编成的。

宋元时期，刘姓修谱的现象更加普遍，源出匈奴的河南刘氏刘温叟家族就有完整的族谱，记述了该家族自隋代到宋初五百多年的家族历史和世系传递。

宋代著名学者屏山先生刘子翠所在的福建五忠刘氏家族，就曾派人前往发源地京兆访寻旧谱，编修新的《麻沙刘氏族谱》。但是，见于记载的宋元时期刘姓族谱仅刘复礼的《刘氏大宗血脉谱》1卷。传世的宋元刘姓族谱则在国内暂时还没有发现，但宋元时人为刘姓族谱所作的谱序，则传世的很多。

明清时期是中国刘姓修谱的高潮时期。现存的最早族谱就是明朝时的刻本，但数量不多。据不完全统计，现在中国大陆地区已知的明本刘姓族谱仅有8部，其中最早的是明正德年间的《山阴刘氏宗谱》，藏在中国国家图书馆（原北京图书馆）。

现存最多的刘姓族谱是清代和民国时期刻印的，其中又以民国时期修纂的为主。这是因为民国时期离现在只有几十年，保存较易的缘故。大凡官宦之家、富贵之家，甚至就是普通刘姓百姓，在明清和民国时期都有修谱之举。

20世纪80年代以后，随着中国改革开放政策的推进，大陆地区修谱、续谱的现象悄然兴起，并出现了大规模跨宗派、跨地区联合修谱的现象。现代新族谱中，就内容丰富、体例严谨、考证精良、印制精美等方面而言，较优秀的有云南《彭城春秋》、江苏《睢邑沛郡刘氏宗谱》和江西的《中华刘氏通谱》、湖南的《刘氏文史》等数种。

古代名人生平

先秦

刘累，尧之裔孙。早年，刘累曾向豢龙氏董父学豢龙、御龙于豢龙氏。约公元前1879年，夏孔甲帝时，天降龙于今河南省临颍县豢龙城东南角龙荡沟处。孔甲派刘累到此养龙，长达7年之久。因刘累养龙御龙有功，孔甲封他为御龙氏，代行豕韦国君。

刘康公，姬姓刘子国的第一任国君，周王封刘邑与王弟季子，王季子称刘康公。刘康公家族世代任东周卿士。

刘桓公，东周时期姬姓刘子国的第五任国君。刘桓公继承刘子国君之后，同样兼任东周王室的大臣。公元前503年，刘桓公平定了王室内部尹氏的政变，将逃难在外的周敬王迎接回王城。此后，他又率军多次讨伐乱党，稳定了东周王朝的政权。

刘州鸠，又称作伶州鸠。东周景王时掌管音律的乐官，与老子同时期人物。《左传》记载伶州鸠所言："六日无射，所以宣布哲人之令德，示民轨仪也"，"丁酉，杀献太子之傅庾皮之子过，杀瑕辛于市，及宫嬖绰、王孙没、刘州鸠、阴忌、老阳子（即老子）"。

汉朝

刘邦，字季。西汉王朝的建立者，汉高祖。沛郡丰邑地丰县（今属江苏）人。丰生沛养，故人亦称沛公。在消灭项羽完成国家一统后，于公元前206年正月甲午，刘邦于氾水之阳即皇帝位，定都长安，国号为汉，史称西汉。

刘交，字游，与汉高祖刘邦同父异母。生年不详，卒于汉文帝元年。天性好读书，多才艺，少与鲁穆生、白生、申公俱受诗于浮丘伯。邦为沛公，交与萧、曹等俱从军至灞上封文信君。邦即帝位，立交为楚王。交至楚，以穆生、白生、申公为中大夫。吕后称制时，浮兵伯在长安，交遗子郢客与申公往受业。文帝闻申公为诗最精，以为博士。申公始为诗作传，与鲁诗。交亦缀集诗传，号元王诗，在位23年卒，谥元王。

刘恒，是汉朝的第三个皇帝（不包括两位汉少帝的情况下）。刘恒躬行节俭，励精图治，最终开创"文景之治"。公元前157年，汉文帝刘恒驾崩，在位23年，享年47岁，葬于霸陵。其庙号太宗，谥号孝文皇帝。他是《二十四孝》中亲尝汤药的主角。

刘启，即汉景帝，在位16年。汉景帝在西汉历史上占有重要地位，他继承和发展了其父汉文帝的事业，与父亲一起开创了"文景之治"；又为儿子刘彻的"汉武盛世"奠定了基础，完成了从文帝到武帝的过渡。

刘彻，汉世宗孝武皇帝，是汉王朝的第七位天子，中国古代伟大的政治家、战略家、诗人、民族英雄。刘彻是汉景帝刘启的第十子、汉太宗文帝刘恒的孙子、汉太祖刘邦的重孙子。7岁时被册立为皇太子，16岁登基，在位54年，汉武帝在位期间击破匈奴、吞并朝鲜、遣使出使西域，独尊儒术，首创年号。他开拓汉朝最大版图，功业辉煌。公元前87年，刘彻崩于五柞宫，享年70岁，葬于茂陵，谥号"孝武"，庙号世宗。

刘询，即汉宣帝，本名刘病已，字次卿，即位后改名询。他是汉武帝刘彻的曾孙，戾太子刘据的孙子，幼年时流落民间，于公元前73年被朝臣迎立为帝。去世后庙号为中宗，谥号孝宣皇帝。

刘安，西汉淮南王。曾招宾客一同撰写《鸿烈》（后世称《淮南子》）。《汉书》记载，汉武帝时，刘安因谋反之事败露而自杀。据记载，刘安是豆腐以及很多养生之道的发明者。

刘向，经学家、目录学家、文学家。本名更生，字子政，西汉沛（现在江苏省沛县）人。汉成帝时，改名为向，任光禄大夫，校阅经传诸子诗赋等书籍，撰成《别录》一书，为中国最早的分类目录。另著有《新序》《说苑》《列女传》《洪范五行》等书。

刘歆，字子骏，新朝开国功臣，封红休侯。汉高祖刘邦四弟楚元王刘交五世孙，宗正刘向之子。刘歆在天文学及古代典籍分类整理方面作出重要贡献，他编制的《三统历谱》被认为是世界上最早的天文年历的雏形，并在当时积极推行古文经学。此外，他在圆周率的计算上也有贡献。

刘秀，汉光武帝，字文叔，中国东汉王朝的建立者。历史上称其统治时期为"光武中兴"。其间国势昌隆，号称"建武盛世"。

刘洪，字元卓，东汉泰山郡蒙阴（今山东蒙阴县）人，约东汉永建四年（129年）生，约建安十五年（210年）卒，是中国古代杰出的天文学家和数学家。据称，其为算盘的发明人（或重要推广者），因此民间称其为算圣。

刘协，汉献帝，字伯和，东汉最后一位皇帝，在位时间是190年至220年。于220年被迫禅让帝位给曹丕，刘协被封为山阳公，封地为山阳公国，共历四任山阳公，309年山阳公国灭亡。汉献帝的玄孙刘阿知，为历史上最有名的刘氏海外开拓者。

三国、两晋、南北朝

刘备，字玄德，三国时期军事家，政治家。中山人，三国时蜀汉的建立者，汉中山靖王刘胜的裔孙。东汉末年曾投靠公孙瓒、曹操、袁绍、刘表等人。后得诸葛亮辅佐，取得荆州与西蜀。221年称帝，建都成都，国号汉，与曹魏、孙吴呈鼎足之势。后伐东吴时失败，病死，在位3年。一生以仁义为本，颇得民心。

刘禅，蜀汉昭烈帝刘备之子，蜀汉末代皇帝。蜀汉亡后被封为安乐公，封地为安乐公国，共历两任安乐公。西晋末年公国灭亡后，成汉李雄以刘禅的曾孙刘玄为安乐公，继任刘禅的爵位。

刘元梁，晋代南郡破城英雄，曾被封为上卿，后被奸臣所害贬为右淮尉，精通诗词，颇有文采，诗作众多。

刘徽，三国时代魏国数学家。汉菑乡侯后裔，山东淄博淄川人。三国魏景元四年（263年）注《九章算术》（九卷），后撰《重差》，作为《九章算术注》的第十卷。在《九章算术》后面写了一篇1800余字的注记，这篇注记就是数学史上著名的"割圆术"。唐初以后，《重差》被更名为《海岛算经》。此外，刘徽还著有《鲁史欹器图》《九章重差图》，唐代失传。

刘伶，西晋沛国（今安徽淮北市濉溪县）人，字伯伦。"竹林七贤"之一，曾为建威将军王戎幕府下的参军。晋武帝泰始初，对朝廷策问，强调无为而治，以无能罢免。平生嗜酒，曾作《酒德颂》，宣扬老庄思想和纵酒放诞之情趣，对传统"礼法"表示蔑视。

刘琨，西晋爱国将领，字越石，中山魏昌（今河北无极东北）人。著名的诗人、音乐家。成语"闻鸡起舞"的人物之一。

刘渊，匈奴屠各部人。祖父为南匈奴单于扶罗，父亲为匈奴左贤王刘豹。史料记载，匈奴刘姓源于汉匈和亲。当年，匈奴强盛时，刘邦"以宗女为公主，以妻冒顿，约为兄弟，故其子孙遂冒姓刘氏"（《晋书》）。刘渊的叔祖刘宣、父亲刘豹便是其中的代表人物，并取了汉名。承袭父祖，刘渊也跟着姓了刘。早就蠢蠢欲动的匈奴人刘渊借中原动荡之机，在西晋北部版图上独立门户，建汉称帝，攻城略地，由此揭开了"五胡之乱"的序幕。

刘牢之，东晋北府兵将领，淝水之战中率精兵5000夜袭驻洛涧（即洛河，今安徽淮南市东）的5万前秦军，并分兵断其退路，使前秦军腹背受敌，迅速崩溃，争渡淮水，前秦梁成等10名将领阵亡，士卒损失1.5万人。

刘萨诃，俗姓刘，名叫萨诃，北朝时期释门僧人，法号慧达。赶赴印度求取佛经并最早归国的弘法者之一。

刘裕，即宋武帝，字德舆，小名寄奴，南北朝时期宋朝的建立者。中国历史上杰出的政治家、卓越的军事家、统帅。曾先后灭亡南燕、后秦等国。有"气吞万里如虎"之美誉。

刘义庆，彭城（今江苏徐州市）人，南朝宋文学家。刘宋宗室，袭封临川王。著有《徐州先贤传》，编有《幽明录》《宣验记》等，但皆已散佚，现只存《世说新语》一书，流传于世。

刘勰，字彦和，南朝梁文学理论批评家。他的主要著作《文心雕龙》发展了前人进步的文学理论批评，体系比较完整，是中国古代文学理论批评的巨著。

刘义隆，即宋文帝，南北朝时期宋朝的第三位皇帝。小字车儿，宋武帝刘裕第三子，424年即位，在位30年，年号"元嘉"，谥号"文皇帝"，庙号"太祖"。

隋、唐

刘焯，字士元，信都昌亭（今河北冀县）人，隋代天文学家。着力研习《九章算术》《周髀》《七曜历书》等；还著有《稽极》10卷，《历书》10卷。提出新法，编有《皇极历》，在历法中首次考虑太阳视差运动的不均匀性，创立用三次差内插法来计算日月视差运动速度，推算出五星位置和日、月食的起运时刻。这是中国历法史上的重大突破。

刘文静，唐初开国功臣。彭城（今江苏省徐州市）人，字肇仁。李渊在太原起兵，他亦随军南下，俘隋大将屈突通。唐立，任纳言，助修律令，并助李世民击灭薛仁杲，任兵部尚书、陕东道行台左仆射，封鲁国公。

刘晏，唐代著名的经济改革家和理财家。字士安，曹州南华（今山东省菏泽市东明县）人。幼年才华横溢，号称神童，名噪京师，明朝时列名《三字经》。历任吏部尚书、同平章事、领度支、铸钱使、盐铁使等。实施了一系列的财政改革措施，为安史之乱后的唐朝经济发展做出了重要的贡献。

刘仁轨，唐高宗至武周时期的名相，曾指挥灭百济之战，白江口之战消灭倭国海军。

刘禹锡，字梦得，唐朝彭城人，祖籍洛阳，唐朝文学家，哲学家，自称汉中山靖王后裔，曾任监察御史，政治上主张革新，是王叔文政治改革集团的一员。唐代中晚期著名诗人，有"诗豪"之称。他的家庭是一个世代以儒学相传的书香门第。后来永贞革新失败被贬为朗州司马（今湖南常德）。

五代、十国

刘海蟾，名刘操，五代时人，曾为燕主刘守光丞相。传说中的准财神。相传他在终南山修道，成了神仙，是全真教供奉的五祖之一。民间流行的他的画像是披着长发，前有短发覆在额上。故后世称前有短发覆在额上的发型为"刘海"。

刘昫（xù），字耀远，涿州归义（今属河北雄县）人，五代史学家，后晋政治家。二十四史之一《旧唐书》的编撰者。后唐庄宗时任太常博士、翰林学士。后晋时，官至司空、平章事。后晋出帝开运二年（945年）受命监修国史、负责编纂《旧唐书》。

刘仁瞻，五代十国南唐大臣。彭城（今江苏省徐州市）人，字守惠。一说瞻为淮阴洪泽（今江苏省洪泽县）人。以骁勇名于当世。曾任吴右监门卫将军。历任黄州（今湖北省黄冈县）、袁州（今江西省宜春市）刺使。

宋朝

刘金定，北宋著名巾帼女将（与穆桂英齐名），高琼之妻。曾大败南唐军，为宋军平灭南唐做出了重要贡献。北宋建立后，刘金定随丈夫高琼北上抗辽，助丈夫镇守雁门、宁武、偏头三关等重地，后不幸战死。

刘娥，宋真宗赵恒的皇后，宋朝第一位摄政太后，主政长达十余年，功绩赫赫，常与汉之吕后、唐之武后并称，史书称其"有吕武之才，无吕武之恶"。

刘锜，南宋抗金将领，字信叔，秦州成纪（今甘肃天水）人。刘锜骁勇善战，在伐夏抗金的过程中屡立功勋，官至太尉、威武军节度使，去世后，谥为武穆。建炎四年，金统帅完颜宗弼（即金兀术）以大军进攻，刘锜率军以悬殊兵力大败金军于顺昌。

刘过，南宋文学家。字改之，号龙洲道人。吉州太和（今江西泰和县）人，长于庐陵（今江西吉安）。四次应举不中，流落江湖间，布衣终身。曾为陆游、辛弃疾所欣赏，亦与陈亮、岳珂友善。词风与辛弃疾相近，抒发抗金抱负狂逸俊致，与刘克庄、刘辰翁享有"辛派三刘"之誉，又与刘仙伦合称为"庐陵二布衣"。有《龙洲集》《龙洲词》。

刘松年，南宋钱塘人，画家，善于作山水画，与李唐、马远、夏圭合称"南宋四家"。

刘克庄，南宋诗人、词人、诗论家。字潜夫，号后村。莆田（今属福建）人。刘克庄早年与四灵派翁卷、赵师秀等人交往，诗歌创作受他们影响，学晚唐，刻琢精丽。在江湖诗人中年寿最长，官位最高，成就也最大。

元朝

刘元，元代杰出的雕塑大师，其雕塑作品使元代的雕塑艺术达到了巅峰。

刘秉忠：元代政治家、作家。初名侃，字仲晦。原籍瑞州（今江西高安）。

刘福通，颍州（今安徽阜阳）人，元末红巾军首领。至正十五年（1355年）迎韩山童之子韩林儿为皇帝，称小明王，定都亳州。建国号大宋，年号龙凤。他历任平章、丞相等职，掌握大宋的军政大权。后朱元璋命部将其沉于江中溺死（一说在安丰阵亡）。

明朝

刘福蝉，嘉靖二十二年（1543年）二甲进士，入选庶吉士，任翰林编修，媚上投机，对首辅严嵩阿谀奉承。嘉靖二十六年（1547年）任刑部主事（六品）。嘉靖三十六年（1557年）揭发徐阶破绽有功，被严嵩调任兵部左侍郎（正三品），并参加严党的弹劾活动。嘉靖四十四年（1565年）严嵩倒台，52岁被免官，就近充军，晚年在家中编书，大骂徐阶，原稿死后被焚毁。一生身为走狗在朝廷苟活，留下骂名。

刘基，字伯温，元末明初青田（现属浙江省文成县）人。辅佐朱元璋平定天下，官御史中丞，弘文馆学士。封诚意伯。民间传说其神机妙算，常与诸葛亮相提并论。

刘应节，字子和，明中期大臣，潍县（今山东省潍坊市寒亭区）刘家庄子村人。历任户部主事，井陉兵备副使，河南巡抚，兵部右侍郎兼右佥都御史，顺天巡抚，蓟辽总督，南京工部尚书，后又改任刑部尚书。万历四年（1576年）辞官回到家乡。1591年去世，赠太子少保。主要功绩：惩治贪官污吏和军队不法之徒，镇守边关保土安民，击退重创俺答汗蒙古土默特部大军，参与修建明长城，研制石制火炮。

刘天和，字养和，号松石，明代湖广麻城（今属湖北）人，医学家、治河专家。正德三年（1508年）进士，曾官至兵部尚书，后告老返乡。平时留心医药，辑有《保寿堂经验方》四卷，另刻有《伤寒六书》《幼科类萃》等书。

刘纯，字宗厚，明初著名医学家。祖籍吴陵，即今江苏泰县、如皋一带。著作有《医经小学》《太素脉诀》《玉机微义》《杂病治例》等。

刘俊，明代画家，作品有《雪夜访普图》。

刘显，本姓龚，字惟明，江西南昌人。明抗倭名将。行伍出身，官副千户，后任浙江都司参将，于浦口冈下大败倭寇，迁副总兵。又尽歼刘家庄倭寇。嘉靖四十一年，充总兵，镇守广东。率军赴福建援助抗倭，与戚继光、俞大猷等连续破倭。继任狼山总兵，统制大江南北，防倭进犯。进官都督同知、左军府都督、太子太保。其子刘綎也是明代著名将领。

刘綎，明代著名将领，大都督刘显之子。刘綎于当时诸将中最为骁勇。刘綎平缅甸，平罗雄，平倭兵，平播酋，平倮人，大小数百战，威震海内，后在与后金的战役里中伏身亡。

清朝

刘统勋，字延清，号尔钝，清内阁学士，刑部尚书，山东省高密县逢戈庄（原属诸城）人。刘墉之父。雍正二年（1723年）进士，授编修，乾隆年间累官至刑部尚书、工部尚书、吏部尚书、尚书房总师傅、内阁大学士、翰林院掌院学士及军机大臣。为官清廉，颇能进谏，参与《四库全书》编辑，并担任《四库全书四》正生总裁。乾隆三十八年（1773年）卒，谥文正。

刘墉，字崇如，号石庵，清代书画家、政治家。山东省高密县逢戈庄人（原属诸城），祖籍江苏徐州丰县。乾隆十六年（1751年）进士，刘统勋子。官至内阁大学士，为官清廉，有其父刘统勋之风。刘墉是乾隆十六年（1751年）的进士，做过吏部尚书，体仁阁大学士。刘墉的传世书法作品以行书为多。嘉庆九年（1804年）十二月二十五日卒于京。谥文清。

刘永福，本名义，字渊亭。广东钦州人，晚清名将。著名抗法抗日的民族英雄，乙未战争中指挥台湾人民反抗日本侵略，协助巡抚唐景嵩建立历史上第一个共和国（国号永清）并作为继任代总统为保卫台湾做出了重要贡献。

刘邦

汉太祖高皇帝刘邦，沛丰邑中阳里人（今江苏省沛县、丰县），汉朝开国皇帝，汉民族和汉文化的伟大开拓者之一，中国历史上杰出的政治家、卓越的战略家和指挥家，对汉族的发展以及中国的统一有突出贡献。

刘邦

早年的刘邦不喜劳作，有游手好闲之嫌，但他以布衣之身提三尺剑而取得天下并建立大汉基业，也是众所周知的。因为刘邦知道如何处理人际关系，与人友善，喜欢施舍，善交游，为人大度，心胸豁达，素有大志，能仗义行事，勇于承担责任，有领导才能。成功在于"能斗智时决不斗力"，且情商高的刘邦知人善任，具有高超的用人、驭人的领导能力即帝王权术。汉皇千古一英雄，休笑当年马上功。试问后来为帝者，谁人曾出范围中。楚强汉弱，可是战争的结局是楚败汉胜。

刘邦采取的宽松无为的政策，不仅安抚了人民、凝聚了中华，也奠定了汉代雍容大度的文化基础。到后期，经济已经明显好转，天下新定，人民小安，未可复兴兵。刘邦是中国历史上少有的杰出政治家。

刘徽

刘徽，山东邹平县人，魏晋期间伟大的数学家，中国古典数学理论的奠基人之一，是中国数学史上一个非常伟大的数学家。他的杰作《九章算术注》和《海岛算经》，是中国最宝贵的数学遗产。刘徽思想敏捷，方法灵活，既提倡推理又主张直观。他是中国最早明确主张用逻辑推理的方式来论证数学命题的人。刘徽的一生是为数学刻苦探求的一生。他虽然地位低下，但人格高尚。他不是沽名钓誉的庸人，而是学而

刘

刘徽

不厌的伟人，他给我们中华民族留下了宝贵的财富。

《九章算术》是由朝廷组织力量编纂的一部官方性数学教科书，对两汉时期数学的发展产生了很大的影响。《广韵》卷四有"九章术，汉许商、杜志、吴陈炽、王粲并善之"；《后汉书·马援传》有马续"博观群籍，善九章算术"的记载。此外，史书中还有郑玄、刘洪等人"通九章算术"的记述，可知该书是当时学习数学的重要教材。在东汉光和二年（179年）一块铜板上的铭文规定："大司农以戊寅诏书……特更为诸州作铜斗、斜、称。依黄钟律历，《九章算术》以均长短、轻重、大小，以齐七政，令海内都同。"这说明该书在东汉时期不仅广为流传，而且度量衡研制涉及的数学问题也以书中的算法为依据。

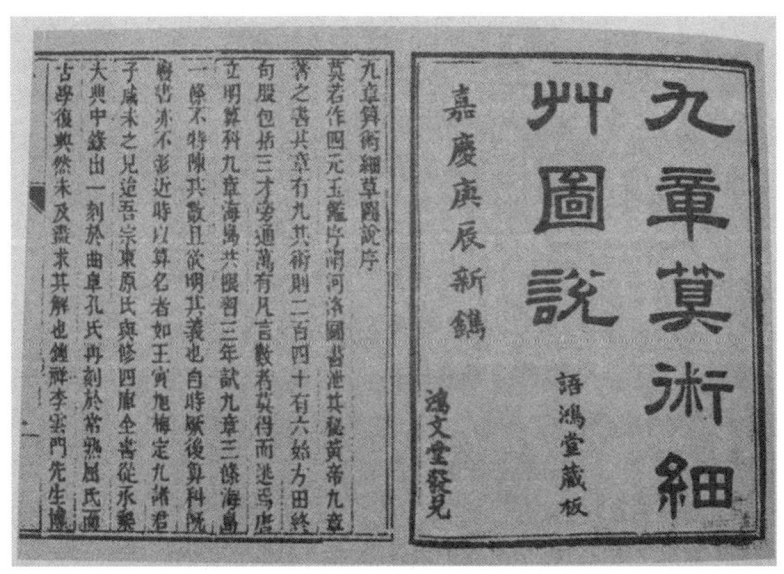

九章算术细草图说

《九章算术》不仅在中国数学史上占有重要地位，对世界数学的发展也有着重要的贡献。比如，分数理论及其完整的算法、比例和比例分配算法、面积和体积算法，以及各类应用问题的解法，在书中的方田、粟米、衰分、商功、均输等章已有了相当详备的叙述。而少广、盈不足、方程、勾股等章中的开立方法、盈不足术（双假设法）、正负数概念、线性联立方程组解法、整数勾股弦的一般公式等内容，都是世界数学史上的卓越成就。

传本《九章算术》有刘徽注和唐李淳风等的注释。《隋书·律历志》论历代量制引商功章注，说"魏陈留王景元四年（263年）刘徽注《九章》。"他的生平不可详考。

刘徽的《九章算术》注不仅在整理古代数学体系和完善古算理论方面取得了重要成就，而且提出了丰富多彩的创见和发明。刘徽在算术、代数、几何等方面都有杰出的贡献。例如，他用比率理论建立了数与式统一的理论基础，应用出入相补原理和极限方法解决了许多面积和体积问题，建立了独具风格的面积和体积理论。他对《九章》中的许多结论给出了严格的证明，他的一些方法对后世有很大启发，即使对现代数学也有可借鉴之处。

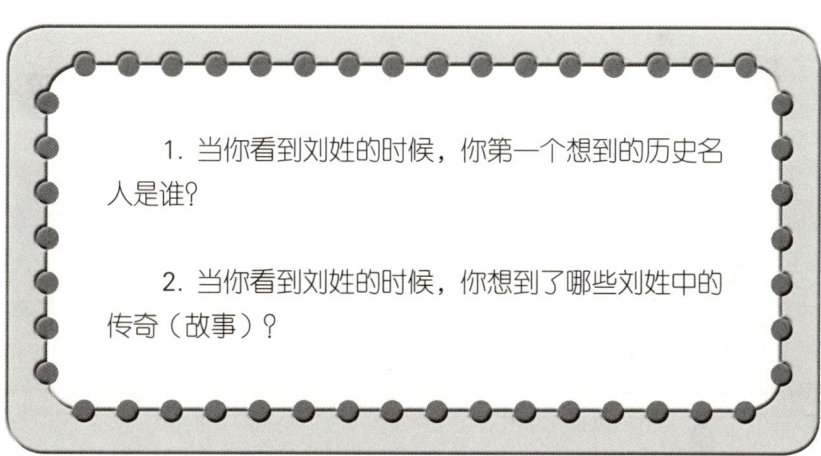

1. 当你看到刘姓的时候，你第一个想到的历史名人是谁？

2. 当你看到刘姓的时候，你想到了哪些刘姓中的传奇（故事）？

黄姓，是汉字姓氏，在宋版《百家姓》中排名第96位，我国大陆第8大姓，台湾第3大姓，全世界有6000万人，中国有2676万人。黄姓人口在广东省最多，占全国黄姓总人口的约19%。

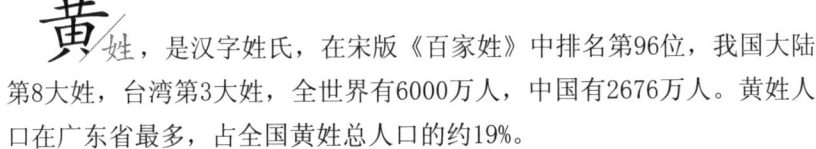

黄
(huáng)

"璜"的本字。像一个人，在胸前戴着佩玉（原指半圆形的玉）——璜。后来借为表示颜色名的"黄"，本义不存，于是另造"璜"字。

     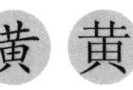

甲骨文　金文　篆文　隶书　楷繁体　简体

黄姓图腾

黄字的初文（最原始的本字），是一个象形字，中间的环状物，当系佩之体，即双珩之所合成，也就是璧，上面是用来缠系玉佩的佩衿，古代称"复"，上面的一横是玉衡，下面是二系垂。中间的璧，古代又叫"璜"。从字形上看，黄字像上古先民们身上经常佩饰的玉佩，它就是"璜"字的初文。可见，"黄"的最原始意思是指佩玉，在商、周青铜器文中，凡言赏赐佩玉，均用"黄"字。

【黄姓来源】

黄姓历史悠久，源远流长。作为一个古老的姓氏，黄姓渊源可以追溯到遥远的史前传说时期。

源流一：源于嬴姓和姚姓

舜帝时候，伯益因帮禹治水有功，又为舜驯服鸟兽，被舜赐姓嬴氏，还把自己姚姓的女儿嫁给他。舜帝，姚姓，黄帝子孙，生于姚地，以地取姓为姚，其后代就以姚为姓。据《通志·氏族略》《元和姓纂》等有关资料记载，黄姓为陆终之后，其后建立黄国，后为楚所灭，子孙

255

以国为氏。帝舜时代，东夷部落的首领叫伯益，是"帝颛顼之苗裔"，因帮助大禹治水有功，被帝舜赐姓嬴氏。

传说伯益的后裔有14支，包括徐氏、郯氏、莒氏、终黎氏、运奄氏、菟裘氏、将梁氏、黄氏、江氏、修鱼氏、白冥氏、蜚廉氏、秦氏、赵氏，合称"嬴姓十四氏"。其中的黄氏大约于商末周初在今河南潢川（古光州）建立黄国，因被周朝封为子爵，又称黄子国。春秋时期，楚国称霸，只有黄国和随国敢于抗衡。从夏朝公元前2148年建立黄国到公元前648年，经历1500年的古老黄国被楚国所吞并。亡国后的黄国子孙以国名为氏，就是黄氏。

源流二：出自嬴姓

黄氏曾为东夷方国，商王沃丁曾封黄尹后人黄甲建立古黄国。卜辞有"王固日，其于黄尹告"（甲骨文合集7.323），又有卜辞"贞：叀黄令口方"，说明黄是商代重要的官员，可以号令四方。卜辞有"王在潢，贞王其星大兑"，古潢（黄）国是商时期的重要方国，它与商王朝保持着密切而融洽的联系。据《古今姓氏书辨证》所载，黄氏起源于金天氏之后。台骀是上古时期少昊金天氏的苗裔，世代为水官之长，颛顼时受封于汾川，后世尊为汾水之神。春秋时，台骀的后人曾建立沈、姒、蓐、黄诸国，后来都被晋国灭掉了。其中黄国公族子孙以国为姓，成为黄姓。

源流三：源于陆终

出自颛顼的曾孙陆终的子孙的封地黄邑，属于以居邑名为氏。中国上古有三皇五帝的传说，五帝之一的颛顼与后来的黄氏有直接的血源关系。颛顼实际上是上古的一个部落首领，号高阳氏，相传他出生于若水，居于帝丘（今河南濮阳），曾任命重为南正之官，掌管祭祀天神；任命黎为北正之官，掌管民事。陆终始祖之说相当普遍，尤盛于浙、川、滇、黔、桂等地。姓氏学经典《元和姓纂》中明言："黄，陆终之后，受封于黄，为楚所灭，以国为氏。"在以陆终为始祖之说中，黄氏家谱中还出现了几种与此紧密相关而又不尽相同的说法。

一是以陆终之子为始祖，如广东《开平黄氏族谱》宋庆元四年（1198年）的谱序说："我黄氏，派出陆终之季子讳云者，轩辕黄帝七世孙也。"

另一种情况是以陆终之孙为始祖，如《中国文化百科全书》"氏族"章所引台湾《黄氏宗谱》以陆终长子昆吾之子高为黄氏一世祖。

源流四：出自他姓改为黄姓

上古时候，黄、王同音，故有的王姓改为黄姓；还有其他原因改姓黄的：如陆姓、巫姓、吴姓、金姓改黄姓等。

源流五：源于回族，属于汉化改姓为氏

今回族黄氏，是少数蒲氏回族人为避元朝末期"反色目"诛杀之祸而改为黄氏。但由于出自不情愿，故而蒲氏回族人将"黄"字故意写成"苗"（莆）字，因苗（莆）与蒲同音，若被人发觉，字下加上两点就是黄字，久之便成了黄氏。

源流六：源于官位

出自远上古伏羲大帝下属之官黄龙师，属于以官职称谓为氏。黄龙师，亦称黄龙、黄师、黄中官、龙师等，是传说中上古伏羲大帝所设置的官名，为中官。传说，在伏羲为帝时，天上有瑞龙出现，因此伏羲以龙名任命属下官称。在史籍《汉书·百官公卿表》中记载："师者，长也，以龙纪其长官，故为龙师。春官为青龙，夏官为赤龙，秋官为白龙，冬官为黑龙，中官为黄龙。百官各隶其部，以中官为首。"

黄龙师之后裔子孙，有以先祖官称为姓氏者，称黄龙氏，后省文简称为单姓黄氏、龙氏等。子孙建黄国。

出自远古黄帝下属之官黄云，属于以官职称谓为氏。黄云，是传说远古黄帝所设置的官名，为中官。传说，在黄帝受命时，天上有瑞云出现，因此黄帝以云名任命属下官称。在史籍《集解》中记载："黄帝受命，有云瑞，故以云纪事也。春官为青云，夏官为缙云，秋官为白云，冬官为黑云，中官为黄云。"

黄云之后裔子孙，有以先祖官称为姓氏者，称黄云氏，后省文简称为单姓黄氏、云氏等。子孙建黄国。

源流七：源于满族，属于汉化改姓为氏

据史籍《清朝通志·氏族略·满洲八旗姓》《满族的社会组织》记载：满族吴扎拉氏，满语为WudalaHala，新满洲部族，发源于宁古塔（今黑龙江宁安），人数很多，后分衍有四支汉姓，即黄氏、紫氏、红氏、白氏。

黄

【黄姓始祖】

得姓始祖有伯益、陆终、黄尹、黄渊、黄歇、黄香、吴全三、丁铸、巫双瑞、陆坚、范洽、蒲氏回族人等。

其中伯益被公认为黄姓的血缘始祖，他是皋陶的长子，又称"费侯"。偃姓的皋陶生了六个儿子（有的说是三个），长子大费（音闭），又叫伯益，就是黄、赵、江、秦等姓的共同血缘始祖。

传说中的伯益是个了不起的英雄。他原姓伊氏，名益，字贵凯，（《水经·洛水注》引《百虫将军显灵碑》），又字虞余（《汉书人表考》卷二）。

年轻时，伯益是个发明家，他发明了以封占卜岁时吉凶的方法，又最早发明打井取水。

伯益的聪明才华使他名闻遐迩。夏禹于是向当时中原氏族联盟政权首脑帝舜推荐伯益，帝舜先派他去当辅佐夏禹治水的助手。他佐夏禹治水，立下了汗马功劳，夏禹在治水成功后受赏时对舜说："非予能成，亦大费为辅。"舜于是又对伯益大加奖赏，说："咨尔费，赞禹功，其赐尔皂游。尔后嗣将大出。"（《史记·秦本纪》）舜的话果真灵验，后来伯益的后嗣非常发达繁显，分衍出黄、赵、秦、江等十多个姓氏。

舜对伯益非常赏识、信任。《国语·郑语》上说：伯益能议百物，以辅佐帝舜。伯益本是来自东夷少昊鸟氏族，传说伯益有知禽兽之言、能与飞鸟通话的本领，于是舜任命他为虞官。中国最早的史书《尚书》上记载：伯益"佐舜调驯鸟兽，鸟兽多驯服"，孟子则说舜使伯益掌管火，伯益用火焚烧山泽，迫使猛兽逃匿，从此人们过上了安定的农耕生活。所以，后世尊他为"百虫将军"，成为保佑人们免遭猛兽伤害的神。

之后，舜对伯益更加亲信器重，将他自己美丽的小女儿姚氏嫁给伯益。又赐伯益嬴姓。嬴本为少昊氏之姓，伯益受赐嬴姓，实际上是被任命担任嬴姓部落的首领，继承嬴姓正统。后世于是以伯益为嬴姓始祖。

舜帝又封伯益于费，因此伯益又叫大费，或叫贯侯。

伯益，古代文献中又写作伯翳、伯繄、柏翳、化益，或只称益，益字又写作"赫"。翳，其含义代表凤凰。《离骚》注："翳凤皇别名也。"可见，黄姓的始祖伯益的名字，就是他身为黄鸟、凤鸟族融合而成的少昊鸟夷氏族首领的标志。

夏禹继承舜的华夏部落联盟首领后，伯益和他的父亲皋陶都深受夏禹的亲信，夏禹先打算禅让于皋陶，恰巧皋陶死了。于是，夏禹又指定皋陶长子伯益为自己王位的继承人，并在晚年授政于益，却让自己的儿子夏启为臣。

夏禹在位10年，东巡会稽而逝，临终遗命传位给伯益。传说为夏禹守丧三年后，伯益避让王位给禹子夏启，自己隐居到箕山之北。

大概当时华夏与东夷的部落联盟发生了大分裂，伯益以东夷人而继承华夏政权的王位，没有受到华夏集团的拥护。那些大臣吏属们都跑去朝见夏启，却不理会伯益；那些诉讼的人也都只去找夏启而忽略伯益；老百姓也前往归附夏启而疏远伯益。人们甚至歌颂起夏启来："我们君王帝禹的儿子，才是我们的新君主。"于是，夏启在华夏族人的拥立下，自即天子之位。原来氏族社会"公天下"终于被阶级政权的"家天下"取代。中国历史上第一个王朝——夏朝建立，中国历史进入文明时代。而黄姓的始祖伯益，便成了这一伟大历史转变中的悲剧人物。

夏启即天子位后，便开始消灭伯益的势力。据《战国策·燕策》和《韩非子》记载，夏启与他的友党曾攻打伯益。夏启六年，伯益被夏启杀害。

传说伯益被害时，年过二百岁。伯益死后，夏启为了笼络人心，又以隆重之礼安葬伯益，并每年都供献牺牲来祭祀他的亡灵。

伯益虽死，但他的家族后裔却备极繁昌。后世黄、赵、江、秦等数十个嬴姓所分出的姓氏都尊他为始祖。东汉大学者蔡邕在《汉交耻都尉胡夫人黄氏神诰》中就认为："黄氏出自伯翳"，《湖南黄氏世谱·世次韵语》开首也说："大费生民始"，即认大费伯益为黄姓血缘始祖。伯益之后的这支黄氏，就是当今黄姓最主要的和正宗的族源。

迁 徙 与 分 布

【历史迁徙】

黄姓祖先黄夷的流徙

黄夷的发源地在今内蒙古东部、燕山之南的辽河西源——西拉木伦

黄

河流域。后来向东南迁徙，经河北迁安县西的黄山和束鹿县的黄丘进入山东半岛，加入东夷集团，成为九夷中的一支。再往后，在华夏与东夷的大融合之中，黄夷和其他许多少昊子孙氏族，跟随颛顼从山东半岛内迁到了中原地区。

黄国人的迁徙

上古黄国之一的潢川黄国在今河南潢川县的古中原境内。自从公元前648年潢川黄国被楚国灭亡后，黄姓族人有少数逃到河南中部，大批则被迫内迁到楚国腹地，定居在湖北黄冈、黄陂、黄安、黄梅、黄石等县。据说就是因黄国江夏人迁入此地而得名。其中有一支内迁到楚都郢（今江陵、荆州），形成秦时著名的江陵黄氏。还有一支内迁到江夏安陆（今湖北云梦县东南一带），后来发展成汉代最著名的江夏黄氏。亡国后，一部分黄国遗民仍留在潢川故地，坚守家园，顽强生活。战国时期，黄国贵族后代黄歇事楚顷襄王，于楚考烈王元年（公元前262）任楚相，被封为春申君，最早的封地在今潢川县。所以，直至清代，光州春申街道依然保留。后来，黄歇改封于吴（今江苏省苏州），他的13个儿子，有的就定居于江苏。据《客家姓氏渊源》所载，黄歇曾因避难而迁居于距江夏县城30里的黄鹤乡仁义村，其子孙散之四方。从战国晚期起，江夏郡（今湖北省武汉一带）成为黄氏繁衍发展的中心，如汉丞相黄霸、赠太尉孝子黄香及子宰相黄琼与曾孙太尉黄琬都世居江夏，中华黄氏第一状元黄凤麟也出在江夏郡黄州，故天下黄姓共以"江夏"为郡号。

两汉到两晋的迁徙

汉代以后，主要由于任官的原因，黄氏分别向大江南北迁徙，北迁至河南光州、南阳等地，南迁至江西、湖南、四川等地，黄氏也是从晋代开始大批人迁居福建。《闽书》载："永嘉二年（308年），中原动荡，衣冠始入闽者八族，所谓林、黄、陈、郑、詹、丘、何、胡是也。"据福建早期黄氏族谱记载，两晋之际，江夏黄氏族人黄元方（字彦丰又名黄允），为官晋安太守，后定居福建，尝以道学倡闽，有万卷书楼在福州三山榴花洞，成为福建历史上最早的黄氏望族——晋安黄氏。

隋唐五代时期的迁徙

唐高宗时，陈政、陈元光开漳州，中原58姓将官随其入籍漳州，漳州黄氏即为其中之一。台湾《江夏黄氏历代世系表》亦有这方面的记载：有名黄彦丰者，于晋永嘉年间八姓衣冠人闽居侯官黄巷，垦荒致富，唐朝进士开国公谥义桂州刺史黄岸入莆，黄冲公长子字宗极，又字魁杰，号彦忠，唐朝秘书监，初居湖北黄州江夏，中徙河南，再迁福建侯官县（今福州东街南后街）黄巷，最后迁入泉州郡莆阳县延寿里国欢院（今福建莆田市涵江区国欢镇黄霞村）。自少俊逸，能文章。698年，以才德兼全科及第进士，历任弘文院编修、徐州牧、广西桂州刺史，陈十要道于唐玄宗，治为天下第一，755年归养。有惠政，封开国公，晋升为金紫光禄大夫，谥"忠义"。为福建东南望族，其莆阳后裔十分显赫，若包括外徙科第出仕鼎甲宰相人物，则为状元者有10位。文状元7位：五代黄仁颖、宋代黄公度、黄定、黄由、黄朴，明代黄观、黄士俊；武状元3位：唐代黄仁泽，明代黄钺，清代黄仁勇；榜眼3位：宋代黄洽、黄艾，明代黄凤翔。探花者3位：宋代黄桂，明代黄旸，清代黄叔琳。宰相10位：宋代黄镛、黄洽、黄祖舜，明代黄景昉、黄鸣俊、黄士俊、黄道周，清代黄机、黄锡衮、黄廷桂。

又有浯州牧马监陈渊，也在唐朝初期率许、蔡、张、黄等12姓入闽，复居福州黄巷。今广东南雄黄氏多为这支入闽后，徙莆田者。其始祖封开国公，任桂州刺史，谥忠义，即黄岸次子黄典的后代。唐末，洛阳人黄子棱随父入福建，事后梁太祖朱全忠义子，累官侍御史，后避乱居于建阳之东。唐末五代时期，河南光州人王朝、王审知兄弟据八闽，中原黄姓特别是固始黄氏纷纷渡江南下入闽，前往投奔。如宋人黄椿，其祖先光州固始人，五季之乱，从王审知入闽为判官，并在此成家。后分而为三：一居福清之嗒林，一居闽邑之黄巷，一居长乐北乡之黄垅。再如黄振龙，"九世祖黄碣自光州固始从王氏入闽，因仕焉居，言路有直声，后迁至中丞。"

宋元时期的迁徙

黄姓迅速发展和空前繁荣的时期，据《黄氏渊源》载为宋代。军城黄氏初祖黄中庸，江夏人，官至太常寺卿、侍中兼枢密院副使；曾孙平海军节度判官副都统黄府；玄孙翰林院馆阁校勘。黄安石重修《江夏军城黄氏家谱》，呈奏皇帝，得到了"军城黄氏，忠孝两全（指唐忠臣黄碣、宋孝子黄廓），江夏无双，四代联登，簪缨世济，积学多才"的御批。宋代还有莆阳黄巷迁潮始祖黄詹（一名黄汝詹），子孙散处广东各地，居潮州者为多，后发展成为广东大姓。

明清时期的迁徙

迁往台湾的黄姓：明末清初，闽粤一带的黄氏有一部分迁往台湾，人丁兴旺，与陈姓、林姓、郑姓成为台湾的四大姓，素有"陈林半天下，黄郑排满街"的美称。后来，黄氏又播迁到了海外。早在明代以前就开始东渡海峡，迁徙入台。尔后，他们世世代代生息繁衍于此，开拓宝岛，艰苦创业。台湾的发展历史进程深深地铭记下他们不朽的功绩。他们大多来自福建的莆田、泉州、漳州、汀州和广东的嘉应、潮州、惠州等地，散居于台湾各地。他们往往成为后世台湾黄姓各支派的入迁始祖。

据《闽台关系族谱资料选编》节选《桃源蓬莱黄氏族谱》记载，福建永春县桃源蓬莱黄氏家族第十四世的黄毓盼，第十五世的黄宗选、黄宗琅、黄宗瑶，第十六世的黄文令、黄绍养、黄绍禁，第十七世的黄克凉、黄克甚、黄克读、黄克炉，第十八世的黄鸿钗、黄鸿胖、黄开仓等大批族人，都先后渡海徙居台湾。

晋江《安海金墩黄氏族谱》记载，该族第十一代有黄贻鼐，第十二代有黄微熔、黄素官、黄光辉，均居台湾。台湾黄姓遍布全省各地，尤以澎湖列岛和台湾西海岸的基隆、淡水、桃园、新竹、苗栗、鹿港、南投、虎尾、台南、屏东沿线地区为多。

移居海外的黄姓分布于东南亚印支半岛、南洋、欧美澳等世界各地，到处都有人在拓荒，在建设，在创造奇迹。黄姓移居越南，很可能早在黄国灭亡后不久就开始了。当时有大批黄姓遗民被楚国强迫迁徙到江南越人居住地区，加入了越人队伍。随着越人的不断南迁，黄姓也随之迁入越南。不断南迁的黄姓中，有秦汉山越黄氏，有六朝唐宋的黄洞蛮，有明清岭南壮、瑶等族黄姓。越南人中的黄姓，绝大部分是上述移民的后裔。这些越人黄姓后裔又从越南继续扩展，至今已广布于印支半岛各国。

大约在元朝末年，黄姓移居南洋。当时一位名叫黄森屏的官员奉命出使今文莱。他到达后，便留居下来。之后，他以杰出的才干被推为文莱华人的领袖。后来，成了整个文莱的统治者——苏丹（即国王）。他去世后，葬在文莱，子孙世代留居于此，且极为显赫。黄森屏生有一女，于明洪武八年（1375年）嫁给第二苏丹阿合曼。阿合曼逝世后，黄森屏的女儿便继位为文莱国王。自此以后，文莱国王按女性血缘世系传递。第一位文莱女王黄氏去世后，王位传给了她与阿合曼苏丹所生之女。至20世纪末，文莱国王已传20余代，他们都是黄森屏的女性直系后裔。历史上文莱王室便奉黄森屏为始祖。

公元19世纪，由于中国封闭的国门被西方殖民列强的大炮轰开，因而出现了沿海居民移居南洋的高潮。黄姓也是如此，移居南洋的人数迅速增长，仅据菲律宾政府1893年和1894年的统计资料表明，在当时移居菲律宾的近10万华人中，来自福建晋江、同安、南安、龙溪等地的黄姓华侨就有数千人之多，在当时旅菲华人七大姓中名列第二，仅次于陈姓。至今，菲律宾黄姓人口已发展到了5万余名。此外，在印尼、马来西亚、新加坡等国，也有大量的黄姓华人华侨。近代，南洋黄姓华侨华人为了联络同宗，都纷纷建立了各种宗族组织。在菲律宾，建有黄江夏堂；在印尼、新加坡、马来西亚，建有江夏公所。此外，南洋黄姓华侨还在新加坡建立了统一的"南洋黄氏总会"。

黄姓移居美洲的历史，始于19世纪50年代。在早期的美洲华侨各姓中，黄姓人数最多，主要来自广东，其次是福建。广东华侨又主要来自兴宁、新会、开平、恩平四地，故称"四邑人"。在1850年成立的美国华侨社团"四邑会馆"中，黄姓人数最多；1854年由广东兴宁华侨创建于三藩市（即圣弗朗西斯科，又称旧金山）的宁阳会馆中，黄姓人数在26姓中排名第一；在1876年由开平、恩平两地侨民在旧金山成立的合和会馆中，黄姓在七大姓中名列第二。至今，在全美华裔各姓宗亲中，黄姓宗亲人数仍然是最多的。

【黄姓分布】

广东为黄姓人口第一大省，约占全国黄姓总人口的19.5%。黄姓在全国的分布主要集中于广东、四川、湖南三省，大约占黄姓总人口的42%；其次分布于广西、江西、湖北、福建、江苏，这五省（区）又集中了28%。全国形成了以长江为分水岭，以北少黄姓、以南多黄姓的分布局面。长江以南，尤以珠江三角洲为黄姓高聚集区。其次，四川东南部、湖南东部和江西南部形成两大块次高密度的黄姓区。

在近600年期间，黄姓人口流动的程度和方向与宋、元、明期间有很大的区别，由东南部向华中、华北有一定的回迁，向西和南部地区的回迁十分强劲，这已经大于由北向东南的迁移。当代黄姓人口单位面积内密度最高的地区在广东东部、福建西部、广东中部、湖南东部、江西南部、四川东南，每平方公里的黄姓人口达到8.7人以上，占国土面积的5.7%，大约有567万人；在广西、广东、湖南南部、台湾、江西南部、福建南部、贵州东南、新疆喀什地区，黄姓占当地人口的比例一般在4.2%以上，在广西的桂林和钦州地区、广东的雷州半岛的比例高达8.4%以上，总覆盖面积占了国土总面积的11.6%；四川、云南东部、贵州西北、湖南北部、湖北、江西北部、福建北部、浙江、江苏南部、安徽南部、陕甘宁大部，黄姓占当地人口的比例一般在1.4%～4.2%，总覆盖面积占了国土总面积的22.6%；其他北方和西北广大地区，黄姓占当地人口的比例一般在1.4%以下，总覆盖面积占了国土总面积的65.8%，其中比例不足0.5%的地区占国土总面积的36%。

文 化 精 粹

【江边村——中国景观村落】

江边村是民国时企石最富有的村落，如今是珠三角地区原生态保存最完整的古村落之一。2009年，东莞市企石镇江边古村落被列为"广东省占村落"；2012年，江边村入选广东省历史文化名村；2013年，江边村晋升"中国景观村落"。江边村历史遗产丰富，是珠三角地区原生态保存最完整的古村落之一。

江边村俯瞰图

据江边村《黄氏族谱》记载，江边村黄姓祖先自古江夏（今湖北）迁徙广东南雄后，其先祖黄云萝在南宋时期又由南雄珠玑巷迁居企石；1311年，黄云萝的第七代孙黄月聪再定居江边新围，此后的新围自然村约在明朝嘉靖时期就定型成为村落，并于1522—1560年兴建黄氏宗祠；随着人口的增长，明末以后族中各房又先后兴建了各自的分支祠堂。"文革"期间，村中的古建筑尤其是建筑构件、工艺品被毁严重，有的在改作他用时受到很大的破坏，而这些古建筑群得到村民的巧妙保护，外观、结构及部分精美工艺品保存得较为完好。

黄氏宗祠

江边村过去是书香之地，富甲一方，名人辈出。较有名气的有，明抚州通判、与海瑞至交的黄学伊、清两广提督黄少镜、清武解元黄龙韬、清受封"旨赏戴蓝翎""武魁"的黄佐贤和黄朝栋等。

江边村古建筑群历史悠久，基本上保留了明、清时期的建筑风貌。一江公祠、隐斋公祠、乐沼公祠、而生家塾等建筑的石雕、砖雕、木雕、灰塑工艺品颇具特色；冠堂公祠建筑工料精良；建筑群所在的新围自然村是企石江边村、旧围村村民最早聚居的地方，立村于元末，现村内仍保留有明清时期的破旧民居100多间，村内东、南、西三面保存有古围门3个，古石路3000多米；周边的古石路、巷道及自然环境、文化生态保护良好。

【黄国故城】

黄国建于公元前21世纪，历经夏、商、周三朝，至公元前648年为楚所灭，距今3400多年，是天下黄姓发源地。目前在潢川（古光州）保留有曾经强大一时的黄国故城，这里是黄姓的发源地。春申君黄歇就出生成长在这里。每年仍有许多海内外各地各界黄氏同胞前来祭拜。

黄国故城距今已有4000多年历史，位于河南省潢川县城西北3公里的隆古乡境内，是全国重点文物保护单位。现存城墙遗址6700多米，另有黄君台、春申君墓、天池等处遗址。

黄国故城

黄国故城遗址是河南省保存较为完整的西周古国都城遗址，被收入《中国名胜大辞典》。

遗址城垣尚存，实测可知当年东城墙约长1750米，西城墙约长1550米，南城墙约长1650米，北城墙约长1720米。城垣周长约6770米，略呈长方形，城内面积约为2.814平方公里。城墙系用版筑法分段分层夯筑而成。每段长3.30～4.00米，夯层的厚度一般为5～10厘米，有些地方达12～15厘米。夯层上留有的夯窝清晰可见，直径3～4厘米，深1～2厘米，小而密集，夯层十分坚实，城垣横断面呈梯形，基宽45～59米，顶宽5～15米。中间主墙层层

西周黄国故都示意图

平夯筑成，两侧护城坡采用斜夯法，内侧坡度稍缓，外侧陡峭难攀。整个护城墙外地势低洼，周遭环绕城壕。城壕距城墙20～40米，城壕深3～4米，宽46～50米，均为人工挖成。环周城垣上发现14个大小不等的豁口，其中3个较大的尚有城门痕迹，向内凹陷，呈"U"字形，城门路基较硬，路面宽约6米，上铺约有20厘米厚的路土。

故城内外有丰富的文化遗址，在城南正中有一宫殿遗址区，被称为"黄宫遗址"，又称"黄君台""黄孙台""黄君庙台"，是全国罕见的春秋古国宫殿遗址。东西城墙外发现有4处制陶，制骨作坊，2处制铜器作坊遗址，城内也发现2处制作青铜器作坊。现已出土青铜器740件，分别被国家博物馆和河南博物馆收藏。

黄君台

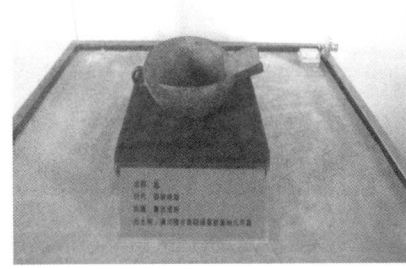

黄国故城出土的文物

城内有各种水井几十处，现已发现、清理出15眼。井分土井、陶圈井、木圈井和竹圈井共4种。今"黄宫遗址"内尚有一"天池"遗址，呈椭圆形，"天池"久旱不涸，四季一泓清水。据考察，"天池"就是由昔日黄国贵族使用的两座"莲花井"的水源融汇而成。

黄国古城遗址为国家级重点文物保护单位。潢川县正在兴建黄国故城博物馆，修复春申君黄歇墓、黄君台、天池、青铜器冶炼作坊、制陶作坊、黄国陵墓、四门城楼、角楼及汉光武庙等名胜古迹。另在故城东郊老龙埂水库周围兴建旅游度假村，水上娱乐城、美食城等旅游设施，打造"黄国文化区"。

【郡望】

黄姓的郡望有江夏、会稽、零陵、巴东、西郡、江陵、洛阳、晋安、濮阳、东阳、松阳、南安12个，尤以江夏最为著名。

江夏郡：汉高祖置郡，此支黄氏为东汉大臣黄香之族所在。治所在安陆（今湖北省云梦）。

会稽郡：秦时置郡。此支黄氏出自东汉黄昌之后。治所在吴县（今江苏省苏州市）。

零陵郡：治所在零陵（今广西全州西南）。

巴东郡：东汉时置郡，此支黄氏出自东汉蜀将黄权之后。治所在鱼复（今四川省奉节东）。

洛阳郡：即今洛阳，为江夏分支。

晋安郡：治所在福建侯官（今福州市东街南侧黄巷）。

濮阳郡：治所在濮阳（今属河南省）。

东阳郡：治所在长山（今浙江省金华）。

南安郡：治所在豲原道（今陇西渭水东岸）。

西郡：为酒泉黄衍之后，在今甘肃省永昌一带。

江陵郡：在今湖北省荆州。

松阳郡：治所在今浙江省西南部。

固始郡：治所在今河南省固始。

【堂号】

江夏堂：黄氏宗祠的堂号，多数标挂"江夏堂"金字匾额，其由来有如下两点：其一，黄姓有声望的世家大族居江夏郡（府址在今湖北省云梦县东南），亦有称"江夏黄国"。据考，江夏郡："秦南郡地，汉初置江夏郡，今德安、承天、汉阳、武昌、黄州境地。西汉以后，各朝曾设置江夏郡。东汉时的江夏郡，府址在今湖北省黄冈市西北。晋之江夏郡址，在湖北省安陆市，刘宋之江夏郡，南齐因之，在今湖北省武汉市武昌区。以近代行政区来说，江夏郡辖湖北省属的隋县、安县、云梦、应山、应城、钟祥、潜江、天门、汉阳、沔阳、汉川、孝感、黄陂、嘉鱼、蒲圻、咸宁、崇阳、通城、大冶、通水、蕲春、黄冈、黄安、浠水、罗田、麻城、广济、黄梅、武昌、汉口等县市。"其二，西汉黄香为大孝子，被盛赞为"天下无双，江夏黄童"。故"江夏堂"含义中，亦有褒扬黄姓人"孝""德"及"天下无双"之意。

忠孝堂、思孝堂、追孝堂：黄氏在历史上忠君爱国的贤臣名将及至孝之士颇多，如汉相黄霸、黄尚、黄霸，三国名将黄忠，二十四孝中的黄香、黄祥、黄哀，北宋黄庭坚等。以他们的卓著功勋和光辉典范为荣耀和榜样，故标之于堂号。

广东潮、梅、惠三州之九县黄氏宗亲，于乾隆年间在陆丰水东亭前寨建的峭公祠，标"忠孝堂"。五华萧芳石溪黄氏宗祠，标"忠孝堂"。

福建宁化石壁龙下里（今属济村乡古背村）之化公祠，标"思孝堂"。

福建上杭古田下廊车的黄氏宗祠，堂号为"追孝堂"。

炽昌堂：广东潮州派黄氏宗祠多标"炽昌堂"，都悬挂"炽昌堂"的金字牌匾。

其他：此外，福建宁化石壁龙上里（今属淮渡乡）之黄氏宗祠，标"思孝堂"。

福建上杭石牌前胜运里之黄氏宗祠，标"敦叙堂"。

福建上杭黄坑黄氏宗祠，标"景福堂"。

江西上饶卢田卢公祠，标"敦睦堂"。

江西南丰双井井公祠，标"敦睦堂"。

黄氏族谱

传说战国末年楚相春申君黄歇也曾删改增修黄氏族谱，并将谱系上呈御览，又亲自制定了黄姓最早的字派。

汉魏之始，门第始兴。谱牒学也于此时开始发达起来。江夏黄氏，这时才开始了确实可信的家史族谱在民间流传。六朝隋唐是中国谱牒之学始盛时期，但因为当时黄姓的衰落，黄氏族谱也就不见于《魏书·官氏志》和《新唐书·宰相世系表》等官方正史，只在民间流行。

直到宋代，随着黄姓的兴旺，也出现了黄氏谱牒的繁荣。各地黄氏纷纷立祠修谱，家传、谱序等多见于当时名人文集中。

明清以来，黄姓谱牒之学更加发达，长盛不衰。这一时期的许多族谱至今仍被流传和保存下来。"文革"破"四旧"时期，大陆中断修谱，许多谱牒也遭焚毁，而南洋则未曾中断，许多家谱还被公开出版发行并且之后在大陆兴起了修谱和寻根之热。

现代有较大价值的黄姓族谱，一是《竹桥黄氏族谱》20册。民国十五年（1926年）浙江余姚"悼伦堂"第五次重修。该谱修撰极精，卷首有大理学家王阳明的序，又载有自汉丞相黄霸以后历代名人画像计80幅。族谱体例，"寓纪事于《编年》，以《世表》为伦次"。除编年、世表之外，又另立《列传》一门，入传者有81人之多。此谱现存浙江余姚市梨洲文献馆。二是《经铿黄氏家谱》，该谱为清光绪"敦睦堂"第七次修谱，计30卷，现存武昌辛亥革命纪念馆。三是《禾坪黄氏大成宗谱》4卷，清光绪十五年（1889年）版，是研究邵武黄氏的重要史料，

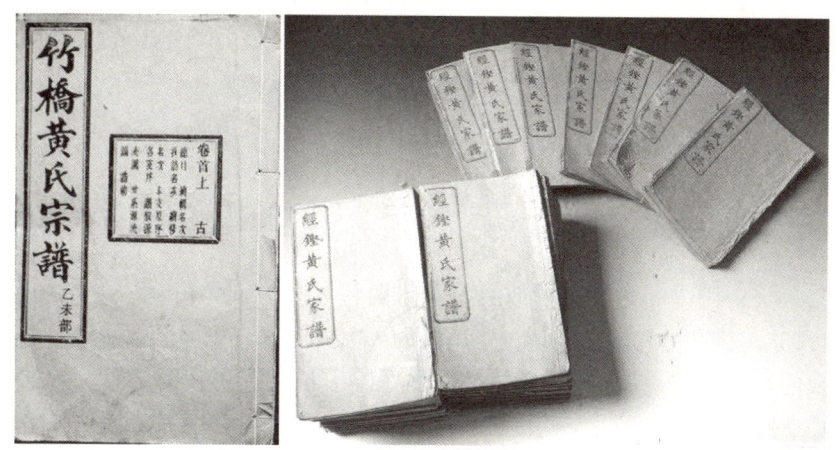

竹桥黄氏家谱《经铿黄氏家谱》

现存当地黄峭山裔孙处。四是《渠阳黄氏世谱》18卷，1989年湖南靖州黄氏总祠"江夏堂"第八次重修，是研究南宋大臣黄龟年家族的重要史料，主要流传于湘黔地区。

以下是有关黄氏家谱的文献介绍：

江苏江都维安阜洲黄氏重修族谱十二卷，民国黄承良修，刘崇泉纂辑，民国二十年（1931年）中宜堂木刻活字印本十二册。现被收藏在中国国家图书馆、美国犹他州家谱学会。

江苏南通黄氏支谱，清朝黄世谦编，清光绪二十四年（1898年）敦礼堂木刻活字印本一册。现被收藏在江苏省南通市图书馆。

江苏海门黄氏家乘，著者待考，木刻活字印本，今仅存第二册。现被收藏在苏州大学图书馆。

江苏武进浮桥黄氏宗谱二十卷，清朝黄元鹏续纂，清咸丰二年（1852年）木刻活字印本二十四册。现被收藏在日本东京国立博物馆、美国犹他州家谱学会。

全国黄氏史话，现代彭光宇、赵志凡、黄昌喜编，江西人民出版社出版，二百六十页。

全国江夏黄研究，现代黄赞强、黄雄著，暨南大学出版社出版，三百七十六页。

全国余姚黄氏支谱六卷，首一卷，清朝黄庆曾纂修，清宣统二年（1910年）鄂垣朱印木刻活字印本。

全国黄钮同宗谱，附松阳母集二卷，钮氏源流考一卷，民国钮永建编纂，民国二十二年（1933年）铅印本。

古代名人生平

《中国人名大辞典》收入了黄姓历代名人613名，占名人总数的1.35%，排在名人姓氏的12位；黄姓的著名文学家占中国历代文学家总数的1.7%，排在第9位；黄姓的著名医学家占中国历代医学家总数的1.96%，排在第11位。

先秦
黄歇，战国，黄国（今河南省潢川县）人，楚国大臣。

汉朝
黄石公，秦末汉初，下邳（今江苏睢宁）人，道家学者。

黄霸，西汉，淮阳阳夏（今河南太康）人，官至丞相。

黄香，东汉，江夏安陆（今湖北云梦）人，官员、孝子。

三国
黄忠，三国，南阳（今河南南阳）人，封关内侯。

黄盖，三国，零陵（今湖南省零陵区）人，赤壁之战，献计火攻。

隋、唐
黄凤麟，隋朝，江夏郡黄冈县人，黄姓第一位状元。

黄巢，唐朝，曹州冤句（今山东菏泽）人，唐末农民起义领袖。

黄仁泽，唐朝，福州侯官人，黄姓第一武状元。

五代
黄居寀，五代，成都（今属四川）人，翰林待诏。

黄筌，五代，成都（今属四川）人，画家。

宋、元
黄庭坚，北宋，分宁（今江西修水县）人，江西诗派的开创人。

黄道婆，元朝，海南人，女工艺家。

黄公望，元朝，江浙行省常熟县（今江苏）人，画家。

明朝
黄道周，明朝，福建漳浦（今东山县）人，书画家、抗清英雄。

黄绾，明朝，浙江省黄岩县（今温岭市）人，礼部尚书。

清朝

黄宗羲，明末清初，绍兴府余姚县人，史学家、地理学家。

黄龙士，清朝，江苏泰州人，围棋高手。

黄慎，清朝，福建宁化人，画家。

黄易，清朝，浙江钱塘人，篆刻家。

黄景仁，清朝，常州府武进县（今江苏省常州市）人，诗人，文学家。

黄以周，清朝，定海厅（今舟山）人，内阁中书。

黄遵宪，清朝，广东嘉应州（今梅州）人，诗人，外交家。

黄飞鸿，清末民初，广东省南海县人，岭南武术界宗师。

古代名人事迹

黄歇

黄歇

黄歇，楚国江夏人，原籍楚国属国黄国（今河南省潢川县）。战国时期楚国大臣，是著名的政治家。与魏国信陵君魏无忌、赵国平原君赵胜、齐国孟尝君田文并称为"战国四公子"，曾任楚相。黄歇游学博闻，善辩。楚考烈王元年（前262年），以黄歇为相，封为春申君。赐淮北地12县。

公元前238年，楚考烈王病逝，黄歇前去奔丧，李园令人埋伏于棘门之内，杀死春申君及其全家。又据《越绝书》记载，黄歇是在楚幽王之时为楚幽王所杀。

黄香

黄香是中国东汉时期的一位文化名人。他为官的品位并不高，最高职务是魏郡太守，大约也就是一个四品官员。但他生命历程中有两个亮点：一是他9岁时，母亲去世，他对父亲格外孝敬，夏天他将床枕扇凉，冬天用身体把被褥温暖后，才让父亲安睡；二是他很小的时候，便广泛阅读儒家经典，精心钻研道德学术，能写文章，当时京师称誉为"天下无双，江夏黄童"。汉章帝

黄香

还曾特许他到宫中藏书之所东观读书。孔子曾说："孝悌也者其为人之本欤"。尊敬长辈，友爱兄弟，是做人的根本。黄香的这种品行正符合封建社会的伦理道德标准。旧传元代郭守正挑选了历史上的二十四位孝子，辑成《二十四孝子》一书，作为做人的楷模，黄香名列其中。子黄琼、曾孙黄琬相继拜相。黄香一直被人们所推崇。

黄凤麟

黄凤麟，字魁熹，号江夏逸叟，系中华黄姓历史上第一位状元。湖北江夏郡黄州黄冈县黄鹤乡仁义村人。《湖北通志》之"人物志·选举表"和《江夏历代黄氏世恩》中记载："隋炀帝乙丑科进士第一，黄州江夏人。历官宏文馆编撰、直学士、比部员外郎、侍御史"。

黄巢

黄巢

黄巢，唐朝曹州人。出身盐商，积财聚众，尤好收留亡命之徒。唐懿宗以来，因皇室奢侈过度，赋税沉重，加上连年发生水、旱灾，遂致民不聊生，盗匪群起。唐僖宗乾符元年（874年），王仙芝率盗匪起事，翌年黄巢起兵响应，乾符五年（878年）王仙芝败死于湖北，黄巢被推举为冲天大将军，率众攻掠江、浙、闽、

粤等地。广明元年（880年）攻陷洛阳、长安，僖宗逃奔成都，巢自号为帝，国号大齐。唐以官爵笼络李克用相援，大败黄巢，巢自刎身亡，史称为"黄巢之乱"。

黄道婆

黄道婆，又名黄婆或黄母，松江府乌泥泾镇（今上海市徐汇区华泾镇）人。宋末元初著名的棉纺织家、技术改革家。由于传授先进的纺织技术以及推广先进的纺织工具，而受到百姓的敬仰。清朝时，被尊为布业的始祖。

黄道婆

黄庭坚

黄庭坚，字鲁直，号山谷道人，晚号涪翁，洪州分宁（今江西修水县）人。北宋知名诗人，乃江西诗派祖师。书法亦能独树一格，为宋四家之一。英宗治平四年（1067年）进士。历官叶县尉、北京国子监教授、校书郎、著作佐郎、秘书丞、涪州别驾、黔州安置等。黄庭坚笃信佛教，亦慕道教，事亲颇孝，虽居官却亲自洗涤便器，亦为二十四孝之一。黄庭坚为苏门四学士之一，是江西诗派的开山祖师，生前与苏轼齐名。世称"苏黄"。著有《山谷词》。

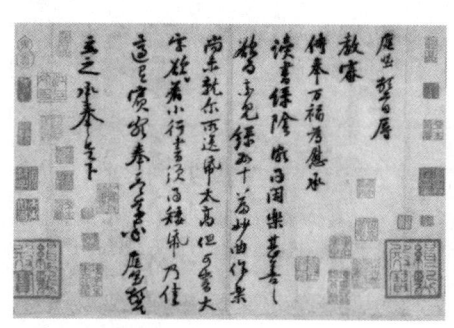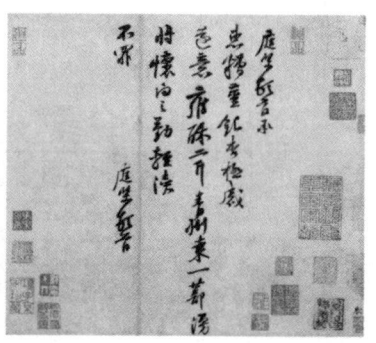

黄庭坚书法作品

黄宗羲

黄宗羲,明末清初经学家、史学家、思想家、地理学家、天文历算学家、教育家,是明末东林七君子之一黄尊素的长子。浙江余姚人。字太冲,一字德冰,号南雷,别号梨洲老人、梨洲山人、蓝水渔人、鱼澄洞主、双瀑院长、古藏室史臣等,学者称梨洲先生。黄宗羲学问极博,思想深邃,著作宏富,与顾炎武、王夫之并称明末清初三大思想家(或清初三大儒);与弟黄宗炎、黄宗会号称浙东三黄;与顾炎武、方以智、王夫之、朱舜水并称为"清初五大师",亦有"中国思想启蒙之父"之誉。

黄宗羲

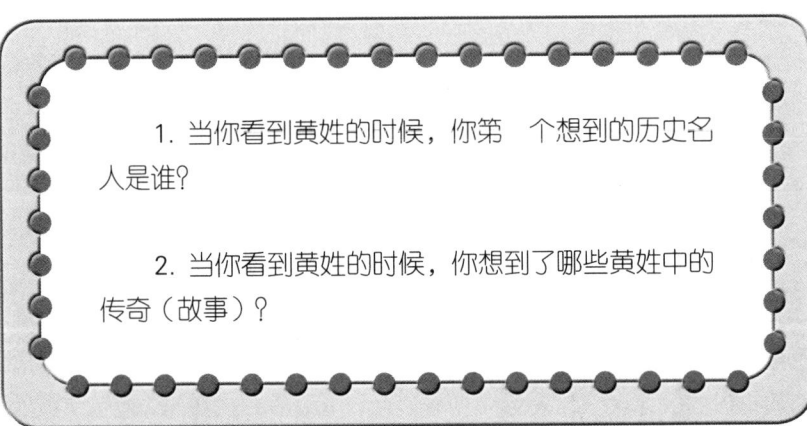

1. 当你看到黄姓的时候,你第　个想到的历史名人是谁?

2. 当你看到黄姓的时候,你想到了哪些黄姓中的传奇(故事)?